KB245230

좋은 부모가 되기를 원하는
이 땅의 모든 부모들에게 이 책을 바칩니다

좋은 부모 밑에서 좋은 자녀가 자란다
—자녀, 뿌린 대로 거둔다

박경애 지음

초판 1쇄 인쇄 | 2009년 7월 13일
초판 1쇄 발행 | 2009년 7월 17일

발행처 | 도서출판 작은씨앗
공급처 | 도서출판 보보스
발행인 | 김경용

등록번호 | 제 300-2004-187호 등록일자 | 2003년 6월 24일

서울특별시 종로구 사직동 262-8
전화 02 333 3773 팩스 02 735 3779
이메일 | ky5275@hanmail.net

ISBN 978-89-90787-98-9 13370

잘못된 책은 구입하신 서점에서 바꾸어 드립니다.

아름다운재단
The Beautiful Foundation

이 책의 인세 1%는 아름다운재단의 장애아동 맞춤형 보조기구 지원사업에 기부됩니다.

좋은 부모 밑에서
좋은 자녀가 자란다

자녀, 뿌린 대로 거둔다

박경애 지음

자녀 교육의 현실적 문제
해결을 위한 교과서

한 아이가 태어나 아름다운 사람이 되기까지는 긴 세월이 걸린다. 시간만이 어른다운 사람을 만들어내는 것은 결코 아니다. 조각가들이 대리석으로 아름다운 작품을 만드는 것처럼 정성과 창의성 그리고 인고와 헌신이 있어야 한다. 그러나 부모가 자녀를 길러내는 일이란 하나의 작품을 창작하는 것 이상의 지혜와 희생, 그리고 눈물과 사랑이 요구된다.

박경애 교수는 상담학자로서 오랜 경험과 학문적 연찬을 통해 우리 시대가 소유하고 있는 최선의 지혜와 정보를 활용하고 있는 이론가이며 실천가이다. 자녀 교육에 대한 이 시대의 연구와 임상보고를 거의 완벽하게 소화하고 있는 박경애 교수의 이번 저작은 우리나라 부모와 교육자에게 교육에 관한 새로운 통찰과 현실적 문제의 새로운 해결의 길을 제시하고 있다.

우리 시대의 예언자라고 부를 수 있는 카운슬러들의 체험과 온축한 슬기를 담은 본서는 읽는 이에게 삶의 길을 깨닫게 하는 역작이기에 모든 부모와 교육자가 바쁜 중에도 읽어보기를 바라서 추천한다.

—박성수(명지고 교장, 前 전주대학교 총장, 前 서울대 교수)

저자의 예리한 통찰력과 생생한 예화들이 신뢰와 설득력을 더해 주는 이 책을 읽다 보면 어느새 우리 마음의 눈이 지혜로 밝아짐을 느낀다. 학문적 바탕과 실제의 체험이 알맞게 조화된 이 책은 모든 부모들에게 읽히고 싶은 '잘 준비된' 가족 지침서이다.

— 이해인(수녀, 시인)

그동안 부모 및 청소년 상담에 심혈을 기울여 온 박경애 교수가 내놓은 이 책은, 내 아이들을 어떻게 가르칠 것인가의 문제점들을 찾아 그 해결책들을 구체적이고도 사실적으로 제시해 놓음으로써 그동안 우리가 자녀 앞에서 전전긍긍했던 자녀 교육의 두려움을 신선한 충격으로 말끔하게 씻어준다. 너무나도 절실하고 절절해서 앞이 캄캄한 부모들에게, 이 책은 아름답고도 과학적인 자녀 교육의 훌륭한 교과서가 될 것이다.

— 김용택(섬진강 시인)

자녀 교육에 정답은 없다

사람이 하는 행위 중 가장 거룩한 것은 사랑하는 사람을 만나 가정을 이루고 자녀를 낳아 기르는 과정이다.

집이 가정(家庭)이 될 수 있는 것은 바로 아이들 때문이다.

사람 사는 세상에서 아이들은 알파요, 오메가이다.

어린이는 어른의 아버지!

아이들은 영혼에 육신을 입힌 이 땅의 아름다운 천사들이다.

아이들의 맑은 웃음소리는 천상의 음악에 다름 아니다. 그러기에 어떤 예술가는 천둥과 같은 아기의 웃음소리를 두고 자신이 이루고 싶은 종착의 형태라고 고백하지 않았던가.

아이들은 신이 우리에게 주신 선물이다. 이 선물이 그 빛을 발하도록 하는 것이 바로 부모됨의 도리이며 책무이다.

부모가 아이들에게 영향을 끼칠 수 있는 시간은 그리 길지 않고 자녀 교육에 정답도 없다. 그러므로 지금 당장 자신의 자녀에게 맞는 교육방법을 스스로 찾도록 노력해야 한다.

본서는 스테디셀러였던 『지혜로운 부모가 행복한 아이를 만든다』의 내용을 수정·보완하여 새롭게 구성한 것이다. 시간이 조금 흘렀지만 연습 없이 오직 실전으로만 맞닥뜨려야 하는 막막한 자녀 교육을 바른 길로 이끌어 줄, 변함없는 안내서가 되어 줄 것이라 믿는다.

아이들은 부모에게 받은 것보다 더 많은 것을 부모에게 돌려준다.

부모들은 자신의 분신인 자녀들에 대한 절대적인 사랑과 헌신을 통해 깊이 있고 성숙한 한 인간이 되어간다. 부디 부모로 사는 제2의 인생이 아이들 때문에 더욱더 아름답고 풍요롭기 바란다.

연구실에서 저자
kapark@kw.ac.kr

차례

PART 01 아이야, 너는 행복한 사람으로 자라라

PART 02 부모, 그 돌이킬 수 없는 영원한 길

아이야,
너는 행복한 사람으로
자라라

01

행복한 아이로 키우기 9

행복해진다는 것은

인생에 주어진 의무는
다른 아무것도 없다네
그저 행복이라는 한 가지 의무뿐
우리는 행복하기 위해 세상에 왔지

......

인간은 선을 행하는 한
누구나 행복에 이르지
스스로 행복하고
마음속에서 조화를 찾는 한
그러니까 사랑을 하는 한
사랑은 유일한 가르침
세상이 우리에게 물려준 단 하나의 교훈이지
예수도
부처도
공자도 그렇게 가르쳤다네
모든 인간에게 세상에서 한 가지 중요한 것은
그의 가장 깊은 곳
그의 영혼
그의 사랑하는 능력이라네

......

— 헤르만 헤세

3억 대 1의 경쟁률을 뚫고

한 생명이 이 세상에 태어난다는 것은 사람의 이성으로는 가늠하기 어려운 신비로운 사건이다. 엄마의 몸 속에 존재하는 한 개의 난자와 아빠의 몸에서 나온 3억에서 4억 개의 정자 중에 하나가 만나서 착상을 하고 엄마의 자궁 속에서 수정난으로 자라면서 60억 배의 성장을 한 후에 세상에 나온다. 3억이란 수는 쉽게 상상하기도 어려울 뿐더러 세기도 어려운 숫자이다. 3억 분의 1의 경쟁률을 뚫고 세상에 나왔는데, 어찌 이것이 신비로운 일이 아닐 수 있겠는가.

뿐만 아니라 나 한 사람이 세상에 태어나기까지는 1억 명 이상의 조상이 필요했다. 그 1억 명 중 단 한 사람만 다른 사람이었어도 내 모습은 지금 이 모습이 아니다. 인간의 존엄함은 바로 여기에서부터 시작한다. 1억 명의 합성된 유전자가 내 몸에서 숨쉬는 나는 참으로 존엄한 사람이다. 아이에게 이러한 과정을 이해시키고, 자신이 엄마와 아빠의 사랑의 산물임을 알게 해야 한다. 자신을 소중하게 생각하고, 존엄성을 인정하는 자존감은 좋은 인격 형성의 기초가 된다.

조선시대 어린이가 처음 배우는 학습 교재인 동몽선습의 첫 구절은 하늘과 땅 사이 만물의 무리 중에서 오직 사람이 가장 귀하다는 내용이다(天地之間 萬物之衆 惟人最貴). 우리 조상들도 이렇듯 땅 위의 온갖 생물 중에서 인간이 가장 귀한 존재임을 가르쳤다.

이 우주공간의 행성 중에 가장 아름다운 별은 지구라고 한다. 달의 표면에 맨 처음 착륙했던 암스트롱의 말이다. 지구가 아름다운 이유도 바다와 여러 가지 수목들 그리고 수많은 생명체 때문이다.

인간은 매우 소중한 존재이기에 가장 아름다운 지구에 존재하게 한 것이 아닐까. 태어남은 하나의 약속이라고 했다. 여러 가지 생물들의 태어남이 있겠지만 그중에서 인간으로 태어남은 가장 큰 축복이고 약속이다. 불가에서는 모든 생명체 중에서 사람으로 태어난다는 것은 넓은 들판 가득히 콩알을 늘어놓고, 하늘 꼭대기에서 바늘 한 개를 떨어뜨려 그중 콩 한 알에 박히는 확률과 같다고 한다.

모진 질병을 어렵게 극복하여 새 생명을 얻거나 사형선고를 받고 복역하던 중 사면되어 삶의 기회를 되찾은 사람들의 이야기를 들어보면 생명의 은혜는 매우 각별하다. 김대중 전 대통령은 사형대에 섰다가 목숨을 다시 보전하게 된 것을 생각하면 한없는 감사와 기쁨을 느낀다고 가족에게 보낸 옥중 서신에 드러내었다.

아이가 자존감을 가지고 성장하는 것은 전적으로 부모의 몫이다. 부모가 생명에 대한 엄숙한 경의를 가질 때 아이도 자신의 생명을 소중히 여기고 부모의 존귀함도 깨달을 것이다.

'나' 한 사람이 이 세상에 태어나기까지

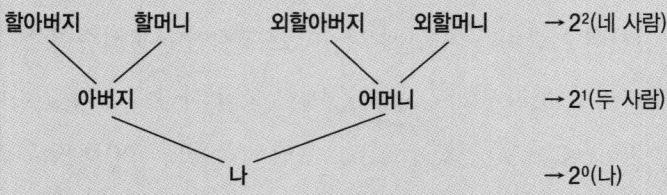

할아버지 할머니   외할아버지 외할머니   → 2^2(네 사람)

아버지   어머니   → 2^1(두 사람)

나   → 2^0(나)

● 1대부터 27대까지 조상인원수

$$2^2 = 4$$
$$2^3 = 8$$
$$2^4 = 16$$
$$2^5 = 32$$
$$2^6 = 64$$
$$2^7 = 128$$
$$2^8 = 256$$
$$2^9 = 512$$
$$2^{10} = 1,024$$
$$2^{11} = 2,048$$
$$2^{12} = 4,096$$
$$2^{13} = 8,192$$
$$2^{14} = 16,384$$
$$2^{15} = 32,768$$
$$2^{16} = 65,536$$
$$2^{17} = 131,072$$
$$2^{18} = 262,144$$
$$2^{19} = 524,288$$
$$2^{20} = 1,048,576$$
$$2^{21} = 2,097,152$$
$$2^{22} = 4,194,304$$
$$2^{23} = 8,388,608$$
$$2^{24} = 16,777,216$$
$$2^{25} = 33,554,432$$
$$2^{26} = 67,108,864$$
$$2^{27} = 134,217,728$$

1억3천4백2십1만7천7백2십8명

나 한 사람이 이 세상에 태어나기까지 1억 명 이상의 조상이 필요했으며, 그중 한 사람만 다른 사람이었어도 나는 이 세상에 존재할 수 없다. 그러므로 내게 주어진 삶을 최선을 다해서 살아가야 한다.

꿈이라는 깃발을 세우고

아이들이 소중한 이유는 이미 살아온 과거의 날보다 앞으로 살아갈 미래의 날들이 더 많이 남아 있기 때문이다. 그래서 아이들에겐 꿈이 필요하고 또 꿈이 존재한다. 꿈은 자신의 미래에 대한 비전이다. 바로 이 비전을 통해 자신의 미래를 보고 자신의 삶을 지탱하는 에너지를 공급받는다.

꿈은 먼 앞날을 향해 휘날리는 깃발이다. 아이들은 꿈이라는 깃발을 보고 달리면서 성장한다. 꿈이란 인간이 무엇인가를 하고 싶고, 무엇인가가 되겠다는 강한 동기이다. 동기는 행동의 방향을 갖게 하며 그 행동을 지속적으로 유지하고 강도를 결정짓는다. 동기는 우리가 하고자 하는 행동에 주의를 집중시키며 거듭 노력하도록 유도한다. 일상의 나날이 단조롭거나 지루하거나 의미 없게 느껴지다가도 자신의 꿈을 되돌아보며 마음을 쇄신하고 심기일전하게 된다.

인간의 삶이 아름다운 것은 자기 노력과 헌신의 가치가 있다고 생각하는 목표와 비전을 갖고 이를 위해 도전하는 데 있다. 사람들은 인간이 누릴 수 있는 유일한 참된 행복은 어떤 목적을 위해서 자기 자신을 불사름으로써 이루어진다고 말한다.

행복은 인간의 꿈과 욕구가 충족되어가는 과정이다. 대다수의 사람들에게 행복은 무위도식의 상태에서 발견되는 것이 아니고 유의미한 목표를 향한 노력 속에서 발견된다. 그 꿈은 강렬할수록 좋다. 미지근한 소망이 아니라 불타는 소망일 때, 그 꿈은 힘을 발휘한다.

그런데 문제는 하고 싶은 것도, 되고 싶은 것도 없는 아이들이 너무나 많다는 것이다. 고등학교 교실에 가보면 2/3 이상은 수업시간에 자고 있다. 학교는 아직까지도 공부 제일주의를 강조하기 때문에 대학을 갈 수 있는 학생을 제외하고는 할 일이 없는 것이다. 공부 이외의 할 일이 많다는 것을 일깨우면서 아이들에게 다시 꿈을 찾아 주는 작업을 해야 한다.

아이들에게 꿈이 없다는 것은 우리들의 미래가 없다는 뜻이다. 이화여대 총장을 지낸 장상 선생에게는 꿈에 얽힌 다음과 같은 일화가 있다.

월남한 후 시골에서 지낼 때 동네 친구 중에 영자라는 아이와 곧잘 놀았는데 하루는 이 다음에 커서 뭐가 될까에 대해서 이야기를 나누었습니다. 나는 '난 선생님이 될 거야' 했고, 영자는 '난 커다란 가게 주인이 될 거야' 했었죠. 그 동네에 구멍가게가 하나 있었는데 그곳은 아이들의 선망의 대상이었기 때문에 영자가 그런 꿈을 꾼 건 당연했던 거죠. 30년이 지나는 동안 그 일은 까마득히 잊혀졌습니다. 내가 미국 유학을 마치고 돌아온 어느 날 우연히 어떤 큰 가게에 들렀는데 그 주인 아주머니가 바로 영자였습니다. 정말 영자는 가게 주인이 되었고, 저는 선생님이 되었습니다.

라이트 형제는 어린 시절 아버지가 사다준 장난감 헬리콥터를 가지고 놀면서 하늘을 나는 기계에 깊은 관심을 보이기 시작했다. 그들은 언젠가는 인간을 태우고 하늘을 나는 기계를 발명하리라는 꿈을 간직하고 있었다. 그들은 연구에 연구를 거듭하여 마침내 제1호기를 완성했고 1903년 12월 7일 미국 노스케롤라이나 주에서 최초의 동력비행기로 하늘을 나는 데 성공하였다. 바로 이날 이 순간, 하늘을 나는 새로운 교통수단의 출현을 보게 된 것이다.

아이들이 현실에 맞지 않는 엉뚱한 생각을 한다고 그 꿈의 싹을 미리 꺾는 일은 하지 말아야 한다. 아이들은 꿈과 현실을 자유자재로 드나들며 자신을 형성해 나간다. 설사 불가능해 보이는 일일지라도 구체적으로 생각하고 실천에 옮긴다면 가능하다고 격려해 주어야 한다. 세상은 꿈꾸는 자의 것이기 때문이다.

꿈이 사라진 인생은 날개 접은 새와 같다. 더 이상 높이 날 수 없기 때문이다
— 랭스턴 휴즈

일은 곧 놀이

세상이 바뀌면서, 좋은 대학 가고 좋은 직장 얻고 좋은 배우자 만나서 결혼하는 것을 성공으로 삼았던 한국인의 보편적인 개념도 바뀌고 있다. 이제 사람들은 재미있게 사는 것 그 자체가 성공이라고 생각한다. 소위 말하는 잘 나가는 사람들이나 벤처 기업에서 성공한 사람들은 자기가 하는 일이 너무나 재미있다고 말한다.

아이들이 진로를 선택할 때 꼭 고려되어야 할 요인은 그 일을 잘할 수 있냐를 가늠하는 적성, 그 일에 대한 재미를 가지는 흥미, 그리고 그 일에 적합한 능력이 있느냐 하는 것이다. 이 중에서 흥미는 요즈음 더욱 주요한 요인으로 떠오른다. 자신의 일에 흥미를 느낄 때에 밤을 새워 몰입할 수 있는 힘이 생기는 것이다.

다중지능 이론을 내세우는 하워드 가드너는 재미는 매우 중요한 요소라고 말한다. 사람은 누구나 잘하는 것이 한 가지는 있는데, 자기가 좋아하는 일을 가장 잘 할 수 있고, 그 일에 평생을 바치고 난 후에도 후회가 없다고 말한다.

역사학의 대중화에 신념을 갖고 박물관에 박제된 역사를 살리려고 무던히 애쓰는 고려대 명예교수 강만길 박사는 역사공부가 좋았기 때문에 지금의 자신이 존재할 수 있었다고 한다. 그가 대학에 들어갈 당시만 해도 사회과에 들어오는 학생은 경제학과나 정치학과에 들어가지 못해서 오는 경우가 많았는데, 그는 처음부터 역사 공부를 하려고 들어간 사람이었기 때문에 역사 공부에 더 재미를 붙일 수 있었다고 한다. 이것은 한국 역사학의 희망이라고 불리는 사학자 강만길의 오늘을 있게 한 주요한 요인이다.

어떤 일에 대성하는 것은 단순히 사명감이나 능력만 가지고 되는 것이 아니다. 경희대 명예교수인 윤무부 박사 역시 이런 점에서 우리에게 많은 가르침을 주고 있다. 그는 거제도 장승포에서 태어나 앞으로는 푸르디 푸른 바다와 뒤로는 무성한 숲이 우거져 있는 산을 벗삼으며 어린 시절을 보냈다. 새총 하나를 들고 뒷산으로 달려가 이른 아침부터 늦은 밤까지 때까치며 딱새 그리고 섬개개비를 잡으러 40리나 되는 산등성이를 뛰어다녔다. 이렇게 어렸을 때부터 자연스럽게 자연과 친숙해져서인지 그는 요즈음도 전국 각지를 돌아다니며 새를 연구하는 일이 마냥 즐겁기만 하다고 한다.

두 학자처럼 어릴 때부터 자기가 좋아했던 일을 성장해서도 하게 되는 이들은 그 분야에서 다른 이들보다 대성할 확률이 크다. 자신이 좋아하는 일을 평생의 진로로 선택했기 때문에 일조차도 즐거운 놀이처럼 재미를 가지고 이루어낼 수 있었던 것이다.

고래로 우리나라 사람들에게는 신바람의 문화가 있다. 국민들 각자가 신바람이 붙으면 신명나는 열기를 뿜으며 바람을 일으키는 독특한 민족성을 지녔다. 이런 민족성을 지닌 개인 각자가 하는 일이 재미가 있어야 신명나게 일을 하고 놀라운 성과를 낼 수 있지 않을까.

우리나라 부모들은 자식을 통해 자신의 욕구를 채우려는 경우가 많다. 다행히 부모의 욕구가 아이의 욕구와 부합하면 좋은 일이다. 그러나 그렇지 않은 경우에 억지로 부모의 요구에 맞추면 불행한 인생을 살게 될 수도 있음을, 부모의 욕구보다 아이가 느끼는 흥미와 재미가 중요하다는 것을 부모는 잊지 말아야 한다. 인간은 좋아하는 곳에서 평균적인 일을 하는 것이 싫어하는 곳에서 이상적인 일을 하는 것보다 훨씬 행복하다는 사실도 함께 기억해야 할 것이다.

싫은 일을 매일 혹은 이틀에 한 번씩 별로 하고 싶지 않다는 이유만으로 하도록 하라. 그러면 곤경에 처했을 때 시련을 이겨낼 용기를 가지고 준비가 되어 있는 자신을 발견하게 될 것이다 —윌리엄 제임스

미치지 않고서야 그럴 수 없지

칙센트 미하이가 쓴 『몰입의 즐거움』이라는 책이 많은 독자들에게 호응과 공감을 불러일으킨 적이 있다. 그는 인간은 행복하기 위해서 인생을 살아가는데, 행복이란 어떤 방향을 향해 흘러가는 정신과정이라고 말한다. 즉 행복이란 목표에 이미 도달해 있는 정적 상태가 아니라 흐름 또는 몰입(flow)을 통해 어떤 영역(zone)에 들어가는 과정이며, 그 과정에서 나오는 결과라는 것이다.

그는 글 쓰기, 스키 타기, 피아노 치기 등 어떤 정신적, 육체적 활동에 집중해서 몰두함으로써 흐름 또는 몰입을 경험하고 어떤 영역에 들어갈 수 있다고 주장한다. 어떤 일에 몰입함으로써 성취할 수 있는 행복에 대해서 그는 이렇게 이야기하고 있다.

어떤 경험에 완전히 몰입하는 상태는, 합창단에서 노래를 부르거나,

춤을 추거나, 게임을 하거나, 혹은 좋은 책을 읽고 있는 과정에서 발생할 수도 있다. 어떤 사람이 자기의 일을 사랑한다면, 그런 몰입상태는 복잡한 외과 수술 중에도 혹은 밀고 당기는 사업적 거래 과정에서도 발생할 수 있다. 때에 따라서는 좋은 친구와 이야기를 나눈다든지, 아기와 노는 등의 사회적 상호작용에서도 발생할 수 있다. 이런 생활들은 단조로운 일상생활에 비해 긴장된 삶의 흥분을 가져다 주기 때문이다. 이런 특별한 순간들이 바로 내가 흐름 또는 몰입의 경험이라고 부르는 것이다. 흐름은 아마 많은 사람들이 자신의 삶에 있어 최상의 순간에 힘들이지 않고 행해지는 행동에서 느끼는 감동에 비유될 수 있을 것이다.

운동 선수들은 그것을 어떤 '영역'에 들어가 있다고 말하고, 종교적 신비주의자들은 '무아지경', 미술가나 음악가들은 '심미적 황홀경'이라 일컫는다. 인생에 최상의 결과를 가져오는 것은 흐름에 완전히 몰입했을 때이다. 우리는 편안한 휴식, 따뜻한 햇볕 혹은 평온한 관계에서 느끼는 만족스러움처럼 수동적인 즐거움을 경험하면서 행복을 느낄 수도 있지만, 그런 종류의 행복은 외부적 환경이 우호적일 때에만 가능하다. 흐름 또는 몰입의 결과로 느끼는 행복은 우리 자신이 창출한 것이며, 그것은 우리의 정신을 점점 더 복잡하게 만들고 성장으로 이끌어준다.

어떤 일에 몰입해서 일을 한다는 것은 결국 도(道)를 닦는 것이며 행복에 이르는 첩경인 것이다. 자기가 하는 일에 있는 힘껏 혼을 실어 최선을 다했지만 안 되는 경우도 있다. 그러나 혼신의 힘으로 최선을 다한 자신의 모습은 어딘가 모르게 한 계단 올라서 있음이 느껴진다.

　한국의 스티븐 호킹으로 불리는 서울대 지구환경과학부 이상묵 교수를 보자. 그는 2003년 서울대 지구환경과학부 교수로 임용된 후에 기초과학에 대한 열정과 도전의식을 학생들에게 심어주기 위한 일환으로 2006년 캘리포니아 공과대학과 공동으로 미국 야외지질조사 프로젝트를 수행했다. 이 연구조사과정에서 그는 차량이 전복되는 사고를 당해 네 번째 척수인 C4가 완전히 손상되고 목 아랫부분이 모두 마비되었다. 그러나 사고를 당한 지 6개월 만인 2007년 1월에 학교로 복귀했고 그해 봄부터 수업을 재개했다. 그는 한국에서는 자신과 같은 장애를 입었을 경우에는 보통 평균 32개월정도 병원에 있는데 자신은 6개월 만에 박차고 나왔다고 한다. 그 이유는 흔히 세상 사람들의 생각처럼 부정적인 마음을 긍정적으로 바꿨기 때문이 아니라 몰입해서 정말 하고 싶은 일, 너무나 하고 싶고 더 잘해보고 싶은 일이 있었기 때문이라고 강조한다. 빨리 돌아가서 연구해야 하는데…, 다음 탐사가 어딘데…, 바로 그런 생각이 그를 세상에 빨리 복귀할 수 있게 한 원동력이었다.

　시인 곽재구는 습작시절을 완전히 시 쓰는 일에만 몰두하면서 보냈다. 그는 초등학교 들어가기 전부터 글 쓰기에 대한 그리움을 간직하고 있었고 고등학교 때는 시에 완전히 미쳤다. 시인이 되겠다는 욕망이 아니라 시 자체에 완전히 몰입해 본질을 느낀 것이다. 대학에 가야 한다는 생각도 없었고 24시간 시만 생각할 정도였고 아침에 해가 뜨는 이유는 자신이 시를 써야 하기 때문이라고 생각했다고 한다.

그의 간절한 소망은 대학교 4학년, 중앙일보 신춘문예에 당선되면서 이루어진다. '막차는 좀처럼 오지 않았다'로 시작되는 시 「사평역에서」는 지금도 많은 사람들에 의해서 회자되고 있다.

옥수수 박사로 알려진 육종학자 김순권 교수도 예외는 아니다. 그는 아프리카에서 세계 최초의 교잡종 옥수수를 보급하여 기아문제에 앞장섰고 이러한 공로로 노벨 평화상 후보에 여러 번 올랐다. 북한에 옥수수 농장을 설립하여 재배법을 보급함으로써 북한의 기아문제 해결에도 큰 기여를 했다. 김 교수는 옥수수에 완전히 미치고 나니 세계에서 제일가는 옥수수를 만들 자신이 생겼다고 한다. 실제로 미국 농장에서 일할 때 너무 열심히 일을 해 인간괴물, 옥수수를 만들려고 태어난 괴물이라는 별명까지 붙었다. 아이디어는 현장에서 나온다는 것을 강조하는 김 교수는 100여 명의 연구원이 있는 나이지리아 국제옥수수연구소에서도 다른 사람보다 세 배 정도 더 일을 했다.

이들은 이렇듯 자신의 일에 최선을 다하고 몰두하면 일가를 이룰 수 있음을 우리에게 보여주고 있다. 이들이 모두 천재여서 이런 결과를 이룬 것은 아니다. 자신의 일에 대한 애정과 몰두력이 그들이 원하는 것을 이루게 해준 것이다.

유대인은 오늘날까지 노벨상을 가장 많이 받은 민족이다. 전 세계 인구의 0.25% 정도에 불과하지만 노벨상의 약 35%를 차지했다고 한다. 유대인이 머리가 좋은 이유는 그들이 독특한 유전자를 갖고 태어난 것이 아니라 무엇이든지 철저하게 몰두하기 때문이라고 한다.

'저 사람은 오로지 저 일을 하기 위해서 세상에 태어났다'라는 말을 들을 정도로 자기 세계에 몰입하는 사람이 자신의 분야에서 우뚝 설 수 있다. 누가 옆에 있든 없든 상관없이 자기 세계를 구축하기 위한 집중력만이 완전한 자기 성과를 가져올 수 있음을 아이들에게 주지시켜야 한다.

나는 반은 자아도취, 반은 내 예술을 향한 사랑에 빠져서 그 누구도 하지 않은 불가능한 일을 이루어냈다 ㅡ알렉상드르 뒤마

백 가지 중에 한 가지는 잘할 수 있어

우리나라와 같은 교육환경에서는 아이들의 학교 성적이 나쁘면 부모들은 곧장 절망에 빠진다. 어떻게 해서든 성적을 올리기 위해 안간힘을 쓰고, 불법과외나 수천만 원하는 고액과외를 시키기도 한다. 그러나 분명히 알아야 할 것은 학교 성적은 인간이 가지고 있는 여러 가지 능력 가운데 하나일 뿐이라는 사실이다.

학자에 따라서는 여러 가지 능력이 100이라고 하면 학교 성적은 2나 3에 지나지 않는다고 말한다. 학업 성적이 나쁠 때에 부모들은 아이를 어떻게 대해야 할까. 개그맨 전유성 씨의 경우를 들어보자.

그는 중학교, 고등학교 시절, 60명 중에 항상 57등을 했다. 그러나 그의 아버지는 그가 공부를 못한다고 단 한 번도 듣기 싫은 소리를 하거나 그를 외면한 적이 없었다. 항상 웃어줄 뿐이었다. 만약 그때 공부를 못한다는 이유로 매일 꾸중을 들었다면, 그는 지금처럼 번뜩

이는 아이디어와 재치를 가진 사람이 되진 못했을 것이다.

그 유명한 〈생각하는 사람〉, 〈지옥의 문〉, 〈칼레의 시민〉을 창작한 프랑스의 조각가 로댕의 경우도 마찬가지다. 어린 시절 그의 학교 성적은 늘 하위권이었다. 이를 걱정한 그의 어머니는 로댕의 아버지와 로댕이 잘 하는 것이 무엇인지에 대하여 함께 의논하였다. 그들은 못하는 것을 억지로 시켜봐야 좋은 결과를 기대할 수 없다고 판단하고 그가 좋아하는 것을 할 수 있는 여건을 마련해 주었다. 평소 로댕이 그림을 곧잘 그린다는 것을 관찰한 어머니는 로댕을 미술학교에 보내기로 마음먹었다. 당시의 미술학교는 여러 가지 기술을 습득할 수 있는 서민층의 학교였다. 그는 자기가 좋아하는 것을 시작하자 정말 열심히 몰두했고, 마침내는 미술분야에 두각을 나타내기 시작했다. 만약에 로댕의 부모가 억지로 공부만 하게 했다면 우리는 그의 유명한 작품들을 볼 수 없었을 것이다.

사람은 누구나 적어도 한 가지는 좋아하고 또 잘할 수 있는 것이 있다. 그것이 무엇인지 찾고 아이의 진로와 연결시킬 수 있는 부모가 되어야 한다. 교육 심리학자 하워드 가드너가 펼친 다중지능 이론은 보통 이상의 일반 지능을 가진 사람은 누구나 적어도 어느 한 가지 영역에서 탁월할 수 있는 가능성을 가지고 있다는 것이다. 그래서 그는 누가 비범한가를 묻지 말고 어디에 비범성이 있는가를 물어야 한다고 강조한다.

한국이 낳은 피겨의 여왕 김연아, 세계적인 발레리나 강수진, 축구 선수 박지성, 수영선수 박태환 등이 바로 여기에 해당하는 사례이다. 그들은 진정 자신들이 재미있어 하고 잘하는 일을 찾아서 일로매진

했기에 세계인이 찬탄하는 업적을 거둔 것임을 잊지 말아야 한다. 앞서 예를 든 서울대 지구환경과학부 이상묵 교수 역시 자기가 좋아하는 직업을 가졌기에 갑작스런 사고에서 빨리 재활에 성공할 수 있었던 것이다. 그는 현실이 아무리 어려워도, 부모가 아무리 강요해도 무조건 의대, 법대에 가지 말고 자기가 진짜 좋아하는 일, 소명의식을 가지고 사회에 기여할 수 있는 일을 찾으라고 권고한다.

우리는 아이들에게 누구라도 자신이 잘할 수 있는 것이 적어도 한 가지는 있다는 확신을 심어주어야 한다. 그리고 부모는 아이의 이런 능력이 어디에 있는지 호시탐탐 살피는 지혜가 있어야 한다. 공부를 못한다는 이유 하나 때문에 아름다운 인생을 생의 초반부터 고뇌하고 살아가는 일이 없도록 해야 할 것이다.

자신을 들여다 보라. 그 안에는 아직도 발견되지 않은 별이 천 개나 빛나고 있다. 그곳으로 여행을 떠나라. 그리고 그 우주의 주인이 돼라 ― 헨리 데이비드 소로

어린애가 포커페이스?

우리는 타고난 얼굴은 마음대로 못하지만 얼굴 표정은 마음대로 할수 있다. 얼굴은 그다지 잘생기지는 않았는데 유난히 사람의 마음을 끄는 아이가 있는가 하면, 특별히 모난 구석이 없는데도 살갑게 느껴지지 않는 아이가 있다. 대개 그 표정에서 좌우되는데, 잘생기지 않아도 자꾸만 보고 싶은 아이는 표정이 밝아서 보는 사람의 마음까지 밝게 해주기 때문이다. 반면에 보고 있기가 부담스러운 아이는 대체로 그 나이에 맞지 않는 근심 있는 표정을 짓고 있는 경우가 많다.

사람의 얼굴은 자기가 살아온 만큼이라고 한다. 내 얼굴은 내가 만드는 것이다. 얼굴은 마음의 반영이고 삶의 반영이다. 링컨 대통령도 40대의 자기 얼굴은 자기가 책임져야 한다고 했다. 인생을 즐겁게 살아가려면 먼저 웃는 표정을 지으라고 했다. 표정은 자기 내면 정서의 반영이다. 마음속의 정서가 어둡고 우울하고 칙칙하면 그것이 그 사람의 얼굴과 전체 분위기를 어둡게 한다. 마찬가지로 내면의 정서가 평안하게 정돈되어 있으면 그 사람의 얼굴과 분위기가 편안하게 보이고 안정되게 느껴질 것이다. 자기 얼굴, 자기 표정을 잘 관리하기 위해서는 우선 자기의 마음을 잘 관리해야 한다.

성경에도 '마음의 즐거움은 얼굴을 빛나게 하여도 마음의 근심은 얼굴을 상하게 한다'는 구절이 있다.

포커페이스라는 말이 있다. 좀처럼 얼굴 표정에 자신의 생각을 드러내지 않기 때문에 무슨 생각을 하고 있는지 상대방이 알기가 어렵다는 뜻이다. 이런 얼굴은 취업 면접의 면접관이나 협상 테이블의 관리로서는 합당한 얼굴이나, 일상적인 관계를 맺고 마음을 주고받아야 하는 상황에서는 적합하지 않는 얼굴이다.

부모도 마찬가지이다. 엄히 다스려야 할 사안에 대해서는 권위 있는 표정과 확실한 어조로 잘못을 짚어주어야 한다. 또 어떤 경우에는 개그맨 같은 재치와 친구 같은 태도로 자녀를 대해야 할 때도 있다.

분위기나 상황에 따라 자연스러운 표정이 나오도록 집안 분위기를 이끌 필요가 있다. 그 사람의 표정이 그 사람의 인생을 결정한다는 말에는 근거가 있다. 우울한 표정을 짓는 사람은 마음속의 느낌이 우울할 테고, 그러면 그에 따른 행동도 무기력해진다.

'달색 꽃색깔이 비록 좋다 한들 내 집 식구 웃는 얼굴색만 하랴(月色花色不如 吾家族和顔色)'는 말도 가족들의 밝은 얼굴빛이야말로 행복의 원천임을 상기시켜주는 내용이다. 우리 아이들의 행복한 얼굴빛이 바로 우리 부모들의 낯빛임을 잊어서는 안 된다.

성격대로 살아간다

성격이 운명을 만든다. 아니 한마디로 성격은 운명이다. 왜냐하면 성격은 영혼의 얼굴이기 때문이다. 그 아이가 밝고 명랑한 성격이면 운명도 밝고 명랑하게 되고, 그 아이가 어둡고 칙칙한 성격이면 운명도 어둡고 칙칙하게 된다. 부모들은 아이가 밝고 명랑한 성격을 갖기를 원할 것이다. 그러기 위해서는 작은 것에 만족하는 법을 가르치고, 아이에 대해 터무니없이 높은 기대는 갖지 않는 것이 좋다. 기대가 너무 높으면 도달하기 어려우므로 만족하는 법을 배우기 어렵고, 스트레스만 가중되어 아이가 우울해지기 쉽다. 걱정하는 것도 습관이고, 행복을 느끼는 것도 습관이다.

'마음이 착하다는 것은 이 세상 모든 것을 지닌 것보다 더 행복하다'는 시 구절이 있다. '착하다'는 말처럼 인간이 지닌 고운 품성을 잘 나타내 주는 말도 없을 것이다.

이 시대 최고의 지성 중에 한 분인 신영복 교수는 감옥에서 20년 20일을 살면서 그만의 독특한 신영복체를 개발하였다. 신 교수는 서도가 다른 예술 장르와 결정적으로 구분되는 것은 그 글씨와 사람의 관계 때문이라며 사람이 나쁘고도 글씨가 훌륭할 수 없는 것이 '서도(書道)'라고 말한다. 그래서 서도의 정신과 서도의 미학은 글자와 글자, 획과 획, 흑과 백, 작품과 사람의 관계라고 말한다.

소녀상과 모자상을 주로 만들고 푸른 하늘을 즐겨 그리는 조각가 최종태는 평소 좋은 사람이 좋은 그림을 그리고 훌륭한 사람이 훌륭한 그림을 그릴 수 있다는 것, 즉 작가의 인간됨이 그 작품에 그대로 드러남을 강조한다. 나쁜 사람, 옳지 않은 사람이 절대로 좋은 작품, 훌륭한 작품을 만들어 낼 수 없다는 것이다.

무릇 그 사람의 인간됨은 그가 하는 모든 행위를 통해서 표출되어 나온다. 그러기에 배우 수업에서는 배우가 되기 전에 좋은 인간이 될 것을 먼저 강조한다.

「아베의 가족」으로 유명한 소설가 전상국은 그의 삶을 회고하는 수필집을 통해 '작가가 되기 전에 인간이 되려고 했음'을 심도 있게 고백한다. 우리는 왜 인간으로 태어났는데도 인간이 되기 위해 고뇌해야 하는가. 어쩌면 여기에 인간의 비극이 있는지도 모르겠다. 인간이란 선천적으로 태어나는 부분도 있지만 후천적인 환경에 의해 가꾸어져야 하는 부분도 있기 때문이다.

그러므로 아이들을 좋은 성격을 지닌 인간으로 기르기 위해서는 원래 가지고 있는 고운 품성을 계발하는 동시에 밖에서 좋은 품성들을 불어넣어 주는 교육을 시켜야 한다.

대체로 인간이 타고난 본성은 다 선하고 온유하다. 그러나 후천적으로 어떤 환경에서 어떤 부모 아래 어떻게 성장했느냐가 참으로 중요한 인격형성의 기초가 된다. 좋은 품성을 가진 아이들은 좋은 일을 한다. 고도의 전문직일수록 그 일을 담당하고 있는 사람들의 품성을 중요하게 생각하는 이유가 바로 여기에 있다. 만약 고도의 전문직에 있는 사람이 품성이 좋지 않다면, 아니 극단적으로 나쁘다면 그 사람이 다른 사람들에게 끼치는 해악은 우리가 상상하기 어려울 정도이다. 영국에서는 어떤 의사가 의사직을 이용해서 300명을 살해했다는 기사가 보도되기도 했다.

　　좋은 품성, 좋은 인간성을 가진 아이들을 기르자. 그러기 위해서는 부모부터 좋은 품성으로 가다듬어져야 할 것이다. 우리 각자가 좋은 인간성을 가진다면 우리 사회도 건강한 사회가 될 것이다.

자신에게 부족한 성품이 무엇인지 파악하자. 조그마한 일만 개선하면 능히 많은 일을 해낼 수 있다 ―발타자르 그라시안

나라면 할 수 있어

자신감은 자신에 대한 믿음이고 자신의 능력에 대한 신뢰이다. 누구나 자신감을 가질 때 아무리 어려운 일이라도 도전할 수 있는 용기가 생기고, 자신이 하고자 했던 일이 마음처럼 되지 않았을 때에도 쉽게 좌절하지 않는다. 진정한 자신감이 있는 아이들은 어떤 일을 할 때에 쓸데없는 공상이나 허황된 자신감에 근거하지 않고 자신의 현재 능력을 정확하게 바라보고 성실한 노력에 근거한 자기 믿음(self-confidence)을 가지고 있다.

공부를 잘하는 아이가 자신감이 넘치는 것 같지만 사실은 자신감이 가득 차 있기 때문에 공부도 잘하고, 자기가 맡은 일을 열심히 해내는 것이다. 자신감은 자신이 하고자 하는 일을 자기 스스로 충실히 이행해내는 끈기가 있어야 생겨난다. 작은 일이지만 최선을 다해 성공하면 어떤 경우에도 동요하지 않는 자신감이 생긴다. 심리학 연구는 부모의 충분한 사랑과 지원이 자신감의 원천이라는 결과를 보여준다. 그러므로 자녀가 작은 성공을 기쁨으로 받아들이고 그것을 자신감으로 이어나갈 수 있도록 이에 대한 칭찬과 격려를 아끼지 말아야 한다.

성공한 비즈니스맨들의 스포츠로 여겨지는 골프는 육체적 운동의 수단만은 아니다. 골프를 치면서 경영의 지혜와 아울러 자신의 마음을 다스리는 정석을 터득해간다고 한다. 진정한 골퍼와 백만장자는 언뜻 보기엔 아무런 상관이 없는 듯하지만 이들에게는 일맥상통하는 점이 없지 않다. 골프는 '나는 할 수 있다'는 자신감과의 싸움이라고 한다. 골프뿐 아니라 모든 스포츠에 정신교육을 중시하는 것도 이 때문이다.

캐나다 밴쿠버에서 열린 2009 국제빙상경기연맹(ISU) 4대륙 선수권대회에서 짜릿한 우승을 차지한 김연아 선수의 사례를 보자. 순조롭게 경기를 진행하던 김연아는 초반에 트리플 루프에 실패하면서 엉덩방아를 찧는 실수를 했지만 당황하지 않고 자신은 잘해낼 수 있다는 믿음으로 이후 트리플 액셀과 컴비네이션 스핀으로 프리스케이팅 연기를 완벽하게 마무리하면서 캐나다 현지인들의 기립 박수를 받았고 마침내 승리를 거머쥘 수 있었다. 이 장면은 박세리 선수가 1998년 7월, US Open 프로골프 대회 연장전에서 골프공을 연못에 빠트린 실수를 떠올리게 한다. 박세리는 그때 당황하지 않고 바지를 걷어올리고 양말을 벗고 맨발로 워터해저드에서 위기를 탈출하는 감동적인 맨발의 투혼을 연출했다. 이 장면은 당시 IMF 경제 위기 속에서 신음하던 국민들에게 위기극복의 상징적인 장면으로 인식되기도 했다. 이것도 역시 나는 해낼 수 있다는 자신감과 이대로 주저앉을 수 없다는 강한 정신이 있었기에 가능한 것이었다.

스스로 자신 있다고 말하고 되뇌면 정말로 자신 있는 행동을 할 수가 있다. 이것을 심리학에서는 자기충족적 예언(self-fulfilling prophecy)이라고 한다. 자녀가 현실에 근거한 자기충족적 예언을 끊임없이 되풀이하면서 자신감을 갖도록 용기를 북돋워 주자.

삶에 있어서 가장 힘든 것 중의 하나가 자신과의 싸움이다. 매일매일 자신과의 싸움에서 이기기 위해 부단히 노력해야 한다. 그 노력이 성공의 밑거름이 되고, 성공은 곧 자신감으로 이어지기 때문이다.

일어서기 전까지는 자신의 키가 얼마나 되는지 아무도 알 수 없다 —에밀리 디킨슨

많은 사람 속에서 기쁨을 얻는 아이

인간은 혼자서는 살 수 없다. 인간은 나와 다른 여러 유형, 여러 계층과의 관계 속에서 살아가는 존재이다. 마르크스가 인간은 사회적 관계의 총체라고 했던가. '나'라는 개인은 사회적 관계의 총체이다. 사회적 관계 없이는 나도 없다. 관계가 풍요로울수록 인생이 즐겁고 풍요로우며, 관계가 빈약할수록 인생도 재미없고 빈약하다.

사회적 관계가 없는 아이들은 괴로움을 호소한다. 집에 갈 때에도 혼자 가고, 도시락을 함께 먹을 친구가 없어서 도시락도 안 싸가고 점심시간에 운동장을 배회한다. 인간이 존재하는 한 관계를 무시할 수는 없다. 이 관계를 어떻게 형성하고, 어떻게 관리하느냐에 따라 삶의 질이 달라지는 것은 너무도 당연한 것이다.

우리 부모들은 때로는 너무나 이기적이고 편협할 때가 많다. 자기 아이들이 반듯하고, 공부 잘하고, 집안 좋은 아이와 친구가 되기를 바란다. 사실 따지고 보면 인간이 인간을 소외시키고 괴롭히는 못된 행위도 집에서 배운 것일 때가 많다. 물론 악화가 양화를 구축한다는 그레셤의 법칙처럼 품행이 안 좋은 아이들과 어울리면 그렇게 물들 수 있는 여지도 충분히 있다.

그러나 가정에서 자녀들에게 얼마나 심지 있는 교육을 시키냐에 따라서 나쁜 행위를 따라가기보다는 좋은 행동의 모범을 보일 수도 있는 것이다.

세상은 여러 부류의 사람이 군상을 이루며 살아간다. 아이들에게 어떤 부류의 사람이든 잘 사귀어서 그들 각자에게는 좋은 점이 있으며 그 좋은 점을 본받고 살아갈 수 있음을 알려야 한다.

다양한 계층, 그리고 다양한 유형의 인간관계는 우리 삶의 질과 폭에 중대한 영향을 미친다. 혼자서 하는 생각은 다른 사람의 생각도 그러한지 아니면 다른지를 확인할 수 없는 독백이 된다. 상호교환적이지 못하고 일방통행이 되기 때문에 사고가 공상으로 흐를 수 있고, 우리가 경험하는 현실과 동떨어질 수 있다. 그러나 많은 사람과 대화를 나누면서 자기 사색의 현실성을 확인하고 아울러 다른 사람과의 관계 속에서 받게 되는 자극은 다른 많은 생산적인 반응들을 유도한다. 이 사람, 저 사람도 가슴에 품을 줄 아는 인간이 되면서 사람은 성장하는 것이다.

우리 사회의 많은 문제는 바로 잡종교배(outbreeding)가 아닌 동종교배(inbreeding)에서 오는 다양한 열성인자의 출현에서 비롯된다. 이 말은 유전학에서 나온 개념으로 암수가 동종인 경우 번식할 때에 부모의 유전자 중에서 각기 잠재해 있던 악성 유전자가 합류, 작용함으로

써 활성도(vigor), 몸의 크기(size), 또는 번식력(fertility)에 절감을 가져온다는 개념이다. 그래서 황족끼리만 결혼을 했던 과거 일본 황실에 저능아가 많다고 한다.

바로 이 동종 번식의 원리처럼 아이들이 만나고 관계하는 사람이 자기와 유사한 처지의 사람들에만 국한되어 있을 때 성장의 가능성은 상당히 제한된다.

반면에 아이들이 다양한 유형의 사람들과 교류하면서 살아갈 때는 무한 성장의 무대가 마련된다. 그런데도 부모들이 아이가 꼭 좋은 환경의 아이와 사귀기만 고집한다면 그 결과는 어떻게 될까.

모든 일을 친구와 의논하라. 자기애 때문에 판단이 흐려질 때 친구의 충고가 도움이 될 것이다 ─세네카

창의적인 아이로 키우기 9

21세기의 창의성

21세기 우리 사회가 요구하는 아이들의 특성은 단연코 '창의성'이라는 말로 대변할 수 있을 것이다. 20세기 초, 역사학자 아놀드 토인비는 "역사의 변화는 언제나 창조적인 소수에 의해 주도된다"는 것을 강조하며 창의성의 중요성을 역설한 바 있다. 우리는 아인슈타인, 프로이드, 피카소, 간디, 스트라빈스키 등 뛰어난 20세기 거장들의 창의적 업적에 기반을 두고 살아간다고 해도 과언이 아니다.

창의성은 단순한 재기(才氣)나 문제해결능력을 말하는 것은 아니다. 그런데도 요즈음 우리나라에서는 창의성을 유도하는 기초교육은 소홀히 한 채 테크닉과 기능 교육에만 의존하고 있다. 제3의 혁명이 시작된 지식기반사회에서 지식이란 결국 콘텐츠이다. 이는 오직 인문적 소양에 기반을 둔 창의성에 바탕을 두고 있음을 분명히 알아야 할 것이다.

하버드대학에서 오랫동안 인간의 지능과 창의성을 연구해 온 세계적인 학자 하워드 가드너 교수는 창의성이란 바로 '아이처럼 세상을 바라보는 힘'에서 나온다고 강조한다. 또한 창의성은 개인의 탁월한 재능으로 실현되거나 발휘될 수 없고 '오직 재능이 갖춰진 아이와 그 분야에 우호적인 문화 그리고 풍부한 사회적 자원'이 아우러져 있을 때에 가능하다고 한다. 천재나 거장은 어느 날 갑자기 하늘에서 뚝 떨어지는 것이 아니라 한 사회의 총체적인 문화역량이 중요함을 지적하고 있다. 우리 부모가 아이들에게 가장 중요한 환경임을 부인할 수 없다면 그에 따라 부모들이 어떤 식의 태도를 가져야 하는지를 일깨워 주는 내용이다.

아이는 자연의 일부

우리나라 인구의 50% 가량이 6대 대도시에 모여 산다고 한다. 사람들이 밀집해 살다 보니 주거공간이 절대 부족하고, 또 녹색공간은 찾아보기 힘들게 되었다. 이런 대도시의 복잡하면서도 획일적인 생활 구도는 자연적인 정서와는 상당히 거리가 멀다. 이런 환경 속에서 우리 아이들은 태어나고 자라난다.

자연 속에 가장 위대한 진리가 있고, 삶의 뿌리가 있다. 인구의 도시 집중화 현상은 어찌 보면 우리 민족의 위기일지도 모른다. 예전에는 물을 사먹는다는 것은 생각할 수도 없었는데 지금은 휘발유보다 비싼 물을 자연스럽게 사먹는다. 여기서 또 몇 년 후면 공기를 사서 마신다든지, 푸른 하늘과 나무를 구경하려면 63빌딩 같은 곳에 입장료를 내고 들어가야 하는 일이 생길지도 모른다.

섬진강의 시인 김용택은 가장 위대한 스승은 자연이고 모든 것은 다 자연에서 온다고 말한다. 그는 자신이 태어나고 자라고 지금까지 살아온 섬진강 가의 자연이 자신의 예술적 감각의 원천임을 강조하며 "내가 태어나고 자란 저 강변 마른 풀잎들과 저 강물에 어리는 나무 그림자들 그리고 봄날과 가을날 아침의 찬 이슬 방울과 빈 들녘에 하얀 서리들, 해 저물면 조용히 강으로 내려와 쉬던 산, 타는 봄날의 새 소리와 꽃잎에 이는 사람 소리 들이 내 감성이 늘 메마르지 않도록 나를 일깨워주었다."고 말한다.

소설가 신경숙의 문학적 첫 스승이 자연이었음은 말할 나위도 없다. 신경숙을 세상에 알린 소설 「풍금이 있던 자리」에서 우리는 매우 사실적이고 유려하게 묘사된 자연을 접할 수 있다. 전라북도 정읍에서 10년 간 학교를 다니며 그는 줄곧 걸어다녔다. 자연스럽게 사계절의 변화를 직접 눈으로 보고 늘 밟고 다녔다. 그때에 체험했던 계절의 변화무쌍함이 그대로 글 속에서 살아 숨쉰다.

자연의 질서는 인간의 질서이며 창조의 근원이다. 자연을 모르고 창조를 논할 수 없으며 자연의 신비를 체험하지 않고 상상력이 발동할 수 없다. 아울러 자연을 통해 고통 중의 인간은 위로를 받는다.

타인과 대화를 잘 하기 위해서는 자연과의 대화를 가져야 한다. 자연 속에는 가장 위대한 진실이 있기 때문에 아이들은 산에도 올라보고, 호수에서 수영도 해보고, 강가에서 가재도 잡아보면서 자신을 괴롭히는 잡념에서 벗어나 인생의 섭리, 자연의 섭리를 느낄 것이다.

요즈음은 기업체에서도 자연을 감싸 안아야 기업이 산다고 강조하고 있다. 지속가능한 기업이 되기 위해서는 자연 환경과 상호의존해야 하고 자연 친화적이어야 한다.

우리나라 대표 지성인의 한 분으로 〈뿌리깊은 나무〉 초대 편집장을 지냈고 충북대 교수를 지내다 사임하고 변산반도에 들어가 새로운 삶을 일구고 있는 윤구병 씨는 이런 말을 한 적이 있다.

아버지 어머니가 특별히 우리 교육에 관심을 가지지 않았던 것은 무심해서가 아니라, 시골에서 아이를 낳아 놓으면 절반은 마을 어른들이 길러 주고 절반은 자연이 품에 안아 키워준다는 것을 알고 있었기 때문이 아니었을까? 불우한 내 아이, 우리 아이들을 행복하게 만들어 주려면, 근본적으로는 자연의 품안에서 자라도록 해야겠지만 그것이 어려우면 한 주일에 한 번, 아니면 한 달에 한 번이라도 산과 들에 데리고 나가고, 이웃집 어른들을 지극히 모셔 아이들을 돌보도록 부탁드려야 하지 않을까?

여러 번 주의 깊게 새겨들을 만한 말이다. 아이들에게 무엇보다 자연과 접할 기회를 많이 열어주는 게 중요하다.

1년을 즐겁게 지내려면 정원에 꽃을 심고, 평생을 즐겁게 지내려면 나무를 심어라
— 영국 속담

놀이문화를 잃게 되면 성에 눈을 뜬다

대상관계 심리학자 도날드 위니컷은 그의 명저 『놀이와 현실』에서 놀이는 삶의 본질적이고 중요한 요소라고 주장한다. 진정으로 건강한 삶은 놀이하는 삶이라고 말하며 놀이를 통해서 인간은 최고의 정신 건강의 경지에 오를 수 있다고 주장한다. 따라서 인간의 정신병리에 대한 그의 치료법은 주로 놀이를 통해서 이루어진다. 한마디로 놀이가 치료의 수단인 동시에 목적인 것이다.

아이들에게 놀이가 퇴행되면 자위행위가 나타나기 시작한다. 유희의 도구가 사라지면서 지극히 손쉬운 쾌락의 방법으로 자위를 선택하게 되는 것이다.

통계청 조사에 의하면 우리나라 고등학생은 평균 10시간, 중학생은 평균 8시간, 초등학생은 평균 7시간을 공부하는 데 쓰는 것으로 나타났다. 우리나라 아이들이 세계에서 제일 공부를 많이 한다고 해도 과언이 아니다. 그러나 대부분 단편적인 지식에 불과한 공부이고, 입학 시험 외에는 쓸모가 없는 자투리 지식을 주입하면서 보내는 시간일 뿐이다. 그러니 공부하는 시간이 아무리 길더라도 지식의 성장과는 무관하다.

아이들은 놀이의 기쁨을 잃어가면서 각종 성 문화에 쉽게 빠져들게 된다. 부모들이 양육에 있어서 가장 당혹스러워 하는 부분이 성에 관련된 부분이다. 어느 날 갑자기 아이가 자위하는 장면을 발견했다면 당황하지 말고, 내 아이의 놀이가 절대적으로 부족했음을 인지해 대책을 마련해야 할 것이다. 아이들이 어릴 때 실컷 활동적인 놀이를 할 수 있도록 시간과 공간을 마련해 주어야 한다.

아파트가 들어서고 아이들의 기존 골목놀이가 파괴되면서 밀실에서 성을 즐기는 포르노 문화가 심각해지고, 주술 행동이나 병적인 자위행위가 점점 늘어나고 있다. 특히 컴퓨터가 보편화하면서 성이 더욱 오염되고 인간성까지 파괴되는 지경에 이르러 있다.

이러한 난국을 극복하기 위해서는 아이들을 정말로 열심히 놀게 해야 한다. 열심히 놀다 보면 문제도 치료가 되며 창의성도 계발될 수 있다. 바닷가 모래사장에서 닭싸움하는 아이들, 진흙 갯벌에서 조개잡는 아이들, 학교 운동장에서 공 차는 아이들, 이렇게 땀 흘리며 노는 아이들의 앞날은 그 시간에 인터넷을 통해 무절제한 포르노에 노출되어 서서히 인간성이 파괴되어가는 아이들보다 훨씬 더 희망적이다.

시인 안도현의 어른을 위한 동화인 『사진첩』에는 「나를 키운 건 골목길이었다」는 제목의 글이 있다. 어린 시절 골목의 풍경과 그 속에서 자전거 타면서 아이들과 함께 놀았던 그는 놀이를 바탕으로 대시인이 되었다. 가야금의 대가 황병기 씨도 초등학교 3학년 때까지는 공부를 징역살이처럼 싫어했다고 한다. 노는 것 자체가 천국이어서 일요일엔 점심도 먹지 않고 놀았으며, 맨발로 뛰어노는 것 자체를 행복해 했다. 아이들은 신발을 신는 것을 우습게 생각했다. 맨발로 놀아도 아프지 않아야 남자라고 생각했단다.

재미있게 몸을 놀리면서 노는 아이들은 몸도 마음도 건강해서, 그것을 기초로 무슨 일이든지 할 수 있음을 보여주는 경우가 이렇게 우리 주변에서 여러모로 나타나고 있다. 공부도 중요하지만 무엇보다 선행되어야 할 것은 정신적 건강함이다. 공부에 매달리는 자녀의 모습보다는 밝게 웃으며 뛰노는 자녀의 모습에서 부모는 더 알찬 미래를 건져 올릴 수 있음을 알아야 한다.

여가는 자기 자신을 완성하기 위한 것이다 ─보나르

책은 장식품이 아니다

너도 나도 인터넷, 자나깨나 인터넷인 시대에 살고 있다. 정보화 시대를 사는 우리는 잠자는 시간을 제외한 생활의 대부분을 여러 가지 정보통신 기술 속에서 보내고 있다. 쉼없이 울리는 전화벨 소리, 회사에 가면 전자메일을 여는 것부터 하루의 일과를 시작한다. 이런 시대 상황 속에서 전 세계적으로 IT(Information Technology), 정보 기술을 강조하고 있고 이것은 새 시대의 이슈가 되고 있다.

21세기 초두에 선진 8개국 정상들이 모여서 IT헌장을 채택하여 발표하였다. 내용은 선진국과 후진국 간의 디지털 디바이드(digital divide), 즉 정보 격차의 해소를 촉구하는 것이었다. 집에 컴퓨터가 있고 인터넷을 사용하면 정보화 시대의 초일류 삶을 사는 것이라고 오해하는 사람들이 많다. 그러나 이것은 잘못된 믿음이다. 인터넷은 생활의 질을 높여주는 도구이지 인간의 철학적 사고를 업그레이드 시켜주는 도구가 아니다.

정보 기술의 보급은 선진국의 수준이지만 우리 국민의 독서량은 가까운 일본 국민의 절반에도 못 미치고 있다. 그렇지 않아도 학교 공부 때문에 부족한 우리 아이들의 독서 시간이 컴퓨터의 등장으로 채팅, 통신, 인터넷 항해에 다 빼앗기고 있다.

책을 읽는 사람에게 컴퓨터와 인터넷은 정보제공의 기능을 하여 새로운 무언가를 창조하는 데 기여하지만, 책을 잃지 않은 사람에게 정보 기술은 그 기능이 제대로 발휘될 수가 없다. 정보 기술이 독서와 함께 가지 않으면 그 기술은 오히려 정보력을 몰아낸다. 책을 잃지 않아도 정보는 얻을 수 있지만 스스로 생각하고 판단할 수 있는 힘은 얻을 수 없는 것이다.

각 신문의 주말판을 보면 여러 가지 과학기술서, 사회과학서, 인문교양서에 대한 책만을 따로 소개하여, 비평까지 곁들여 주고 있다. 인터넷 신화에 무작위로 노출되어 있는 사회에 인문적 교양의 중요성을 환기시키고 그 견제 기능을 수행하는 매우 유익한 지면으로 생각된다.

마이크로 소프트사를 창립하여 정보 기술로 하루 아침에 세계적인 대부호가 된 빌 게이츠는 지금의 우리 사회에 엄중한 경고를 가하고 있다. '나처럼 컴퓨터의 황제가 되고 싶으면 어릴 때부터 컴퓨터에 매달리지 말고 그 시간에 『로빈슨 크루소』를 읽을 것'을 강조하고 있다. 대학생들에게도 역시 컴퓨터 과목을 많이 수강하기보다 철학과목, 인문과목 등을 많이 수강할 것을 권장하고 있다.

일본 소프트뱅크 손정의 회장은 30대 시절 갑작스런 병으로 3년간

병원에서 투병하면서 4,000여 권의 책을 읽고 기업의 아이디어와 경영이념을 정립했다.

정보통신 기술은 하드웨어이다. 이 하드웨어에 담길 내용이 없으면 빛 좋은 개살구에 불과한 것이다. 새로운 정보 기술 역시 아이디어에서 나오고 이 아이디어는 창의적 사고에서 나오며, 창의적 사고는 바로 인문적 교양에 기초함을 분명히 알아야 한다.

책을 읽는 것은 영원한 경쟁력의 원천이다. 책은 정보와 지식을 얻고 이것을 단서로 무한히 새로운 생각과 아이디어를 확대, 재생산할 수 있는 위력을 갖는다. 데카르트는 그의 저서 『방법론 서설』에서 '책을 읽는 것은 다른 세기의 사람들과 시공을 초월해 만나는 여행과 같다'고 했다. 책을 읽는다는 것은 시공을 초월해서 간접 체험을 할 수 있는 유일 불멸의 수단인 것이다.

중고교생 시절에도 읽기의 중요성은 간과할 수 없다. 입학사정관제의 도입, 논술고사, 심층 면접, 토론 능력 등을 입시의 수단으로 도입하고 있는 대학이 늘고 있다.

결국 입시에 성공하기 위해서도 책을 읽어야 하고 이런 경향성은 사회에서도 그대로 나타난다. 2007년 취업포털사이트 잡코리아가 국내 기업 인사담당자 330명을 대상으로 설문 조사를 실시한 결과 75%의 인사담당자들은 국어능력이 뛰어난 사원이 전반적으로 업무능력이 뛰어나다고 평가하고 있다. 국어능력이란 결국 세상의 정보를 획득하고 가공하고 소통하는 독서력이라고 이해할 수 있을 것이다.

가끔 신문지상에 '컴퓨터 외길 바이러스 천재' 같은 제목의 기사가 심심치 않게 등장한다. 얼핏 보기엔 성공한 모습처럼 보이나, 기사에서 가리키는 천재가 청소년일 때에는 염려스럽기도 하다. 청소년기는 미래를 준비하는 시기이다. 앞서 빌 게이츠가 주장한 것처럼 컴퓨터로 세계를 재패하는 것은, 도구를 인간에게 유리하고 합리적이게 사용할 줄 아는 좀더 철저한 인문적 소양 위에서 이루어질 수 있음을 기억해야 한다.

우리나라 대학에서 실시하고 있는 학부제는 경제성이 떨어지는 학과를 통폐합해서 장기적으로는 폐과하지 않을까 하는 우려도 들게 한다. 국가가 교육정책을 인문철학적 토대를 가지고 수행하고 있는지 의구심마저 든다. 고등교육의 귀감이 되는 미국의 경우에는 우리나라처럼 대학을 백화점식으로 운영하지 않는다. 서울대에 있는 모든 과는 다른 모든 학교를 제치고 항상 서열 1위이다.

그러나 미국은 다르다. 하버드 대학에 있는 모든 학과가 항상 서열 1위를 하지도 않을 뿐더러 그 서열도 해마다 구체적인 기준에 의해 다르게 평가된다. 예를 들어 미국 내에서 작은 하버드 대학이라고 불리는 동부의 암허스트 대학은 인문학 분야에서는 단연 1위를 고수하고 있다. 암허스트 대학은 「가지 않은 길」이라는 유명한 시를 쓴 로버트 프로스트가 40여 년간 재직한 학교로, 전원적이고 목가적인 분위기를 지니고 있다. 이 학교는 문학이나 철학 등의 인문학을 국가 경쟁력의 원천이라고 생각하고 인문학 분야의 교육을 무엇보다도 철저히 시키고 있다. 경제적, 문화적으로 최강대국인 미국, 교육에서도 역시 세계 최고를 자랑하는 미국인들이 그렇게 교육하는 이유에 대해서 우리도 깊이 생각해 보아야 한다.

미국은 청소년의 잦은 총기난사 사건 후 '무기(weapon)'가 아니라 '말(word)'로 자신을 표현해야 함을 강조하면서, 가장 논리적이고 정연한 말들은 책 속에 있음을 가르치고 있다.

역사상 주요한 일을 했거나, 자기만의 세계를 구축한 사람들은 독서에 천착한 경우가 많다. 건축가 김중엽은 어릴 적 별명이 책도깨비였다. 시를 읽고 공부한 것이 건축에 큰 도움을 주었다고 한다. 서울대 임지순 교수도 마찬가지이다. 그는 서울대 물리학과 재학 시절, 물리학에 대한 공부보다는 자유분방하게 성경 및 세계적인 고전 등을 많이 읽으면서 지냈다고 한다.

책은 모든 사람에게 직업의 철학적 기반을 마련해 주고 모든 행동의 중심이 되어주며, 앞으로 나아갈 방향을 제시해 준다. 다섯 수레의 책을 읽으라는 뜻은 아니다. 자녀들이 스스로 생각을 다듬어 자신의 개성을 살리는 일을 찾을 수 있는 소양을 길러주기 위해서는 책을 읽는 것이 가장 효과적임을 말하는 것이다. 그러기 위해서는 부모 자신이 책 읽는 습관을 들여야 한다.

예전에 비해 어린이 독서지도에 대한 관심이 부쩍 높아졌다. 그러나 정작 평소에 책을 읽지 않는 부모가 아이에게 독서지도를 하려면 많은 난관이 따른다. 그래서 부모를 위한 올바른 독서지도 안내가 더욱 필요하다. 논술이 강조되면서 요즈음 엄마들이 독서지도에 관심을 많이 갖지만 방법은 계발하지 못하고 있다. 과외공부식으로 지도하는 경우가 대부분인데 이런 독서교육은 즐거워야 할 책 읽기를 구석기 유물 정도로 여기는 결과를 가져온다.

책 읽는 가정에서 책 읽는 아이가 자라나고, 책 속에서 올바른 인

간으로 성장한다. TV 앞에 앉아 있는 부모보다는 나란히 책을 같이
읽는 부모가 아이에게 훨씬 더 신뢰감을 줄 것이다.

책 읽는 사람들의 공간

● 책으로 따뜻한 세상 만드는 교사들(www.readread.or.kr)

● 행복한 아침독서(www.morningreading.org)

● 책읽는 사회 만들기 국민운동(www.bookreader.or.kr)

● 북스타트 코리아(www.bookstart.org)

좋은 책이 있어도 읽지 않는 사람은 그 책을 읽지 못하는 사람보다 나을 것이 없다
— 마크 트웨인

창의성은 글쓰기에서 시작된다

어차피 인생은 자신의 표현이다. 자신을 제대로 표현하기 위해서는 자신의 생각을 담은 글을 많이 써보는 것이 필요하다. 자기만의 공간인 일기장에 매일매일 일기를 쓰는 것은 가장 고전적이고 전통적으로 자신을 돌아보고 자신을 성장하게 하는 방법이다. 쓰는 과정을 통해서 자기의 의식을 정리하고 그것을 문자로 표현하면서 자기를 반성하며, 머릿속의 헝클어진 생각들은 논리적 감각을 계발하여 정돈하기도 한다. 이런 과정 속에서 인간은 다듬어지며 그 어떤 어려움도 물리칠 수 있는 굳건한 심리적 기반까지 확보하게 된다.

고체 물리학계의 세계적 거목 서울대 임지순 교수를 가리켜, 미국 버클리 대학의 마빈 코헨 교수는 35년 간 만난 최고의 제자 가운데 한 사람이라고 말한다. 임 교수에게는 늘 '천재' '수재'라는 수식어가 따라다녔지만 그 스스로는 미국에서 연구생활을 하면서 창의성에 많은 한계를 느꼈다고 고백한다. 그러면서 이것을 극복하기 위해서는 어렸을 때부터 자기의 생각을 꾸준히 써보는 연습이 필요하다고 충고한다.

그는 미국에서 벨연구소 상임연구원으로 있을 때 자신이 어디까지 발전할 수 있는가 하는 부분에서 많은 좌절을 느꼈다고 한다. 미국에서 태어나서 미국 교육을 죽 받았으면 지금보다는 훨씬 더 잘할 수 있었겠다, 라는 생각이 든 것은 미국이 우리나라와는 유아교육부터 완전히 다르다는 것을 알게 되었기 때문이었다.

미국에는 어떤 면에서 아주 이상하게 생각하는 사람들이 있다. 완전히 천재일 수도 있고 천재는 아니더라도 최소한 독창적인 생각을 하는 사람이 있는데 우리나라처럼 교육했다면 그럴 수 없을 거란 생각을 했다고 한다. 물론 그도 나름대로는 상당히 좋은 교육을 받았다고 생각했고, 대학에서도 굉장히 자유분방하게, 일정한 틀에 매이지 않고 생활했지만 기본적으로 고등학교까지는 자유롭지 않았다는 사실이 걸림돌이 됨을 알았다고 한다. 박사 학위를 딸 때까지는 그 차이를 많이 못 느꼈지만 그 이상 성취하려고 했을 때 유년 시절에 창의적인 교육을 받았더라면 좀더 잘할 수 있었을 텐데, 라는 아쉬움이 들었다고 한다.

미국 학생들이 공부를 안 하고 마냥 노는 것처럼 보이는 것은 교사가 학생들에게 자기 생각을 가지고 무언가를 만들어내는 과제를 내주기 때문이다. 자신의 생각을 가지고 접근한 어떤 프로젝트를 수행하기 위해 누구보다 바쁘게 사람을 만나고 사건을 꾸미면서 자신의 생각을 정립시켜 나가는 것이다. 자신의 생각을 자꾸 써 보면서 논리를 계발하고 헝클어진 생각의 틀과 구조를 정리하면서, 사유의 폭이 크면서도 창의적인 사람으로 성장하는 것이다.

일기를 쓰고, 독후감을 쓰는 것은 습관이다. 대학 입시에서 논술이 도입되면서 또다시 틀에 박힌 글쓰기 교육은 아이들이 자신의 논리의 가닥을 잡아 전개해 나가는 훈련보다는, 글쓰기에 관한 판에 박힌 틀을 주입하는 또 하나의 암기식 교육이 되었다. 자신의 생각을 글로 옮기는 과정은 추상성이 구체화되는 과정이다. 이러한 과정은 마음을 닦는 데 도움을 줄 뿐만 아니라 이후의 다른 재능을 펼치는 데에도 지대한 영향을 미친다.

애초에 창의적인 사고를 하게 길러진 아이와 시키는 대로만 하도록 길들여진 아이는 엄청난 차이가 있다. 미국 교육이 무조건 좋다는 뜻이 아니라 창의적인 미국의 교육 시스템을 볼 때 우리 교육의 여건이 좀더 창의적인 방향으로 바뀌어야 하지 않을까 하는 생각이 든다. 아이들이 자기의 생각을 글로 쓰는 연습을 많이 하면 거창하게 교육 시스템을 논하거나 창의적인 제도 운용하기 전에 부모가 수월하게 창의력을 키워줄 수 있을 것이다.

가치 있는 일은 한 번도 우연적이지 않다. 우연히 발명을 한 적도 없다. 그것은 오직 노력의 결과이다 —에디슨

여행의 거리는 아이디어의 크기와 비례한다

'귀한 자식일수록 여행을 보내라' '만 권의 책을 읽는 것보다 만 리를 여행하는 것이 낫다'는 말이 있다. 인생의 길이는 여행의 길이라고 한다. 여행이 인간의 삶에 얼마나 많은 영향을 미치는지 보여주는 말이다. 인간은 몸을 움직여 행동했을 때 비로소 새로운 아이디어의 단서와 사색의 실마리를 발견할 수 있다.

많은 사람들은 책에서 읽었던 내용이나 영화를 통해서 보았던 세상이 사실과 전혀 다르다는 것을 여행을 통해서 알게 된다. 그것을 계기로 자신이 가진 고정관념을 깨트리며 새로운 아이디어를 무한히 재생산해낸다.

인간은 체험이 부족할수록 고정관념의 노예가 된다. 고정관념은 인간을 인간이게 하는 주요한 기능인 사고과정을 생략시켜 새로운 것을 창조하는 데 방해가 된다. 많이 보고, 체험하고 여행해야 하는 이유가 바로 여기에 있다.

디지털 신문 〈딴지일보〉를 창간하여 정곡을 찌르는 유머로 우리 시대의 모순을 간파한 김어준 씨도 배낭여행으로 45개국을 다녔다. 여행으로 얻을 수 있는 것은 고정관념에서 벗어날 경험의 기회라는 것이다. 우리는 미국 영화에 길들여져 아랍인이라고 하면 과격한 테러분자라는 부정적인 이미지를 갖는데 막상 만나보면 그렇지 않았다고 한다. 중동에 대해 자신의 시각이 아닌, 미국이라는 창을 통해 바라보고 있다는 것을 깨달으면서 처음에는 막연한 호기심으로 시작한 배낭여행이었지만 자신의 안목을 넓히고 성장시키는 계기가 되었다고 한다.

그에게 새로운 인생을 열어준 〈딴지일보〉도 그 여행에서 얻어진 아이디어 중 하나에서 출발한 것이었다고 한다. 아테네를 여행하면서 그곳 건물은 모두 다 원형이라는 것을 알게 되었다. 순간, 그때는 한 사람 한 사람이 모두 방송국이었구나, 하는 생각을 떠올렸고 몇 년 후 〈딴지일보〉 창간의 최초 아이디어가 되었다. 당시 인터넷 홈페이지를 만드는 게 유행이었는데 인터넷이 아크로폴리스가 되면, 모든 사람에게 나의 메시지를 전달하는 방식이 가능할 거라고 생각했고, 그 디지털 아테네를 구축한 것이 〈딴지일보〉가 되었다.

여행은 인간을 큰사람으로 성장시킨다. 앨빈 토플러의 책이 담고 있는 방대한 양의 지식은 사람을 만나고 여행을 하면서 자신이 원하는 지식을 탐험하고 그것을 조직하여 문자화한 것이다. 백의의 천사 나이팅게일은 어렸을 때부터 부모를 따라 유럽 각지를 여행하면서 다양한 사람들을 접하며 많은 경험을 쌓았고, 그런 경험을 토대로 인류를 위해 크게 공헌한 박애주의자가 되었다.

'동심을 찾아서, 자연을 찾아서'라는 주제로 아이들과 함께 세계 일주를 떠났던 강원규 씨가 처음 여행을 가겠다고 아이들의 부모를 찾아갔을 때 반응은 '안 된다'였다. 방학 동안 여행하느라 여러 가지 학습에 차질을 빚을 것이라는 우려 때문이었다. 공부보다 여행이 아이들에게 가져다 주는 것이 훨씬 클 거라고, 그는 자신을 무조건 믿어달라고 부모들을 설득하였다.

비바람과 싸우고 밥 한 끼를 얻어먹기 위해서 밭에 나가 일을 하거나 축사를 청소하기도 하고 밤이면 들판에 누워 별을 보면서 잠이 들었던 한 달의 여행 동안 아이들은 스스로의 세계를 찾아가는 것 같았다고 한다. 여행이 끝나고 돌아온 아이들은 다음 학기, 어른들의 예상을 뒤엎고 모두 성적이 부쩍 올랐으며 잔병치레를 하던 아이들은 감기조차 걸리지 않았다. 제 할 일을 찾아 하고 매사에 적극적이고 인사성도 밝아지는 등 모두 새 사람이 되었다는 칭찬이 자자했다고 한다. 여행을 하고 난 후 아이들의 행동이 바람직하게 변하자 지금은 가겠다고 신청한 아이들이 너무 많아 대기자 명단이 있을 정도라고 한다.

여행은 이렇게 새로운 체험을 가져다 주어 쉽게 변할 수 없는 인간의 행동을 쉽게 변화시킨다. 자녀교육에 독특한 뜻을 가진 분들 중에 간혹 회사까지 그만두면서 아이들과 세계를 여행하는 부모들을 본다. 한국유선방송협회 사무국장과 전자신문 기자였던 조영호 씨 가족이 그 대표적인 경우이다. 그는 잘 다니던 회사에 사표를 던지고 1997년, 2002년 두 차례에 걸쳐 가족과 함께 327일 간 모두 27개국을 돌아다니며 많은 추억을 쌓았다. 그의 가족은 '미래는 도전하는 사람들의 것이다'라는 가훈을 가지고 있었는데, 그 가훈이 그대로 그들의 삶 속에 실천되고 있었다. 그는 60년대와 70년대 초, 중학교 시절에 〈김찬삼의 세계여행〉 시리즈를 읽으며 '나는 언제 이런 데 가보나?'하고 꿈 같은 해외여행을 희망했었다. 그 어린 시절의 꿈을 가족과 함께 이룬 셈이 되었다.

여행은 무한한 창작의 원천이 되며 여행의 거리는 아이디어의 크기와 비례한다. 여행을 많이 한 사람이 가지는 아이디어의 크기는 우물 안 개구리처럼 살고 있는 사람과는 매우 큰 차이가 있다. 여행을 통해 아이들에게 생각하는 것보다 훨씬 더 많은 새로운 세상이 있음을 깨닫게 해주고 큰 꿈을 꾸게 해주어야 21세기에 우리나라가 세계의 중심 국가로 우뚝 설 수 있을 것이다.

● 한국소년탐험대 www.children.or.kr
● 솔빛별가족 cafe.naver.com/nagnegil

시간이 과거를 잊게 하는 묘약이라고 해서 사람마다 모두 같은 효과를 나타내는 것은 아니다. 하지만 여행은 모든 사람에게 효과를 나타낸다 ―토마스 만

감수성이 살아 있으면 버스도 날 수 있다

감수성이란 무엇일까? 국어사전에 보면 외부의 자극으로부터 받은 강한 인상에 의하여 행동이 좌우되기 쉬운 경향이라고 되어 있다. 좀 더 쉽게 얘기하면 아름다운 것을 보고 아름답다고 느끼는 능력, 즉 사물에 대한 투시력 또는 내 이웃의 슬픔을 보면 내 슬픔처럼 느낄 수 있는 공감력이다.

21세기의 사람들에게는 더욱더 예민한 인간적 감수성이 요구된다. 지하철에서 어른들에게 자리를 양보하지 않는 사람, 급하다고 남을 밀치고 새치기하는 사람, 자신의 조그만 이익을 위해 다른 사람의 큰 이익을 희생하도록 요구하는 사람들 모두 감수성이 퇴화한 사람들이다. 문제는 오늘날의 학교가 우리의 아이들을 이런 사람들로 양산해 내고 있으며, 학교를 다니면 다닐수록 감수성이 퇴화하기 쉽다는 것이다.

현대의 산업사회 및 정보화사회도 마찬가지로 인간의 감수성을 갈수록 퇴화시킨다. 무분별한 환경파괴, 빛의 속도를 초월한 생각의 속도, 그 속도를 앞지르는 과학기술의 진보, 산업과 경제의 발전, 대기업 같은 대형조직 출현 등으로 인간에게 삶의 윤택함을 제공하기 위한 시도가 지금은 오히려 인간 파괴에 둔감한 인간을 양상하고 있는 실정이다.

인간과 인간, 인간과 자연의 관계 속에서 바람직하지 않은 현상들이 나타날 때마다 인간 본연의 감수성의 회복이 시급함을 느낀다. 한국 교육학의 대가 정범모 선생은 인간적인 감수성이란 예술적 감각과 도덕적 의식의 기본이라는 사실을 통감한다고 말한다. 가을날의 은은한 들국화 향기, 겨울날의 회색빛 처연함, 찬란한 봄날의 슬픔, 생명력 있는 초록의 여름 등 계절의 변화 속에 목마른 영혼의 갈증을 해소해 나갈 수 있는 아이들을 길러야 한다.

롤프 옌센은 그의 저서에서 정보화 시대가 가면 드림 소사이어티(Dream Society)가 온다고 예언하고 있다. 말 그대로 꿈과 감성을 파는 사회가 온다는 것이다. 저자는 미래학 연구 두뇌집단으로 평가받는 덴마크 코펜하겐의 미래문제연구소장이다. 그의 저서는 마케팅에 초점을 맞추어 기술되었는데 이제 소비자를 즐겁게 해주는 것은 정보나 품질이 아니라 꿈과 감성이라는 것이다. 감성을 어떻게 팔 수 있을까. 저자는 '이야기', 즉 상품에 담겨 있는 꿈을 팔라고 강조한다.

그러므로 미래 사회의 최고 리더도 이야기를 생산하는 사람이라고 단언한다. 사람은 이야기하는 동물이며 이야기를 통해 자신을 만들어 간다. 감성적인 이야기를 만들어 내기 위해서는 이야기를 만들어내는 사람이 먼저 감성적이 되지 않으면 안 된다. 감성적 성격은 감성적 생활을 통해서 연마할 수 있다. 감성적 생활은 정범모 선생의 말처럼 자연과 가까이 하고, 한 시대의 정신적 토양인 예술적 삶을 지향하고 다른 사람의 아픔을 내 아픔처럼 느낄 수 있는 공감력 등에서 나온다. 그러기 위해서 먼저 부모가 모범을 보이면서 아이들을 가르쳐야 할 것이다.

감수성이 예민한 사람은 보통 사람들이 그냥 지나칠 수 있는 평범한 것을 기억할 만한 요소로 승화시켜 사건의 품격을 높이기도 한다. 정현종 시인은 어느 날 버스를 타고 가다가 장미꽃 한 다발을 들고 탄 여인을 보게 된다. 한 정거장 지난 후에 또 국화꽃 한 다발을 들고 탄 남자를 보게 된다. 보통 사람 같으면 그냥 지나쳤을 평범한 인간사가 그의 눈엔 독특하게 비추어졌고 이것이 그의 감수성과 만나 예술적 감흥을 불러일으켜 「날아라 버스야」라는 한 편의 멋진 시를 탄생시켰다.

내가 타고 다니는 버스에
꽃다발을 든 사람이 무려 두 사람이나 있다!
하나는 장미 — 여자
하나는 국화 — 남자
버스야 아무데로나 가거라
꽃다발을 든 사람이 둘이나 된다
그러니 아무데로나 가거라
……

날아라 버스야

　　인간의 감수성은 날 수 없는 버스를 날게 만드는 기발한 창의력을 가져온다. 정서적 감수성이란 바로 새로움을 무한히 생성하고 창출하는, 21세기 무한 경쟁시대를 이끌어나갈 인간 정신의 본향인 것이다. 요즈음처럼 컴퓨터 등의 여러 가지 기계 문명에 함몰될수록 인간이 지닌 감수성만이 커다란 힘이 되어 새로운 세상을 이끌어 나갈 수 있다.

나를 충만케 할 샘물은 내 마음 속에서 찾지 못하면 소용이 없다 —괴테

창의적인 아이로 키우기 일곱 번째

기발한 상상을 많이 하는 아이

기억력이 과거를 회상하는 능력이라면 상상력은 미래를 그려내는 능력이다. 상상력은 창의적 사고의 원천이 된다. 인간의 역사는 상상력에 의해서 발전되어 왔다고 해도 과언이 아니다. 왜냐하면 기발한 상상은 그것을 현실에 옮기고자 하는 에너지까지 발동하게 하는 기이한 힘이 있기 때문이다. 미국 워싱턴 D.C에 있는 스미소니언 박물관 중 국립우주항공 박물관에는 '상상력이 지식보다 훨씬 중요하다'는 에디슨의 어록이 적혀 있다.

에디슨은 실험을 통해서 자신의 상상을 곧잘 현실로 옮겨보곤 했다. 가스를 집어 넣으면 사람이 풍선처럼 날아간다는 얘기로 친구를 속여 가스가 발생하는 약을 먹이기도 했고, 흑인을 백인으로 만들어 준다는 실험도 했다. 그러면서 그는 역사상 가장 많은 발명을 이루어 냈다. 인간의 발명은 인간의 상상을 넘어설 수 없다.

알베르트 아인슈타인의 어머니는 어린 아인슈타인에게 상상력을 기르는 훈련을 많이 시킨 것으로 잘 알려져 있다. 어린 아인슈타인이 학교에서 피곤하게 지친 몸으로 집에 돌아왔을 때에 그 어머니는 맛있는 간식을 준비했다가 그 간식을 주면서 조그마한 문제지 하나를 주었다. 그 문제란 밑도 끝도 없는, 정해진 해답이 없는 문제였다. 우주의 넓이가 얼마나 되는지 한번 생각해 보아라, 우리가 살고 있는 이 지구에서 밤에 반짝이는 별 사이의 거리가 얼마나 되는지 한번 생각해 보아라 등 어린 아인슈타인으로서는 도저히 해결할 수 없는 문제들이었다. 그렇지만 어머니는 그런 문제를 통해 상상력을 계발시켜 주려고 했던 것이다. 아인슈타인은 어려서부터 공부를 못한 낙제생이었지만 어머니는 단편적인 지식이나 학교에서 요구하는 지식을 따라가지 못하는 자식의 기를 죽이는 대신에, 남에게는 없는 능력을 키워주어야겠다고 생각했다. 이런 훌륭한 어머니 덕분에 학창시절의 무능한 아인슈타인은 세계적인 물리학자로서의 기반을 다질 수 있었다.

　아이들이 한창 호기심이 강한 질문기에 들어가면 대답이 궁해지거나 귀찮기 때문에 아이들의 질문을 억제하거나 원천적으로 봉쇄해 버리는 부모들이 가끔 있다. 호기심은 아이들의 무한학습의 원동력이 된다. 아이들의 질문에 성실하게 답변을 해주고, 잘 모르겠으면 백과사전이나 인터넷을 뒤져서라도 정확하게 답변을 해주는 것이 아이의 생각하는 힘을 길러주는 부모가 되는 길이다.

　상상력의 원천은 학습에 있다. 그동안 얼마나 많은 자극을 받고 그에 따른 다양한 유형의 반응을 학습했느냐가 다양한 상상력의 원천이 된다. 일정하게 짜여진 틀 속에서는 상상력이 발동되기 어렵다.

10여 년 전 조선일보에 〈광수생각〉이라는 일상의 틀을 벗어난 생각의 여러 측면들을 신선하게 다루어서 국민적 인기를 얻었던 만화가 박광수 씨는 '너 딴 생각하고 있지!'라는 꾸지람을 들으며 자랐다고 한다. 지금 이 순간에도 딴 생각을 하지만 그 딴 생각 때문에 나름대로 많은 사람들에게 사랑을 받게 되었다고 고백한다. 이 말은 우리 교육의 허를 찌르는 정문일침(頂門一鍼)이다. 한 사람 한 사람의 딴 생각이 존중받는 날이 올 때, 그때야말로 우리는 온전히 완성된 자신의 삶을 누릴 수 있을 것이다.

경주를 사랑하는 마지막 신라인인 토우제작자 윤경렬은 경주 근화여고 미술강사로 재직하면서 지식이 아니라 상상력을 가르쳤다고 한다. 그는 그림을 잘 못 그리는 사람이 되라고 강조했는데 그림을 잘 그리면 기술만 늘고 그림을 잘 못 그리면 자세히 관찰하게 되기 때문이라고 한다.

아이들이 어릴 때에 엉뚱한 생각, 딴 생각을 많이 하도록 격려하고 그 딴 생각에 부모가 같이 논리를 부여하는 연습을 해보면서 상상력을 키워야 할 것이다.

중요한 것은 끊임없이 질문하는 것이다. 호기심은 그 자체로 존재 이유가 있으므로, 결코 거룩한 호기심을 잃지 말도록 ―아인슈타인

거꾸로 생각하기를 즐겨라

새 시대가 요구하는 인간의 주된 특성 중의 하나는 단연코 창의성이다. 이 창의성은 당연하다고 생각하는 것일수록 다시 되짚어보고 그것이 사실인가 아닌가를 확인하는 자세에서부터 시작된다. 사물을 되짚어서 생각해보거나 거꾸로 생각해보면서 사색의 지평을 넓히도록 도와주어야 한다. 평소에 너무나 당연하다고 생각되어 의심이 가지 않았던 것부터 하나씩 시작해 보는 것이 좋다.

철학자들이나 문학하는 사람처럼 무엇이든 역설적으로 생각해 보는 것을 어렸을 때부터 가르치고 그것이 일상화되도록 부모도 함께 연습해야 한다. 마르쿠제나 데카르트는 이런 것을 '부정의 정신' '회의의 정신'이라고 했는데 창의성은 바로 이런 식의 역설적인 사유에서 시작됨을 알아야 한다. 이 세상에 당연한 것은 아무것도 없다.

근대과학의 창시자인 아이작 뉴턴은 당연한 것을 당연하다고 받아들이지 말 것을 경고했다. 그가 사과나무에서 사과가 떨어지는 것을 당연하다고 생각하고 그냥 지나쳤으면 만유인력의 법칙을 어떻게 발견할 수 있었겠는가. 사물을 거꾸로 생각해나가다 보면 편견과 고정관념에 길들여지지 않은 아이들이 되어갈 것이다.

편견은 경험해 보지 않은 것에 대해 일방적으로 가지는 생각이나 감정이다. 편견이나 고정관념이 심하면 그만큼 반전의 기회를 잃게 되면서 창의적 삶과는 거리가 멀게 된다. 이를 달리 표현한다면 아이들에게 일반적인 상식을 강요해서는 안 된다는 뜻이다. 라이트 형제의 아버지는 여러 가지 장난감을 사다 주었고 장난감을 망가뜨려도 혼내거나 야단치지 않았다. 대신에 온갖 물건을 주워들이는 아이들과 함께 아이디어를 짜냈으며 아이들이 행복할 수 있도록 도왔다. 조금은 엉뚱하지만 아이의 눈높이에 맞춘 아버지의 배려가 있었기에 라이트 형제는 비행기를 발명할 수 있었다.

심장수술 분야 신기록 제조기이며 해외에서 그의 수술법을 배우러 오는 건국대학교 의과대학 송명근 교수에게는 재미있는 일화가 있다. 그가 초등학교 3학년 때의 한 시험에서 67점을 받은 적이 있었다. 아버지는 그의 낮은 점수를 채근하는 대신에 시험지를 가져오라고 해서 다시 답을 맞추어 주셨다. 질문은 "모래는 어디에서 가져오나요?" "3월은 무슨 계절인가요?" 등이었는데 그는 정답인 "강" "봄" 대신에 "물역가게" "겨울"로 썼다. 아버지는 그렇게 쓴 이유를 다 들으시고 네 답도 정답이 된다고 다시 채점하여 97점을 주시며 틀에 박힌 정답을 강요하지 않으셨다고 한다. 그의 이런 체험은 여러 가지 유형의 사고를 가능하게 한 원초적 힘이 되었고 심장 판막의 움직임을 파악해서 링을 만들고 이른바 카바수술법을 개발하게 한 밑거름이 되었다.

우리는 우리나라가 사계절의 변화가 있어서 좋다고만 교육을 시키고 있다. 사계절의 변화가 뚜렷하기 때문에 있을 수 있는 단점은 무엇인지 아이들도 알아야 한다. 계절마다 옷을 사야 한다는 것과 누구나 똑같이 봄에는 벚꽃놀이, 여름에는 물놀이, 가을에는 단풍놀이, 겨울에는 스키를 타러 가는 획일성의 불편함 같은 것들 말이다.

유럽 아이들은 돈을 모아서 어떤 아이는 스키를 타러 가고 어떤 아이는 윈드서핑을 하러 간다. 우리는 한꺼번에 다 똑같이 여름에는 해수욕장, 겨울에는 스키장으로 몰려가기에 레저다운 레저를 즐기기가 어렵다. 사람 속에서 시달리다가 휴가를 갔다 오면 이 때문에 쉬어야 하는 웃지 못할 일이 생기기도 한다.

우리나라 사람들이 성급한 것도 계절이 빠르게 변화하기 때문에 봄이 오기 전에 봄옷을 사고, 여름이 오기 전에 여름옷을 사면서 이에 대한 대비를 미리미리 하려는 습성에서 비롯된다.

또한 우리 민족은 피가 섞이지 않은 자랑스러운 단일민족이라고만 말해왔다. 과연 나쁜 점은 없는지 생각해보게 해야 한다. 미국은 세계의 거의 모든 인종이 함께 살면서 인구의 용광로를 이루지만, 바로 그 다양한 민족들이 지닌 문화의 힘이 어우러지고 통합되면서 엄청난 문화 강대국, 경제 강대국을 이루고 있다. 이렇듯 아이들이 사물과 상황의 여러 시각을 볼 수 있도록 가르쳐야 한다. 또 우리는 우리나라가 대륙의 끝에 붙어 있다고 생각해왔다. 그러나 세계지도를 거꾸로 보면 대륙에 붙은 자그마한 혹이 아니라 대륙을 등에 업고 오대양 육대주로 뻗어나갈 수 있는 기점으로 볼 수 있다. 21세기 동북아의 물류 십자로가 되고 국제 비즈니스 센터가 될 수도 있는 것이다.

미국의 소설가 리처드 바크의 「갈매기의 꿈」이라는 소설은 당대의 베스트셀러가 되었고 지금까지 많은 사람들에게 감동을 주고 있다. 이 소설의 주요 메시지는 '가장 높이 나는 갈매기가 가장 멀리 본다'는 것. 그래서 우리는 한동안 높이 날고 멀리 보는 것이 옳고 이상적이라는 틀 속에 있기도 했다. 그러나 다른 쪽으로 생각을 바꾸면 가장 낮게 나는 새가 가장 자세히 볼 수도 있는 것이다.

아이들을 어떤 생각과 고정관념의 틀에 가두지 말고 뒤집어서 생각해 보는 연습을 시켜야 한다. 우리에게 이러한 훈련이 잘 되어 있지 않기 때문에 이제부터 꼼꼼히 따져보고 그에 따라 행동하는 지혜를 가르쳐야 할 것이다.

예를 들어 보자. 첫눈은 언제 내릴까? 대체로 11월 또는 12월이라고 대답할 것이다. 그러나 그해의 첫눈은 1월에 내린다. 또 우리는 아이들에게 신호등이 빨간불일 때 건너지 말고, 파란불일 때 건너라고 가르친다. 그러나 그 불은 절대로 파란불이 아니다. 분명히 녹색불이다. 파란색이 엄연히 따로 있는데 어쩌다가 녹색불을 파란불이라고 부르게 되었는지. 그래서 비교적 고정관념이 적은 초등학생은 혼돈을 많이 일으킨다고 한다. 그러나 이에 대해 이의를 제기하는 사람은 아무도 없다. 바로 이것이 우리가 가지고 있는 문제이다.

글로벌한 인재는 생각의 패러다임을 바꾼 사람들이다. 뒤집어서 생각하고 끊임없이 질문을 해대는 사람, 다른 사람의 아이디어를 수용도 하지만 끊임없이 '글쎄'를 되뇌며 사색하는 사람이다. 이렇게 생활하는 사람이 빛을 발하는 시대가 곧 올 것이다.

작은 것이 큰 차이를 만든다

'작은 것이 아름답다'라는 말도 있고, 프리츠 슈마허의 책도 있다. 이 세상은 작은 차이에 의해 움직이지, 커다란 차이에 의해서 움직이는 것이 아니다. 작은 것이 큰 차이를 가져오기 때문이다. 그리고 작은 출발이 거대한 결말을 가져오기 때문이다. 고래로 '천릿길도 한 걸음 부터' '낙숫물이 바위를 뚫는다' '한 그루의 나무가 모여서 숲을 이룬다' 등의 말은 바로 작고 사소한 것의 중요성을 일깨우는 말이다.

그런 의미에서 박노해 시인의 「길 잃은 날의 지혜」에 나오는 다음 구절은 상기해 볼 만하다.

큰 것을 잃어버렸을 때는
작은 진실부터 살려 가십시오.

큰 강물이 말라갈 때는
작은 물길부터 살려 주십시오

꽃과 열매를 보려거든 먼저
흙과 뿌리를 보살펴 주십시오

오늘 비록 앞이 안 보인다고
그저 손 놓고 흘러가지 마십시오

······

작은 일 작은 옳음 작은 차이
작은 진보를 소중히 여기십시오.

······

　　세계적인 환경운동가 대니 서는 미국의 대중잡지 피플이 레오나르도 디카프리오 등과 함께 '세계에서 가장 아름다운 50인'으로 선출한 재미교포 2세이다. 21세기 초에 한국을 방문하여 기자들과 인터뷰를 할 때 미국 언론이 왜 당신에게 주목한다고 생각하는가에 대해서 '나이도 어린 내가 작은 실천이 주위를 바꾸고 세상을 바꾼다고 주장하고 또 이에 대해서 구체적인 행동으로 입증해 보이니까 그런 것 같다'

고 대답하였다. 그는 작은 아이디어라도 버리지 않고 실천을 해왔고, 작은 실천이 거듭되면서 수백만 달러의 기부금을 모금하는 큰일을 해낸 것에 대해서 미국인들이 박수를 보내는 것 같다고 했다. 또 생존경쟁이 치열한 미국에서 개인의 탐욕을 버리고도 자신의 인생을 풍요롭게 살아갈 수 있다는 메시지가 반향을 일으키는 것 같다고 말했다.

그가 말하는 작은 실천이란 무엇을 의미하는지에 대해서 그는 "아주 쉬운 것이다. 예를 들어 우리는 주위를 변화시키려면 자신이 가지고 있는 돈이나 기술, 시간을 아주 많이 희생해야 하는 것으로 생각한다. 그렇지만 이것은 변명에 불과하다. 하루에 15분만 남을 돕거나 주위를 위해서 쓴다면 세상은 물론 자신의 삶도 긍정적으로 바꿀 수 있다."고 대답했다.

'작은 행동이 세상을 바꾼다'는 그의 좌우명이기도 하다. 그는 세상에 변화를 가져오는 것은 거창한 구호와 엄청난 돈이 아니라 순수한 열정과 행동이라는 것을 보여주는 산 교과서이다.

작고 세심한 노력이 완성도를 높이는 것은 예술에서도 마찬가지이다. 소설가 김주영 씨가 조선 후기 상업사를 다루고 있는 소설 『객주』를 쓰기 위해 기울인 작은 노력들은 이루 헤아릴 수가 없다. 옛사람들이 항용 했음 직한 낱말 하나하나를 찾아내기 위해 우리말 사전의 첫 장부터 뒤지며 밤새우기를 수없이 반복했다고 한다. 낱말 하나하나를 찾아내기 위해 밤을 새워야 하는 서툴고 미욱한 작가의 애꿎은 처지, 그리고 자신에 대한 무지와 배신감으로 새벽의 한강을 먼 빛으로 바라보며 몇 번인가 혼자서 섧게 울었다고 지나간 시간을 회고했다.

소설이라는 작품은 주제, 문체, 구성 등 여러 가지 요인으로 이루어지겠지만 그중에서도 가장 작은 낱말 하나하나를 적확하게 구사하기 위해서 섧게 울었다는 것은 예술가다운 섬세함과 책임감을 보여주는 것이라고 할 수 있다.

아주 사소하고 작은 것을 잘하여 큰일이 잘되게 하기도 하고, 아주 작은 실수가 큰일을 그르칠 수도 있다는 것을 명심해야 할 것이다. 그리고 아이들에게 이 사실을 어렸을 때부터 가르치고, 아이들을 키우고 교육함에 있어서 작은 것을 중요하게 여기는 부모의 모습을 보여야 할 것이다.

싸움의 결과는 마지막 5분에 달려 있다 ―나폴레옹

03

자유로운 아이로 키우기 9

자유

할 수 있는 모든 선(善)을 행하고
자유(自由)를 무엇보다도 사랑하고
비록 왕좌(王座)의 편을 들어서라도
절대로 진리(眞理)를 배반하지 말지어다

— **베토벤**(1792년 기념첩)

자기 관리의 첫걸음은 몸 관리

중국의 사서 중에 하나인 〈대학〉에 '천하를 다스리고자 하는 사람은 먼저 그 몸을 다스려야 한다'는 구절이 있다. 건강을 잃으면 세상의 모든 것을 잃은 것이라는 경구는 건강이 얼마나 소중한 것인가를 단적으로 알려주는 것이다. 먼저 몸이 건강해야 그 체력을 바탕으로 내가 하고 싶은 것을 할 수 있다. 그러므로 평소에 자기 몸에 맞는 운동을 하여서 튼튼한 체력을 유지해야 한다.

특별히 시간을 들이지 않고 할 수 있는 좋은 운동은 될 수 있는 한 많이 걷는 것이다. 걸으면 머리가 맑아지는 것은 물론이고 온몸을 강건하게 만들 수 있다. 아이들은 일단 많이 걷게 해야 한다.

소요학파들은 걸으면 머리가 맑아지고 좋은 생각이 많이 떠오른다고 했다. 플라톤과 아리스토텔레스가 대표적인 예이다. 특히 아리스토텔레스는 학원 내의 나무 사이를 산책하면서 제자들을 가르쳤다고 한다. 루소 역시 쉬지 않는 산보자였다. 그는 걸어야 생각이 났다고 한다. "나의 머리는 나의 다리와 함께가 아니면 움직이지 않는다"고 말할 정도였다.

문화인류학자들은 사람은 어떤 동물보다도 많이 걷는 데 그 특성이 있다고 말한다. 인간과 가장 닮았다는 침팬지나 고릴라는 하루에 기껏 걸어봐야 3km 이상을 벗어나지 못한다고 한다. 그러나 수렵시대의 원인들은 하루의 보행거리가 10km가 넘었다고 한다.

〈녹색평론〉의 발행인 김종철 교수는 인간은 진화론적 존재이며 오랜 진화의 과정을 통하여 우리의 존재하는 방식이 결정되어 왔다고 말한다. 오랜 진화 과정에서 언제나 자기 발로 움직여 왔던 인간에게 자동차 운전은 감당할 수 없는 생리적, 심리적 적응을 요구한다고 한다. 자동차 운전이 인간의 본성에 대하여 얼마나 큰 폭력을 행사하고 있는지에 대한 경고를 하고 있다. 『간디의 물레』라는 그의 저서에 다음과 같은 대목이 있다.

뉴욕 시내 맨하탄에 바나드 컬리지라는 대학의 언어학 교수로 조셉 멜로운이라는 이가 있는데 그는 70개 언어를 자유로이 말할 수 있는 사람이라고 한다. 지금 50대 후반의 이 교수는 자동차를 소유하지도, 운전하지도 않는 사람으로 알려져 있다. 그의 집은 자동차로 30분이 넘는 뉴욕 바깥 뉴저지의 한 교외에 있는데 그는 집에서 학교까지 항상 걸어다닌다는 것이다. 그는 캘리포니아에서 대학생활을 할 때 몇 해 동안의 자동차 운전경험을 통하여 자동차가 사람을 제정신이 아닌 상태로 만들어 놓는다는 것을 늘 실감하였고, 그래서 마침

내 자동차를 포기하로 결정하였다. 그 이후 지금의 아내와 결혼하기 전에도 늘 함께 걷기를 고집하였고, 지금까지 수십 년 동안 변함없이 걸어다닌다.

자동차의 천국 미국에서 이렇게까지 행동하는 이 교수의 고집스런 철학에 대해서 이해를 할 필요가 있다. 원래 걸어야 하는 신체적 특성을 가진 인간이 걷기를 포기함으로써 얻을 수 있는 것은 궁극적으로는 질병이나 생명의 단축밖에 없다는 결론이다.

인간은 걸으면서 아이디어가 많이 나오고 또 그것들을 정리할 수 있다. 대도시의 엄마들에게 아이를 교문 앞까지 자동차로 등교를 시키는 것은 중요한 아침 일과 중의 하나가 되었다. 꼭 그렇게 해야만 하는지에 대해서 생각해 볼 일이다.

우리나라의 제일 큰 로펌 김&장으로 복귀한 대표적 변호사 CEO 박병무 씨는 서울대 법대를 수석 입학하고 수석으로 졸업하였다. 그는 중학교 3년, 입시 때문에 시간에 쫓겨야 했던 고등학교 2학년 때까지도 줄곧 한 시간씩 걸어서 학교에 다녔다. 시험 때에는 버스를 타기도 했지만 대부분의 등하굣길에는 걸으면서 여러 가지 생각을 할 수 있었기에 자신을 추스르는 좋은 기회였다고 말한다.

요즘 사람들은 겉보기에 몸은 좋아지고 키는 커졌지만 실제로 체력은 악화되었다는 우려가 많다. 가능하면 아이들을 많이 운동하게 해서 체력관리를 시켜야 한다. 일상 생활에서 반드시 운동을 통해 체력을 단련하는 시간을 갖도록 해야 할 것이다.

체력은 국력이라고 했다. 국민 전체의 체력은 국력이다. 체력이 뒷받침해 주지 않으면 아무 일도 할 수가 없다. 몸과 마음은 하나이기 때문에 몸이 건강해야 정신이 건강하고, 정신이 건강해야 중요한 일을 많이 한다는 것을 명심해서 가르쳐야 한다. 자신의 체력을 튼튼하게 관리하고 준비하도록 말이다.

성악가 조수미나 발레리나 강수진 그리고 박지성, 김연아, 박태환 등 세계를 무대로 뛰는 운동선수들을 보면 어느 정도 정상에 서면 다른 사람과의 경쟁이기보다 자신과의 싸움이라는 것을 알 수 있다. 발레리나 강수진은 2009년 4월, 성남시 중고생을 대상으로 한 특강에서 "발레나 공부나 벼락치기는 안 통한다. 나는 남이 아닌 나와 경쟁을 했고 매일 조금씩 발전하는 데 재미를 느꼈다" "나는 중 3때에 새벽 4시에 일어나 남산 도서관에서 공부하고 방과 후 발레 연습을 하다 저녁때는 예습 복습을 하고 10시쯤 잤다"면서 지금도 일과는 그 때와 비슷하다고 고백했다.

결국 이렇게 자신과의 꾸준한 싸움을 뒷받침해 줄 수 있는 것은 체력이다. 운동 자체를 하기 위해서가 아니라 자신과의 싸움을 위해 많이 걷고 운동함으로써 몸을 관리하는 것이 필요하다. 몸 관리는 인간이 하는 모든 행동의 기초이다. 다음에서 이야기할 마음 관리도 중요한데 이것을 잘 실현시키기 위해서는 몸 관리가 선행되어야 한다.

군대에 들어가면 군사훈련을 먼저 시킨다. 사실 더욱 중요한 것은 군인으로서의 합당한 정신과 마음이다. 보이지 않는 마음을 관리하는 것은 훨씬 더 어렵다. 일단 고된 훈련을 통해 정신의 집인 보이는 몸을 관리하고 그 연후에 마음 관리, 기강 관리를 하는 것이다. 몸 관리와 마음 관리는 떼려야 뗄 수 없다. 몸 관리를 잘 하기 위해서는 몸에 맞는 운동을 생활화하고 특히 많이 걸어야 한다. 아이들에게 자기 관리의 첫걸음은 몸 관리부터임을 잘 인식시키자.

건강을 유지하는 것은 자신에 대한 의무이며, 또한 국가에 대한 의무이다

— 벤자민 프랭클린

자유로우려면 마음부터 다스려라

우리 인간이 진정으로 자유롭기 위해서는 몸 관리뿐 아니라 마음 관리도 잘 이루어져야 한다. 마음 관리는 쉽게 말하면 우리들의 감정과 생각을 잘 조절하는 것을 뜻한다. 인간이 가지고 있는 질병의 90% 이상은 심리적 원인, 즉 마음 관리가 잘 되지 않을 때에 신체의 질병으로 나타난다.

언젠가 우리 사회에서 불미스러운 일이 일어났다. 지하철에 올라탄 한 노인이 자리를 양보하지 않은 중학생을 보고는 냅다 꾸지람을 하였다. 이 중학생은 지하철에서 내린 할아버지를 뒤쫓아가서 밀쳐냈고 쓰러져 머리를 다친 할아버지는 병원에서 치료를 받았으나 끝내는 숨을 거두고 말았다. 우리는 이 사례에서 몇 가지를 생각해 볼 수 있다. 이 학생은 '욱' 하고 끓어오르는 순간의 분노를 조절하지 못하고 폭력적인 행동을 저질렀다.

경찰청의 통계에 의하면 한 해에 약 십만 여 명의 청소년들이 경찰청에 드나드는데 그중 약 만여 명은 순간적인 화를 참지 못해 일을 저지르는 경우라고 한다.

인간에게는 여러 가지 감정이 있다. 기쁨, 유쾌함, 즐거움과 같은 긍정적인 감정이 있는가 하면 슬픔, 분노, 불안, 우울, 화, 짜증, 공포 등의 부정적인 감정도 있다. 긍정적인 감정보다는 바로 이 부정적인 감정을 잘 조절해야 마음 관리에 성공한다.

슬픔과 같은 부정적인 감정은 때로는 마음의 정화를 일으키기도 한다. 이때의 슬픔은 부정적이기는 하나 우리의 삶에 유익하게 작용하는 적절한 정서이다. 그런데 이 부정적인 감정의 강도가 강해지면 인간의 삶을 파괴적으로 만든다. 인간과의 관계 속에서 특히 화나 분노, 욱하는 성미를 잘 조절하지 않으면 앞에서 인용한 중학생의 경우처럼 폭력을 행사하는 등의 부적응 행동을 하게 되고, 끝내는 돌이킬 수 없는 치명적인 파국으로 치달을 수 있게 된다.

우리는 흔히 "네가 나를 화나게 했어"라고 말하지만 이 말은 비과학적이다. 이 말이 과학적이 되기 위해서는 "너의 행동을 바라보는 나의 생각이 나를 화나게 했다"고 말해야 맞다. 한 인간의 생각이나 감정은 그 사람의 것이다. 내가 화나지 않기로 선택하면 화가 나지 않는 것이고, 내가 화가 나기로 선택했기 때문에 화가 난 것이다.

심리학에서는 인간의 생각, 감정, 행동을 인간의 심리구조를 이루는 3요소라고 말한다. 이 세 가지 요소들은 서로 상호작용하는데, 이 중에서도 특히 인간이 어떻게 생각하느냐에 따라서 어떠한 감정을 느끼고, 어떠한 행동을 하느냐가 결정된다고 한다.

엘리스나 벡 같은 심리치료 학자들은 똑같은 상황과 사건이지만 우리가 어떤 생각의 눈으로 바라보느냐에 따라서 판이하게 느끼고, 여러 가지 다른 행동을 할 수가 있다고 강조하고 있다. 예를 들어 대학 입시에 떨어졌다고 가정해 보자. A는 이런 일은 내게 있을 수 없다, 이제 내 인생은 끝장이다, 라고 생각한다. 그때 드는 감정은 어둡고 캄캄한 깊은 좌절이며 이에 따르는 행위는 자살과 같은 극단적인 행동이다. 그러나 똑같은 상황에서 B는 입학시험에 떨어진 것은 안 된 일이지만 있을 수도 있는 일이라고 생각한다. 전자의 경우처럼 깊은 좌절과 수렁에 빠지기보다는, 좀 속상하지만 앞으로 자기의 인생을 어떻게 꾸려갈 것인가에 대한 구체적인 계획을 세우면서 더 열심히 공부하게 된다. B는 다음 기회에 승리를 얻게 된다. 두 사람 다 똑같이 대학입시의 실패를 경험했지만 그 상황을 어떻게 바라보고 생각하느냐에 따라 이렇게 엄청난 차이의 결과가 있음을 알아야 한다.

이 결과의 차이는 내 마음의 차이이다. 우리가 많이 하는 말 중에 '생각을 바꾸면 운명이 달라진다' '행복은 마음먹기에 달려 있다' 등은 바로 이런 것에 기인한다. 그러므로 욱 하는 감정도 그 밑에 있는 생각을 잘 찾아서 바꾸어 주면 조절할 수가 있고, 그에 따른 행동 역시 통제할 수 있는 것이다.

앞의 사례에서 본 중학생은 할아버지의 꾸중을 자신을 모욕하는 것으로 생각했기 때문에 화를 참을 수 없었고, 이 참을 수 없는 화는 분노로 이어져서 급기야는 할아버지를 때리는 공격적인 행동을 유도한 것이다. 만약 이 학생이 할아버지의 꾸중은 자신을 생각해서, 자신을 잘 타이르기 위한 것이라고 받아들였다면 극단적인 행동까지

가지 않았을 뿐더러 화도 나지 않았을 것이다.

자신의 마음을 잘 닦고 관리하는 방법, 그것이 바로 도를 닦는 것임을 평소에 아이들에게 가르쳐야 한다. 마음을 잘 닦는 것은 잘못되고 구겨진 생각을 찾아 바로 잡아 펴주는 것에서부터 시작할 수 있다. 아이들이 좀 더 자유롭고 너그러운 마음의 소유자가 될 수 있도록 안내해야 한다.

남들이 나를 바보 취급해도, 화를 내지 않으면 화낼 일이 없어진다. 아이들에게 분명히 가르쳐야 할 것은 자기 마음의 소유주는 바로 '자신'이라는 것이다. 그래서 아무도 나의 감정을 통제하지 못한다는 것, 오직 나만이 내 감정을 통제할 수 있는 주인이라는 것을 확실하게 깨닫게 해야 한다.

마음이 편하고 건강하다는 것이 인간에게 가장 다행한 일이다 —세네카

자유로운 아이로 키우기 세 번째
탐욕 조절은 식사에서 시작된다

이 세상에는 여러 가지의 즐거움이 있지만 그중에서도 먹는 즐거움은 빼놓을 수 없다. 철학자 포엘 바하는 일찍이 "먹는 바 그것이 사람이다"라고 말했다. 뿐만 아니라 식사를 통해서 우리는 일상의 정상적인 삶에 필요한 에너지를 공급받는다. 육체적 에너지가 적절할 때 정신적인 에너지도 그 기능을 제대로 발할 수 있다. 즉 좋은 음식을 적당히 맛있게 먹어야 한다.

요즘 아이들은 잘못된 인체 미학을 가지고 있고, 영상매체에 비친 비정상적인 스타들을 모델로 하여 지나치게 다이어트를 하는 일이 늘어가고 있다. 물론 비만하기 때문에 음식을 절제하는 것은 아주 바람직한 현상이다. 그러나 비만하지 않은 상황에서도 지나치게 마른 것을 선호한 나머지 부적절한 다이어트를 하게 된다면 여러 가지 형태의 신경성 식욕부진증에 걸릴 수 있다.

식이장애에는 아노렉시아로 불리는 거식증과 블루미아로 불리는 폭식증이 있다. 거식증이란 키와 나이에 맞는 정상 체중 이상으로 몸무게가 유지되는 것을 거부하는 것으로 체중이 미달될 때조차도 몸무게가 느는 것이나 살이 찌는 것에 대해서 강렬하고도 비합리적인 두려움을 갖게 되는 장애이다. 〈Top of the world〉〈Yesterday once more〉등 주옥 같은 팝송을 불렀던 카펜터스의 여가수 카렌이 바로 이 병으로 굶어 죽었다.

폭식증은 짧은 시간 동안 엄청나게 많은 음식을 섭취하고 그 이후 구토나 격한 다이어트 등으로 섭취된 칼로리를 상쇄하기 위해 애쓰는 양상을 반복해서 보이는 섭식장애이다. 이 장애는 특히 여자에게 그리고 선진국에서 많이 나타나고 있다. 우리나라도 이미 이런 류의 식이장애를 보이고 있는 여학생들이 많이 있다. 병은 생긴 다음에 치료하는 것보다 사전에 예방하는 것이 훨씬 더 바람직한 것임은 두말할 필요가 없다. 그러므로 바른 식사습관과 그에 대한 태도를 길러주어야 할 것이다.

반대로 넘치는 식욕이 문제가 될 수도 있다. 이 경우에도 음식에 담겨 있는 영양소와 그것의 칼로리를 잘 계산해서 먹고, 과식하지 말고 자신의 식욕을 조절하도록 가르쳐야 한다. 우리나라의 뷔페 문화도 문제가 많다. 미국의 경우에는 어릴 때부터 과식에 대한 절욕이 잘 교육되어 있다. 대부분 뷔페 식당에서도 자기가 먹을 만큼만 가져와서 남김없이 음식을 먹는다. 그러나 우리 경우는 맛있거나 자기가 좋아하는 음식은 한없이 가져와서 결국은 남기게 되는 것을 흔히 본다. 아이들의 탐욕스런 눈이 소박한 위보다 컸기 때문이다.

탐욕의 눈을 조절하는 힘을 길러주어야 한다. 우리는 의식주라고 해서 입는 것을 먹는 것보다 앞세우지만 서양에서는 식의주라고 해서 먹는 것을 가장 소중하게 여긴다. 건강한 식생활은 신체적, 심리적 건강의 기초가 된다. 그러므로 적당량의 음식을 먹고 영양소를 골고루 섭취할 수 있어야 하겠다.

편안한 마음으로 즐겁게 먹고 자며, 적당한 운동을 하는 것이 장수의 비결이다
—프랜시스 베이컨

돈도 인생에서 필요한 요소이다

어렸을 때부터 용돈을 주고 그것을 잘 관리하는 습관을 들여야 한다. 인간은 평생토록 돈과의 관계 속에서 살아간다. 어떤 사람은 돈에 대한 태도만큼 한 인간을 관찰하는 데 정확한 것은 없다고 주장한다. 일리 있는 주장이다. 남에게 돈을 꾸어놓고 갚는 것을 잊어버리는 사람, 돈을 많이 벌면서도 동료들에게 점심식사 한 번 안 사는 인색한 사람, 자기 주머니 사정은 고려하지 않고 돈을 써야 직성이 풀리는 사람, 모두 다 바람직한 유형은 아니다. 아이들에게 돈을 잘 관리하고 어떻게 쓰는 것이 잘 쓰는 것인지 부모가 모범을 보여야 한다.

　자본주의 시대를 살고 있는 우리 삶의 모든 부분은 돈과 연결되어 있다. 유교적 전통을 지닌 우리는 돈에 관한 이야기를 드러내놓고 하는 것을 꺼린다. 또한 이에 대한 부정적인 개념, '황금 보기를 돌같이 하라'는 등의 의식이 적어도 겉으로는 팽배해 있다. 잘못된 유교문화의 관념 때문에 누구나 속으로는 돈을 좋아하면서 겉으로는 관심이 없는 척하거나, 재테크에 관심 없거나 잘 못하는 것을 자랑으로 여기기도 한다.

돈에 대한 관점을 바꾸어야 한다. 돈은 소중한 것이다. 인간의 꿈과 비전을 이루게 하는 주요한 도구이다. 그리고 때로는 인간 정신의 자존심을 지켜주는 가장 강력한 무기가 되기도 한다. 돈의 노예가 되라는 것이 아니라 돈을 소유하고 지배하고 잘 써서 인간의 발전에 이바지하라는 이야기이다. 돈을 좋아하고 사랑할 필요까지는 없겠으나 관리는 잘 하도록 가르쳐야 한다.

유대인의 경제관념이 뛰어난 것은 어릴 때부터 근검절약을 가르치는 데에 있다. 유대인은 자녀들에게 앞으로 무슨 일이 일어날지 모르니 용돈을 타면 제일 먼저 저금부터 하라고 가르친다.

요즈음의 부모교육전문가들은 아이들의 지능지수(I.Q)나 감성지수(E.Q)처럼 금융지능지수(F.Q)를 높여야 한다고 강조한다. 그래야 재정적으로 부모에게서 빨리 독립하고 이를 통해 자신의 재산을 관리하는 능력이 향상될 수 있다.

금융지능지수의 네 가지 구성요소는 다음과 같다. 세부적인 지식인 금융보고서를 읽고 이해하는 좌뇌적 회계지식, 돈을 버는 계획과 전략에 관한 우뇌적 투자지식, 수요와 공급의 과학에 관한 시장지식, 기업이 제공하는 세금 혜택에 관한 법률지식이다. 물론 이런 것들을 하루아침에 아이들에게 가르치기란 쉽지 않을 것이다. 아이들에게 용돈을 주면서 그것을 잘 관리하게 하고, 때로는 부모님의 건강한 재테크 방법을 아이들과 나누는 것이 시작이 될 것이다.

이 세상의 모든 이치는 어렸을 때부터 시간을 가지고 삶 속에서 배우는 것이 성인이 되어 갑자기 배우는 것보다 훨씬 더 많은 힘을 발휘한다. 현명함은 오랜 경험에서 나오는 것이지, 유충이 나방이 되는 탈바꿈처럼 갑자기 생겨나는 것이 아니다.

성경에도 이와 유사한 말씀이 있다. 어떤 사람이 먼 길을 떠나면서 자기 종들을 불러 재산을 맡겼다. 그는 각자의 능력에 따라 한 사람에게는 다섯 달란트를 주고 한 사람에게는 두 달란트를 주고 또 한 사람에게는 한 달란트를 주고 떠났다. 다섯 달란트를 받은 사람은 곧 가서 그 돈을 활용하여 다섯 달란트를 더 벌었다. 두 달란트를 받은 사람도 그와 같이 하여 두 달란트를 더 벌었다. 그러나 한 달라트를 받은 사람은 그 돈을 땅에 묻어두었다.

얼마 뒤에 주인이 와서 그 종들과 셈을 하게 되었다. 다섯 달란트를 받은 사람은 다섯 달란트를 더 가지고 와서 "주인님, 주인님께서 저에게 다섯 달란트를 맡기셨는데 보십시오, 다섯 달란트를 더 벌었습니다"하고 말하였다. 주인은 그에게 "잘하였다. 너는 과연 착하고 충성스러운 종이다. 네가 작은 일에 충성을 다하였으니 이제 내가 너에게 큰일을 맡기겠다. 자, 와서 네 주인과 함께 기쁨을 나누라"하고 말하였다. 그 다음 두 달라트 받은 사람이 와서 "주인님, 주인님께서 저에게 두 달란트를 맡기셨는데 보십시오, 두 달란트를 더 벌었습니다."하고 말했다. 주인은 그에게도 역시 칭찬하며 기쁨을 누리게 했다.

그런데 한 달란트를 받은 사람은 와서 "주인님, 저는 주인님께서 심지 않은 데서 거두시고 뿌리지 않은 데서 모으시는 무서운 분이신

줄을 알고 있었습니다. 그래서 두려운 나머지 저는 주인님의 돈을 가지고 가서 땅에 묻어두었습니다. 보십시오, 여기 그 돈이 그대로 있습니다."하고 말하였다. 그러자 주인은 그에게 호통을 치고 그의 한 달란트를 빼앗아 열 달란트를 가진 사람에게 주어버렸다(마테오 복음 25 : 14~30).

이렇듯 재산관리를 잘하는 것은 동서와 고금을 막론하고 인류의 주요한 과업 중의 하나이다. 자신의 작은 용돈을 잘 쓰고 관리하는 것부터 시작하게 하여 돈을 소중하게 여기고 잘 관리하는 지혜를 어릴 때부터 심어주어야 할 것이다.

부의 주요한 장점은 시간을 주는 것이다 —찰스 램

매일 주어지는 86,400달러의 통장

'시간이 좀먹냐' '새털같이 많은 날'이란 말을 우리는 흔히 하고 들으며 살아왔다. 그러나 이것은 농경시대에나 가능한 말이다. 지금은 정보화시대를 살고 있다. 주식시장에서는 초단타 매매를 통해 이윤이 오가는 세상이다. 전자 메일을 통해 순식간에 정보를 주고받는다. 그리고 서울에서 뉴욕까지 1시간 반만에 갈 수 있는 비행기를 개발하고 있는 중이다. 경부고속도로가 개통되면서 전국이 일일생활권에 들어간 지 40여 년이 지난 지금은 머지 않은 장래에 세계가 일일 생활권에 들어갈 시점에 있다.

미국항공우주국(NASA)의 존슨우주센터는 지구에서 화성까지 3개월만에 도착할 수 있는 플라스마 추진 로켓을 개발중이라고 한다. 세상의 온갖 과학기술은 어떻게 하면 우리에게 주어진 시간을 최대로 단축하고 활용할 수 있는가에 집중되어 있다. 아이들에게 시간의 소중함을 일찌감치 가르쳐야 한다.

서양사람들은 일찍이 시간은 돈이라는 사실을 가르쳐왔다. 시간은 돈이다. 아니 돈이라는 경제적인 가치로 환산할 수 없을 만큼 중요하다. 이 세상에는 귀한 것일수록 돈을 주고 살 수 없다. 타인에 대한 희생과 봉사, 인간에 대한 헌신, 아름다운 보름달, 불타는 석양, 환희의 일출, 밤하늘의 별빛들, 히말라야의 오염되지 않은 공기는 머지 않아 돈으로 살 수 있는 것일지도 모른다. 그러나 시간만은 돈을 주고 살 수 없다.

시간은 신분고하를 막론하고 누구에게나 똑같이 주어진 엄청난 재산이다. 1분을 10만 원쯤으로 생각하고 아껴썼다는 김순권 박사의 이야기는 우리에게 소중한 귀감이 되고 있다. 그는 울산농고에 재학 중이던 시절 교회에 다니게 되었는데, 이때부터 시간을 아끼는 습관이 생겼다고 말한다. 당시 찬송가의 속표지에다 '1분을 10만 원처럼 사용하자'는 구절을 써놓고, 정말 1분 1초를 아끼며 지금까지 살아 왔다고 말한다.

인터넷 메가허브 올 사이트넷에 이런 이야기가 올라와 있다.

매일 아침 우리에게 86,400달러를 입금해 주는 은행이 있다고 상상해 보자. 그러나 그 계좌는 당일이 지나면 잔액이 남지 않는다. 매일 저녁, 우리가 그 계좌에서 쓰지 못하고 남은 잔액은 그냥 지워져버린다. 이때에 어떻게 할 것인가? 당연히 그날 모두 인출해야 되지 않겠는가? 시간은 우리에게 마치 이런 은행과도 같다. 매일 아침, 86,400초를 우리는 부여받고 매일 밤, 우리가 좋은 목적으로 사용하지 못하고 버려진 시간은 그냥 없어져버릴 뿐이다. 잔액은 없다. 더 많이 사용할 수도 없다. 매일 아침 은행은 우리에게 새로운 돈을 넣어 준다. 그리고 매일 밤, 그날의 남은 돈은 남김없이 불살라진다. 그날의 돈을 다 사용하지 못했다면 손해는 오로지 우리가 본다. 돌아갈 수도 없고, 내일로 연장시킬 수도 없다. 단지, 오늘 현재의 잔고를 갖고 살아갈 뿐이다.

우리들의 행복, 기쁨, 건강, 성취를 위해 최대한 사용할 수 있을 만큼 뽑아 써야 한다. 지나가는 시간 속에서 하루를 최선을 다해서 보내야 한다. 인생은 짧지만 하루는 길다. 순간 순간을 알차게 보내는 일은 쉬운 일이 아니다. 1년의 가치를 알고 싶다면 학점을 받지 못한 학생에게 물어보라. 한 달의 가치를 알고 싶다면 미숙아를 낳은 어머니를 찾아가라. 한 주의 가치는 신문편집자들이 잘 알고 있을 것이다. 한 시간의 가치가 궁금하면 사랑하는 이를 기다리는 사람에게 물어보라. 일 분의 가치는 열차를 놓친 사람에게, 일 초의 가치는 아찔한 사고를 순간적으로 피할 수 있었던 사람에게, 천 분의 일 초의 소중함은 아깝게 은메달에 머문 육상선수에게 물어보라. 우리가 가지고 있는 순간을 소중히 여겨야 한다.

시간은 아무도 기다려주지 않는다는 평범한 진리, 어제는 이미 지나간 역사이며, 미래는 알 수 없다. 오늘이야말로 우리에게 주어진 시간이요, 그래서 우리는 현재(present)를 선물(present)이라고 부른다.

현재가 선물이다! 까르페 디엠! 어디서 많이 듣던 말이 아닌가. 영화 〈죽은 시인의 사회〉에서 키팅 선생 역으로 나오는 로빈 윌리엄스가 그의 사랑하는 제자들에게 소리친 대사로 현재 이 순간에 충실하라는 뜻이다. 아이들에게 오늘 이 시간의 소중함을 깨닫고 그것을 잘 관리하도록 가르쳐야 한다.

아침에 한 시간을 허비하면 그것을 만회하기 위해 하루를 꼬박 보내야 한다   —엘렌 애펄

내 발자국은 뒤에 따라오는
사람의 길잡이

왜 사느냐고 누가 물으면 우리는 어떻게 대답할 것인가? 우리는 결국 남을 위해 공부하고 남을 위해 산다. 연세대 총장과 포천중문의대 학장을 지낸 김병수 교수는 70년대 말 미국 하버드 의과대학에 교수로 있었다. 그때 연세대에서 암 센터를 맡아 달라는 제의를 받고 많은 고민을 했다고 한다. 당시의 한국은 경제력이 신통치 않았고 학문의 수준도 뒤떨어져, 한국에 돌아와 자신의 역량을 충분히 발휘할 수 있을지에 대한 의문이 들었다. 그러나 그가 다녔던 배제고등학교의 교훈이 그의 머릿속을 맴돌았다. '크게 되고자 하면 남을 도우라'. 훗날 그는 이 말이 그를 움직인 한마디라고 했다. 그 후에 그는 연세대와 포천중문의대의 비약적인 발전을 이루어냈다. 남을 위해서 하는 일은 결국 나에게 되돌아온다.

'자기가 행복해지는 길은 다른 사람을 행복하게 만드는 것이다'라는 말이 있다. 나와 남은 결국 하나인 것이다. 남도 나만큼 소중한 존재라는 것을 분명히 알아야겠다.

상담의 방법 중에 '또래 상담'이라는 것이 있다. 선생님이나 부모님과는 자신의 문제를 의논하기 꺼리는 학생을 또래 친구가 상담하는 것이다. 지금은 성인이 된 박민성 양은 중앙여고에 재학할 당시 또래 상담을 하면서 남을 배려하는 마음을 배웠다고 말한다.

처음 또래 상담원을 시작했을 땐 정말 걱정스러웠다. '부족한 내가 과연 잘할 수 있을까?' 이런 고민도 잠시, 친구들을 상담하며 많은 보람을 느낄 수 있었다. 학습문제 상담원이었던 나는 수능 점수 때문에 고민하고 있는 한 친구로부터 상담 요청을 받게 되었다. 내신은 벼락치기로 점수가 그럭저럭 좋았지만 꾸준히 공부를 안 해서 수능 점수가 너무 안 나온다는 것이었다. 친구의 고민을 듣고 많이 생각했다. 우린 같은 학년이기에 공부에 관한 얘기도 주고받으며 서로 많은 대화를 나누었다. 영역별 특징과 나의 공부 방법을 알려주었고, 효율적인 학습 방법이 무얼까 함께 고민하며 학습방향을 찾는 데 노력했다. 우리는 입시준비를 하는 같은 고 3이었기에 동질감을 느낄 수 있었고 상담 후, 친구는 한결 가벼운 얼굴빛으로 나에게 고마움을 전했다. 정말 행복했다. 내가 누군가에게 도움을 줄 수 있다는 사실 하나에 난 행복해졌다. 간혹 친구를 도울 방법이 생각나지 않아 안타까울 때에 나는 상담기관에 전화를 걸어 물어본다거나 다른 친구들의 생각을 듣기도 하고, 상담책을 뒤지기도 한다. 그러면 나 혼자서는 생각할 수 없었던 기발한 해결책이 떠올라 고민하는 친구를 도울 수 있는데 그럴 때 가장 큰 보람을 느낀다.

요즈음 학교가 붕괴되어 간다고 우려하는 목소리가 드높다. 그러나 모든 학교, 모든 아이들이 다 그런 것은 아니기에 청소년들에게 우리의 미래를 걸 수 있다. 남을 배려하는 것이 나의 행복으로 돌아온다는 것을 제대로 가르친다면 말이다.

중앙여중과 중앙여고는 인성교육을 착실하게 잘하는 학교로 알려져 있다. 이 학교는 매주 목요일 아침에 약 40분 간 수양회를 한다. 수양회에서는 명시를 낭송하고, 간단한 음악을 연주하며, 귀감이 될 만한 사회 인사를 초빙해서 아이들에게 좋은 이야기를 들려준다. 벌써 이런 전통이 몇십 년 이어졌다. 외부에서 강사초빙을 담당하고 있는 상담 선생님의 말씀을 빌리면 시간적, 경제적으로 외부 강사를 초빙하는 것이 어렵긴 하지만 아이들에게 미치는 교육적 효과를 고려하면 그만둘 수 없다고 한다. 이렇게 좋은 품성을 강조하는 학교에서 민성이처럼 잠재된 고운 품성이 드러나고, 그것이 다른 사람의 영혼에 커다란 울림을 줄 수 있는 것이라고 생각한다.

인간이 겪고 있는 여러 가지 문제는 본질적으로 소외에서 비롯되는지도 모른다. 사람이 부도덕하고 무책임하게 되는 것은 그 자신이 행복하지도, 자유롭지도 못하기 때문이다. 자유로운 인간만이 남의 자유에 관심을 갖고, 남의 고통을 자신의 것으로 느낄 수 있는 법이다. 한 인간이 다른 인간에게 베푸는 배려야말로 아프리카에서 북극에 이르기까지 이 지구상의 모든 민족이 알아듣는 만국의 공통어이다.

오지 여행가들은 많은 민족들을 만나면서 결국 그들과 말은 통하지 않았지만 언어와 문화를 뛰어넘는 인간에 대한 애정, 그리고 사랑으로 깊은 교감은 가능하다고 한다. 인간이 만물의 영장인 이유는 많지만, 그중에서도 특히 인간이 돋보이는 이유는 서로가 고품질의 정을 나누고, 돕고, 배려하기 때문일 것이다.

백범 김구 선생이 즐겨 암송했다는 서산대사의 시이다. 내 발자국이 뒤에 오는 사람의 길잡이가 된다는 마음자세를 늘 잃지 않는 아이들이 자라 우리 사회를 이끌게 되는 날을 기대한다.

눈길을 걸을 때
흐트러지게 걷지 마라
내가 걷는 발자국이
뒤에 오는 이의 길잡이가 될 것이니

사회에서 요구하는 것은 학식이나 덕행이 아니라 예의범절이다 ―새커리

인간은 자연의 일부요, 만물은 인간의 형제

환경에 대한 사람들의 관심이 고조되어 가고 있다. 정부 부처에도 과거에는 없었던 '환경부'가 언제부터인가 신설되어 국가 차원에서 환경문제에 관심을 가지고 이를 해결하려는 범정부적 시도가 이루어지고 있다. 국가에서 개입하지 않으면 안 될 만큼 환경악화가 극심해졌다는 말이다.

　예전엔 너무나 당연하게 여겼던 깨끗한 물, 공기, 흙 등 자연의 본체들이 많이 오염되어 인간의 쾌적한 환경을 방해하는 요인으로 등장하고 있다. 요즈음 지구는 자연의 힘을 잃어가고 있다. 인간이 언제까지 지구 위에서 살 수 있을 것인지 존재론적인 고민이 따르지 않을 수 없게 된 것이다.

　인간의 본성은 자연의 본성과 함께 간다. 인간은 자연의 일부이기 때문이다. 횔더린은 일찍이 사람이 빵을 먹는 것은 '하늘'을 기억하는 행위라고 말했다. 한 조각의 빵이 있기 위해서는 햇빛과 비바람과 흙이 있어야 하고 인간 노동이 있어야 하며 노동을 조직하고 지원하는 사회체제가 있어야 한다. 그리고 무엇보다도 이런 것에 선행하여 자기 희생과 사랑의 마음이 있어야 한다.

환경은 인간을 만들고 인간은 환경을 만든다. 아이들은 환경문제를 생각하면 물건을 아끼고 소중히 여길 것이다. 오래 전부터 아이들이 가는 곳에는 분실물이 있으나 그것을 찾으러 오는 아이들은 별로 없다고 한다. 물건을 소중히 여기는 것이 자원을 아끼는 것이고 환경이 보존되는 데 기여하는 것임을 교육시켜야 한다.

인간은 자연의 일부이며 만물은 인간의 형제이다. 우리는 우리 사회뿐 아니라 지구 공동체의 일원으로서 지구를 살 만한 장소로 가꾸고 후손에게 물려줄 책임이 있다. 21세기 초 서울국제문화포럼에 참여한 미국 최고의 시인이며 환경주의자 개리 슈나이더는 자연은 우리 것만이 아니고 미래 세대를 위한 것인 만큼 자연이 되돌아올 수 있도록 노력해야 함을 강조했다. 그런데 이런 미래의 문제를 짊어져야 할 요즈음 아이들의 고민은 기껏해야 대학 들어갈 걱정, 대학 졸업 후 취직할 걱정뿐이다. 아이들이 장구한 역사 속의 인간을 보고, 먼 미래의 우리 모습을 그려낼 수 있는 안목을 기성세대가 키워주지 않는다. 그러나 우리가 후손들에게 물려줄 지구를 생각하면 100년 후, 1000년 후의 모습까지 내다볼 수 있는 혜안을 가져야 한다. 내 앞에 떨어진 발등의 불만 끄다 보면 인간성의 실현이 안 되지만 먼 훗날의 자손을 내다보면 그만큼 삶의 내용이 확장되는 널따란 가슴의 인간들을 길러낼 수 있다.

학생들의 가치관을 조사한 어떤 연구에 의하면 우리나라 청소년들은 최종적으로 달성하고자 하는 궁극적인 목적이 되는 가치로 '가족의 안전'과 '성취감'을 각각 1위와 2위로 선택하였다. 반면에 이와 유사한 조사에서 미국 청소년들은 '세계 평화'와 '자유'를 각각 1, 2위로 선택하였다. 이러한 결과를 보면 우리나라 청소년들은 미국 청소년들에 비해 비교적 이기적이고 유친적인 소집단과 관련된 가치를 중시하는 경향이 있는 것으로 보인다. 전 지구적 국제화를 표방하는 시대에 좀더 거시적인 안목의 필요성이 느껴진다.

미국의 조사연구 기관이 청소년을 대상으로 한 대단위 설문조사에 다음과 같은 내용이 있었다. '당신은 세계의 평화에 관심이 있습니까?' '당신에게 있어 세계의 빈곤과 기아를 줄이는 일은 얼마나 중요합니까?' '세상을 더 살기 좋은 곳으로 만드는 데 관심이 있습니까?' '당신은 일주일에 몇 시간이나 지역 사회를 위해 자원봉사를 합니까?' 청소년을 대상으로 묻는 질문의 폭을 보면서 미국 사람들의 세상을 보는 안목을 보고 배워야 한다는 생각이 들었다.

우리나라 부모들은 아이들에게 주로 개인적인 안위와 영광을 위한 가치를 많이 주입하고 강조하는 경향이 있다. 부모들은 청소년들을 자기 개인, 좀 넓게 잡으면 가족의 울타리 안에 가두어 놓고, 세계를 무대로 한 좀더 넓은 세상을 바라보고 이것이 아이들의 주무대가 됨을 가르치지 않고 있는 듯하다. 부모들은 아이들에게 공부를 열심히 해야 하는 이유는 하나같이 좋은 대학에 들어가서, 좋은 직장에 취직을 하면, 좋은 배우자를 만날 수 있고, 그러면 행복한 인생을 살 수 있기 때문이라고 가르쳐왔다. 그러나 이제 부모부터 삶의 스케일이 달라져야 한다. 개인의 안위만 강조할 것이 아니라 사회 속의 나, 국가 속의 나, 세계 속의 나, 그리고 대자연과 환경 속의 내 모습을 보게 하고, 그에 대한 책임감을 갖게 하면서 개인의 내부에 집착한 편협한 인간이 아닌 웅비하는 아이들을 길러내는 것이 국제화시대에 걸맞은 교육이다.

자연의 법칙은 확인할 뿐 금지하지 않는다. 자연의 법칙을 어기는 사람은 스스로가 검사 · 판사 · 배심 · 형집행인이 된다 ─루터 버뱅크

아름다움이 세상을 바꾸고 세상을 구원한다

아름다움은 삶의 목적이다. 인간이 하는 모든 예술행위는 바로 아름다움을 추구하는 행동이다. 그러면 왜 인간은 본능적으로 아름다움을 추구하면서 살아가는가. 아마도 인간의 불완전성 때문이리라. 이는 여러 가지를 의미하는데 신의 형상대로 창조된 인간이 그를 닮아가기 위한 한 방편으로, 살면서 각인된 여러 가지 마음의 상처를 치료하기 위해서, 그리고 아름다움 그 자체를 추구하기 위해서이다. 특히 기계문명 속에 함몰되어 인간과 인간 사이가 개별화되어가는 즈음에 아름다움은 인간과 인간, 그 사이사이를 끈끈하게 엮어준다.

아름답고 고운 것을 보면 사람들은 가장 좋아하는 사람이 생각나게 마련이다. 아름다움은 세상을 바꾸고 때로는 세상을 구원한다. 인간은 아름다움에 대한 정서적 몰입을 통해 상처받은 마음을 정화시킨다. 대체로 감동적인 예술작품의 바탕에는 슬픔이 깔려 있다고 한다.

'슬프도록 아름답다'는 말에는 바로 이 아름다움과 슬픔이 연결되어 있다. 슬픔 속에는 허위나 교만이 없고 인간 원형의 순수함만이 남아 있다고 한다. 그래서 아름답고 감동적인 작품을 본 뒤에는 나도 모르게 한 줄기 영혼의 샘물이 흐르는 것이다. 이런 감동의 눈물을 많이 흘려본 사람만이 진실로 깊이 있는 인생의 맛을 아는 것이다. 그래서 어쩌면 모든 예술가들은 남을 울릴 수 있는 작품을 만들고 싶어하는지도 모른다. 아름다움을 보고 눈물이 왈칵 솟을 때면 순간 무아의 상태가 된다. 어떤 순결한 세계에 잠깐 빠지는 것 같은데, 깨고 나면 몸도 마음도 한결 가벼워지는 때가 있다.

어느 유명한 화가는 미술관에서 그림을 보면 눈물이 나오는 때가 있다고 한다. 예고 없이 어떤 순간에 찾아오는 현상인데, 무어라 설명하기 어렵지만 정신적인 교감, 또 감격의 순간이 아닐까도 싶고 그 좋음이란 말로는 설명하기 어려운 것이지만 인간이 경험할 수 있는 가장 고귀한 것 중의 하나인 것 같다고 말한다.

아브라함 마슬로우라는 인본주의 심리학자는 바로 이 상태를 가리켜 절정체험(peak experience)이라 부르며, 이런 현상을 많이 체험할수록 인간의 자아가 실현된다고 말한다.

아름다움은 피폐된 정서 속에 함몰되고 파괴된 인간을 구출한다. 그래서 역사적으로 힘든 일을 하는 사람들은 모두 예술을 가까이 했다. 슈바이처는 파이프 오르간을, 아인슈타인은 바이올린을 연주했다. 뿐만 아니라 복수의 여신의 뺨에 눈물을 흘리도록 만든 것은 오르페우스의 노래였고, 악명 높은 아우슈비츠의 지옥에서조차도 악

(惡)의 가슴을 적시던 오케스트라단이 있었다.

고도의 정교한 예술은 가히 종교의 경지까지도 넘볼 수 있다. 영화 〈인생은 아름다워〉에서 주인공 귀도는 자기 부인을 흠모하던 시절, 부인이 다른 남자와 데이트하던 오페라 극장에 몰래 따라가서 곁눈질하면서 들었던 오펜 바하의 〈호프만의 이야기〉 중 〈뱃노래〉를 수용소라는 지옥 속에서 아내를 향해 크게 틀어주고, 남편과 다른 곳에 떨어져 포로생활을 했던 아내는 그 곡을 들으면서 남편의 끝없는 사랑을 확인한다.

〈쇼생크 탈출〉에서는 주인공 앤디가 외부 단체로부터 기부받은 헌책들 속에서 〈피가로의 결혼〉을 발견하고 방송실로 가서 이것을 틀어놓는다. 난데없이 흘러나오는 꾀꼬리 같은 여인의 음성을 들으며 죄수들은 넋을 잃는다. 개인의 일거수일투족이 감시받고 명령에 의해서만 움직여왔던 이들에게 잠시 가슴 뭉클한 환희와 감격의 순간이 제공된 것이다. 아름다움은 이렇게 세상을 구원하기도 한다.

시인들은 아름다운 것을 보면 시상이 떠오르고, 화가는 그것을 화폭에 옮기고 싶어하고, 음악가는 작곡을 하고 싶어한다. 이렇듯 아름다움은 창조의 근원이 되기도 한다. 부모와 함께 어린 시절부터 아름다움을 보고 감상하는 습관이 생활 속에 묻어 있어야 한다. 아름다움에 대한 원초적 감각은 꿈과 감성을 파는 새로운 시대에 대응할 좋은 자원이다.

우리나라 아이들이 12색 크레파스로 그림을 그릴 때 이탈리아 아이들은 48색으로 표현하였다. 이탈리아에서 생산되는 직물의 아름다운 색상은 따라가기가 어렵다. 이탈리아의 대표적인 패션회사 베

네통에서 생산되는 여러 가지 옷들의 칼라는 그들의 본능 속에 원초적으로 각인된 색상과 아름다움에 대한 감각을 느끼게 해준다.

19세기 미국의 시인이며 사상가인 에머슨은 '아름다움은 하나님의 필적(Beauty is God's Handwriting)'이라고 했다.

영국의 시인 존 키이츠도 그의 시에서 '아름다운 것은 영원한 기쁨(A Thing of Beauty is a joy forever)'이라고 노래하고 있다. 단아한 수채화 한 폭, 제주도의 검푸른 태고의 바다, 밤하늘의 둥글고 노란 보름달, 실오라기 하나 걸치지 않은 쪽빛 가을 하늘, 티없이 맑은 아이의 환한 웃음, 책상 위의 화병에 오롯이 꽂힌 한 송이 흰 백합화, 컴퓨터 옆에 놓여 있는 작은 선인장에서도 아름다움을 보고 인생의 기쁨을 느낄 수 있는 사람으로 길러야 한다.

생활 속에서 매일 입는 옷, 그릇, 먹는 과일 등을 통해서 아이들이 예술 훈련을 받을 수 있도록 해야 한다. 아이들에게 아무 옷이나 입히지 말고 색상, 디자인 등이 조화를 이루는 예쁜 옷을 입히고 그 감각을 익히도록 해야 한다. 굳이 비싼 옷이 아니더라도 엄마가 기울이는 약간의 노력과 감각으로 얼마든지 가능한 일이다. 집에서 쓰는 그릇에서도 아이들이 미적 감각을 느낄 수 있게 배려하고 과일, 꽃 등을 통해 삶 속에서 예술적 감각을 훈련시켜야 각인될 수 있다.

예술적 감각이란 하루아침에 이루어지는 것이 아니다. 세월이 걸린 투자 속에서 가능한 일인 것이다. 우리나라는 사계절의 변화가 뚜렷하고, 이에 따라 산천은 온갖 색상을 띤다. 아이들과 함께 연분홍 진달래와 노란 개나리가 만발한 봄의 들판을 거니는 것, 에메랄드빛 가을 하늘 아래 주홍빛으로 익어가는 홍시를 보며 그림을 그리는 것

등은 이런 훈련을 시킬 수 있는 좋은 방법이다.

아이들과 함께 나들이하면서 자연이 우리에게 주는 즐거움을 만끽하고 색채학습도 하면서 예술적 감각을 길러 주어야 한다. 예술은 삶의 기쁨이요, 용기임을 잊지 말기 바란다.

예술은 나쁜 것을 거르고 좋은 것을 완성한다 — 발타자르 그라시안

죽는 날까지 한 점 부끄러움 없기를!

이 세상에서 가장 양심적인 사람은 어떤 사람일까. 그것은 아마도 자기 자신에게 떳떳한 사람일 것이다. 세상의 모든 사람은 속일 수 있지만 자기 자신은 속일 수 없다. 자기 자신에게 떳떳한 사람이 가장 강하고 자유로운 사람이다.

죽는 날까지 하늘을 우러러
한 점 부끄럼이 없기를,
잎새에 이는 바람에도
나는 괴로워했다.
별을 노래하는 마음으로
모든 죽어가는 것을 사랑해야지
그리고 나한테 주어진 길을

걸어가야겠다.

오늘밤에도 별이 바람에 스치운다

윤동주 시인의 이 시는 안타까우면서도 맑은 느낌을 갖게 한다. 우리 인간의 삶이란 부끄럽고 창피한 일들로 점철된 것일 텐데, 어쩌면 인간이 영원히 도달할 수 없는 목표를 지향하는 시인의 고뇌가 가슴에 와 닿는다. 그러나 진실을 향하는 삶 속에서 인생의 참다움은 실현되는 것이리라. 아이들에게 진실하게 사는 법을 가르쳐야 한다. 이 세상에 대처하는 가장 좋은 방법은 솔직하게, 자신의 양심에 따라 사는 것임을 가르쳐야 한다. 그리고 이렇게 사는 사람이 가장 강한 사람임을 알려주어야 한다. 그러므로 때로는 아이들이 아무리 큰 잘못을 해도 순순히 고백했을 때에 나무라지 않고 그냥 넘어가는 지혜를 발휘해야 할 것이다.

미국의 전 대통령 클린턴이 임기를 마친 어느 해 여름 4,500여 명의 목사들이 모인 앞에서 신앙고백을 했다.

아침에 일어날 때마다 나는 온몸을 감싸는 감사의 느낌을 갖습니다. 내가 철저히 무너지지 않았다면 결코 100% 진지하지 못했을 겁니다. …… 재미있는 것은 숨긴 것이 아무것도 남아 있지 않을 때에 해야 할 일을 하는 데 자유로워진다는 사실입니다.

투명하게 세상을 살아가는 것은 결국 거침이 없는 행동반경을 통해 영혼의 자유를 마음껏 누리는 것이다. 누가 뭐라고 해도 자신에게 떳떳하고 객관적으로 검증받은 정직으로 자신의 길을 걸어간다면 우리는 빛나는 인생을 살아갈 수 있다. 또한 잘못을 저지른 자가 용서를 구하는 것도 아름다운 일임을 일깨워야 한다. 그리고 '어둡고 흐린 이 세상을 살아가는 가장 최선의 술책은 솔직'이라는 말처럼, 사소한 것에도 거짓 없이 모든 것이 투명하면 세상을 사는 것이 훨씬 편해질 수 있다는 것을 우리 아이들에게 가르쳐야 한다.

사람이 온 세상을 얻는다 해도 제 영혼을 잃는다면 무슨 이익이 되겠는가 —예수

부모,
그 돌이킬 수 없는
영원한 길

지
혜
로
운
부
모
의
자
화
상
9

아이들은 스스로 살아가는 것을 배운다
(Children learn what they live)

어린이가 비판 속에 살면 비난하는 것을 배운다

어린이가 적대감 속에 살면 싸우는 것을 배운다

어린이가 조롱 속에 살면 부끄러워하는 것을 배운다

어린이가 창피함 속에 살면 죄책감을 배운다

어린이가 인내 속에 살면 참는 것을 배운다

어린이가 격려 속에 살면 신념을 배운다

어린이가 칭찬 속에 살면 찬양하는 것을 배운다

어린이가 공정함 속에 살면 정의를 배운다

어린이가 안전함 속에 살면 믿는 것을 배운다

어린이가 지지 속에 살면 자신을 좋아하는 것을 배운다

어린이가 수용과 우애 속에 살면 세상에서 사랑을

찾는 것을 배운다

— **도로시 로 놀트**(Dorothy Law Nolte)

금슬 좋은 부부가 아이도 잘 키운다

아이를 잘 기르기 위해서는 먼저 부부 금슬이 좋아야 한다. 부부란 마치 전통 한옥의 맞배지붕처럼 서로 의지하여 한몸을 이루는 것과 같다. 남편은 아내를 인격적으로 존중하고 아껴주며, 아내도 역시 배우자인 남편을 인생의 동반자로서 소중하게 여기고 사랑해야 한다.

이렇게 서로가 사랑하고 존중하는 가정 환경 속에서 아이는 심리적인 안정감을 누리면서 부모와 자신을 동일시하기 시작한다. 즉 부모를 닮고 싶어하며 부모의 훌륭함을 닮기 위해 아주 특별한 노력을 하는 것이다.

이런 아이는 마음의 안정을 쉽게 찾을 뿐만 아니라 부모라는 기둥이 마음 한가운데를 굳건히 받치고 있기 때문에 어떤 어려움이 다가와도 차분하게 감당할 수 있는 심리적 힘을 가지게 된다. 아울러 잘못된 친구들과 어울리는 일은 아주 특이한 경우를 제외하고는 거의 일어나지 않는다.

비행 청소년이라고 불리는 아이들을 보면 공통적으로 부모의 사이가 매우 불안정하다. 따뜻한 울타리가 돼주어야 할 가정이 부모의 불화 때문에 시한폭탄으로 변하는 동안 아이들은 집 밖에서 방황한다. 아이 스스로가 원했든 원하지 않았든 가정에서 얻어야 할 소속감과 안정을 얻지 못하고, 또래 친구와 어울리면서 남다른 행동을 같이 하는 데서 가지려고 한다. 그러면서 서서히 비행 청소년이라는 좋지 못한 꼬리표를 붙이게 되고, 한번 나쁜 시선을 받으면 '그래, 나 비행 청소년이다! 어쩔래?'하는 심정으로 점점 더 과격한 행동을 일삼게 된다.

그러므로 성공하는 자녀 교육의 가장 근본 원칙은 '사랑하는 부부 사이'일 수밖에 없다. 부부 사이의 좋은 금슬을 자녀 교육에서 무엇보다 중요한 제1계명으로 알고 부부가 화합하여 좋은 가정을 이루기 위해 꾸준히 노력해야 할 것이다.

옛 선인들이 누누이 강조한 가화만사성(家和萬事成)이나 수신제가 치국평천하(修身齊家治國平天下) 모두 오랜 세월을 살아오면서 실감한 경험과 연륜에서 나온 것이다. 즉 가정을 꾸리고 운영하는 부부의 사이가 좋아야만 모든 가족이 화목한 가운데 자녀도 올바르게 성장하게 된다. 부부가 지극히 사랑하는 것을 평소에 보여줌으로써 '사랑'하는 것이 최대 행복임을 자녀에게 몸소 가르쳐 줄 수 있어야 한다.

연애 시절 서로에게 느꼈던 그 황홀한 갈증은 그리 오래 가지 않는다. 감정은 물과 같아서 잔잔히 흐르다가 굽이치기도 하고, 용솟음치다가도 다시 잔잔하게 흐르게 되어 있다. 엷어지는 사랑에 애태우거나 조급해하지 말아야 할 일이다. 한 여자와 한 남자로 바라보면서 요구만 할 게 아니라 약점을 지닌 하나의 사람으로서 바라보아야 한다. 수십 년을 다른 환경에서 살아온 사람들은 한순간에 의기투합하기도 하고 한순간에 틀어지기도 한다. 모두 나와 같을 수는 없다. 그러나 나와 같기만을 강조하고 틀 안에 가두려고 애쓴다면 부부 사이는 처음보다 더 깊게 골이 파이고 벌어진다. 서로의 차이를 수용하는 과정이 있어야만 정도 두텁게 쌓인다.

잘 아는 부부가 한 쌍 있었다. 보통의 부부는 남편이 무심하고 아내가 세심한데 이 부부는 그 반대였다. 남편의 성격이 매우 여성적이어서 늘 아내에게 관심을 가지고 그만큼 아내도 자신에 대해 관심을 가져주길 바랐다. 남편에게는 무엇이든 함께 나누고픈 욕심이 있었지만 아내는 참으로 건조한 성격을 가지고 있었다. 그러다 보니 남편의 질문에 대답할 땐 "알았다니깐, 알았다는데 왜 자꾸 그래. 아우 몰라" 등 늘 짜증 섞인 목소리였다.

이 소리를 듣고 자란 아이는 어떠했을까? 아이도 물론 엄마에게 "아우 알았다니깐. 몰라! 몰라!"하고 대답하는 게 당연했다. 결국 그 가족들은 다른 사람에게 대답을 하거나 부탁을 받을 때 신경질적인 태도를 보이는 사람들이 되어버렸다. 그러나 이 엄마, 아이가 자신에게 버릇없이 군다고 불평만 했을 뿐 자신의 모습을 따라 배웠으리란 생각은 미처 하지 못했다. 부모는 아이의 거울이다. 부모가 서로 아끼고 사랑할 때 아이도 사랑이 많아져서 모든 것을 아끼고 사랑하는 사람으로 자란다.

그러면 어떻게 살아야 부부간의 금슬이 좋다고 하는 것일까? 부부

싸움을 안 하면 금슬이 좋은 부부일까? 서로 간섭하지 않고 의견 충돌이 생기면 무조건 꾹 참고 넘기는 게 좋은 부부일까? 남편이 원하는 서비스를 즉각 제공하고, 아내가 원하는 대로 돈을 벌어다주어 갈등의 요소를 미리 없애는 것이 좋은 부부일까? 아마 오래도록 부부 생활을 하고 이혼의 위기도 겪어본 사람들은 그것만이 전부는 아니라고 대답할 것이다.

박목월 선생의 글 가운데에 「아내와 함께 걷는 밤길의 보조」라는 글이 있다. 그 글을 읽노라면 삶의 온갖 시달림 속에서 같은 길을 걸어갈 수밖에 없는 부부의 안타깝고 시리지만, 서로 의지하는 살가운 뒷모습이 보인다. 부부를 지탱시키는 힘은 돈도 명예도 아닌, 한 장의 정물소묘처럼 둘이 함께함으로써 만들어지는 조화가 아닐까 싶다.

선생은 아내와 함께 걷는 길이 결코 달콤한 길은 아니라고 했다. 부부라는 것은 상대에게 절대적인 존재가 되는 것이라 했으니 그 길이 순탄하고 평안한 길이 아님은 짐작이 된다. 그 글에서 선생은 오랜만에 부부 동반 외출을 했고, 아내와 나란히 걷고 싶었다고 했다. 가난할수록 틈이 없더라고 서로 바쁘게 사는 가운데 어쩌다 부부 동반으로 영화라도 한 편 보고 늦은 밤길을 걸어올 때, 아내로부터 더할 수 없는 정겨움을 느끼게 된다고 했다. 세상살이의 간난신고를 함께 이겨온 아내에 대한 감사와 측은함이 선생에게 스며들었고, 그녀와 보조를 맞추기 위해 한두어 걸음 늦추어 가면 어느새 그녀는 마음의 틈을 보이는 듯, 두어 걸음을 쳐져서 따라오곤 했단다.

찬찬한 성격의 아내와 성급한 성격의 남편이 한울타리에서 느끼는 간격은 갈수록 선명해질 수밖에 없다. 하지만 더 깊은 이해와 신뢰와 친밀감으로 간격 자체를 충분히 인정하고 이해할 때 비로소 불안하지 않은 보조로써 인생의 길을 끝까지 걸어갈 수 있을 거라고 했다.

화가 이중섭의 아내는 일본인이었다. 그는 본인도 창씨개명을 하지 않았을 뿐더러, 아내 마사코의 이름도 '남덕'이라는 한국명으로 불렀다. 아내가 일본 친정에 가 있는 동안 쓴 편지에 꼬박꼬박 '남덕군'이라고 지칭하면서 자신의 그림을 향한 열정과 가족에 대한 사랑을 늘 토로하곤 했다.

이중섭은 편지에서는 그렇게도 싫어한 일본 이름으로 자신을 지칭했다. '아고리'라는 이름이었는데 턱이 길다고 해서 일본인 선생이 붙여준 별명이었다고 한다.

이 부부는 서로를 존중하기 위해 애쓴 흔적이 곳곳에 보인다. 아내는 남편을 위해 식민지 국가의 이름을 갖기를 주저하지 않았고, 남편은 아내를 위해 그렇게도 싫어한 적국의 언어로 된 별명을 편지에 손수 쓰기까지 했다. 많은 어려운 날들이 있었겠지만 서로에게 최선을 다하려는 의지를 가진 부부이다.

게다가 화가라면 흔히 꾀죄죄한 몰골에 괴팍한 행동을 하는 별세계의 사람으로 상상하기 쉬운데, 화가 이중섭이 편지에서 보이는 모습은 그런 상상을 뒤집기에 충분하다. 예술은 무한한 애정의 표현이며 아내를 사랑할 수 없는 사람은 진정한 예술가로서의 자질이 없는 사람으로 단정한다. 편지의 첫머리부터 끝맺음까지 아내에 대한 무한한 사랑을 표현하며 건강함으로 기운을 내주라고 당부하고 있다.

박목월 선생과 이중섭은 '자기가 사랑하는 사람을 진심으로 모든 것을 바쳐 사랑할 수 없는 사람은 결코 훌륭한 일을 할 수 없다'는 것을 실천하고 보여주었다. 자기가 하는 일에 최선의 결과를 내기 위해서는 지금 함께 살고 있는 배우자를 모든 것을 바쳐서 사랑하고 있는지부터 살펴보아야 할 것이다.

　여성가족복지부 산하의 한국청소년상담원에서 전국의 아버지 1천 명을 대상으로 조사를 했다. 그 결과를 보면 부부간의 만족도에 따라서 자녀 양육에 관한 의지 부분에서도 차이가 있음을 알 수 있다. 부부 사이가 원만하다고 대답한 아버지가 그렇지 않은 아버지보다 양육행동에 더 적극적인 의지를 보이고 참여하는 것으로 드러났다. 아버지가 부부 관계를 만족하게 생각할수록 자녀의 양육태도도 거부적이지 않고 수용적이었다. 그리고 자녀를 대할 때도 통제보다는 자율을 내세우고, 자녀의 성취도에 대해서도 압력을 덜 가하는 것으로 나타났다.

　부부 사이의 원만한 관계와 좋은 금슬은 아이들 성장의 텃밭임을 잘 기억해야 할 것이다.

아버지가 그의 아들을 위해서 해 줄 수 있는 가장 중요한 것은 그들의 어머니를 사랑하는 것이다 ―테오도르 헤그벌스

미래를 꿰뚫는 든든한 부모

현대 사회의 특징 중 하나는 걷잡을 수 없을 만큼 빠른 속도로 변화한다는 것이다. 마이크로소프트사를 창업한 이래 단기간에 세계 최고의 부호가 된 빌 게이츠는 풍부한 아이디어에 미래를 꿰뚫어보는 혜안을 가진 사상가인 동시에 행동가라고 한다.

그가 저서 『빌게이츠@생각의 속도』에서 정보 기술에 의해 세상이 완전히 바뀔 것이고, 그에 따라 기업경영이나 소비생활의 전반에 혁명적인 변화가 일어날 것이라고 한 예견이 현실이 되고 있다. 빌 게이츠는 새로운 세계에서 일어나는 혁명적 변화를 '종교혁명'에 비유한다. 종교혁명은 믿음의 혁명, 신앙이 바뀌는 것을 의미하는데 인간 생활의 가장 큰 변화라고 할 수 있다. 그렇게 획기적인 변화가 속도 면에서 일어나고 있다는 것이다. '생각의 속도'는 '정보의 속도'와 같은 맥락에 있는데 인간이 생각하는 속도는 세상에서 가장 빠르다는 광속(光速)보다 더욱 빠르다는 것이다.

인간이 생각하는 속도가 빛의 속도보다 빠르다고 주장한 그의 말에 귀 기울일 필요가 있다. 옛날 농경 사회와 달리 현대 정보화 사회에서는 아이들을 지도하고 교육하는 것이 무척 어렵다. 아이들은 빠르게 변화하는 미래의 주역이다. 아이들이 그려나갈 미래 사회가 어떻게 바뀌고 변화될 것인지를 기성세대로서는 쉽게 그리지 못하기 때문에 교육을 하는 데 있어 큰 어려움이 있다.

인간의 생각에 의해서 행위가 창조되고 세상이 건설되기 때문에 인간의 생각이 우리의 상상을 초월할 정도로 빨리 바뀐다면 세상의 변화 속도 역시 인간 의식의 한계를 벗어날지도 모른다. 자녀가 그런 세상에 적응해 살아가게 하기 위해서는 부모가 세상의 변화에 민감해야 한다. 세상이 요구하는 가치, 기술, 그리고 능력을 정확하게 짚어내고, 재빨리 준비시켜야 한다.

US LPGA 명예의 전당에 헌액되어 세계적인 골퍼로 거듭난 박세리 선수는 세상의 변화를 재빠르게 예측한 아버지, 박준철 씨의 혜안 덕택에 성공할 수 있었다. 하와이로 이민 간 박준철 씨는 달리 하는 일도 없이 내기 골프에 몰두하던 중 10세의 박세리에게 '이렇게 하는 거야' 하고 딱 한번 가르쳐 주니 참 신기하게도 잘쳤다고 한다. 그걸 보고 그 자리에서 골프는 자신이 할 것이 아니라 세리를 시켜야겠다고 다짐하고 귀국하여 세리를 키울 돈을 만들어 기반을 다진다. 3년 후 온 가족을 불러들여 세리를 골프에 입문시키게 된다. 당시 80년대 중반에 골프는 막강한 정계 실력자나 재계 인사들의 전유물인 귀족 스포츠였고 우리나라에도 선수들도 별로 없었을 뿐더러 우승을 기약

할 수 없는 미개척 분야였던 것이다.

대체로 부모들은 열의만 가득하지 변화에는 둔감하다. 자녀가 좋은 대학, 좋은 학과에 가기를 원하면서 대학에 설치되어 있는 학과의 개수가 몇 개인지, 어떤 새로운 학과가 있는지는 잘 모른다. 좋은 대학, 좋은 학과를 나와서 아이들이 좋은 직업을 선택하기를 바라는데, 세상에 그 직업의 개수가 얼마나 되는지 아는 부모도 별로 없다. 알고 있는 학과의 개수는 기껏해야 50개를 넘기가 어렵고, 직업의 개수는 기껏해야 100개를 넘기기 어렵다.

과거의 유망학과였던 법대, 상대, 의대는 알지만 신기술 공학과가 있다는 사실은 잘 모른다. 그리고 판·검사, 변호사, 의사 등은 잘 알고 있지만 미래의 유망직업에 대해서는 공부는커녕 고민조차 하지 않는다. 부모에게 새로운 시대를 꿰뚫는 통찰력이 있어야 자녀를 미래형 인간으로 키울 수 있다.

항상 자기가 할 일은 주의 깊게 살펴라. 어느 일에 대해서라도 주의가 부족했다는 변명은 용서되지 않는다 —톨스토이

노동부 선정 21세기 유망직종 21

증권중개인: 주식 · 파생상품 · 채권 등을 사고팔려는 법인 · 개인들의 주문을 받아 거래를 성사시키는 일을 한다.

선물거래중개인: 선물 · 옵션의 매매 주문을 받아 거래를 체결하고 고객의 현금이나 유가증권을 관리하는 업종. 시장정보를 수집 · 분석해 고객에게 투자상담도 해준다. 선물거래소의 본격적 개장과 선물거래법 개정으로 거래 종목과 기업이 늘며 수요증가가 예상되는 직종이다.

경영컨설턴트: 경영전략 · 재무회계 · 인사조직관리 등 기업경영의 모든 분야에 걸쳐 문제점을 찾아내고 해결책을 제시하는 업무. 기업들의 구조조정이 지속되면서 전문 인력이 모자라는 실정이다.

펀드매니저 및 투자분석가: 금융기관이 고객으로부터 모은 돈을 주식 등 금융상품에 투자하는 펀드매니저와 투자에 앞서 해당 기업의 전반적인 정보를 수집해 분석하고 적정 주가를 제시하는 투자분석가는 금융의 새 꽃이라 불린다.

웹마스터: 인터넷 공간을 이용해 광고 홍보를 하려는 기업들을 대상으로 인터넷 홈페이지를 기획해 구축하고 관리까지 맡아서 한다. 웹사이트를 통한 마케팅경쟁이 치열해지면서 전문 인력 수요가 계속 늘고 있다.

컴퓨터 프로그래머: 컴퓨터가 제 기능을 수행할 수 있도록 컴퓨터가 이해할 수 있는 언어로 지시를 내리는 명령체계를 만드는 사람. 시스템프로그래머와 응용프로그래머 두 종류로 분류된다. 선진국에선 이미 '귀하신 몸'이 되어 있다.

시스템 엔지니어: 전산시스템의 문제점과 원인을 분석해 해결책을 제시하며 업무의 효율화를 위해 시스템 수명 주기 등에 맞춰 시스템을 새로 개발하기도 한다.

텔레마케터: 전화를 통해 구매자에게 특정 상품을 직접 홍보 · 판촉한다. 정당이나 각종 단체의 후원자나 일반인을 상대로 한 고충처리나 조사활동도 업무의 하나. 기업 간 경쟁이 격화되면서 이런 마케팅의 고용 기회도 많아질 것으로 보인다.

직업상담원: 직업안정 · 훈련 등 인력관리기관에서 구직자를 대상으로 직업선택이나 직업전환 · 교육 및 훈련 · 퇴직 등의 문제에 대해 각종 정보를 제공하고 상담을 벌인다. 평생직장 개념이 사라지면서 이런 상담을 필요로 하는 사람이 계속 늘고 있다.

작업치료사: 각종 장애나 사고·질병 등으로 고통을 겪고 있는 사람들에게 개개인에 맞는 재활프로그램을 제공해 사회생활을 돕는다. 산업재해와 교통사고의 피해자가 계속 생겨나면서 작업치료사가 턱없이 부족한 상황이다.

특수학교 교사: 장애 아동이나 청소년의 재활을 돕기 위한 학습프로그램을 수행하고 평가한다. 장애아 관련 시설이나 교육기관이 속속 생겨나면서 이 분야의 인력 증원이 요구되고 있다.

전자·통신공학 기술자: 전자·통신장비 및 제품의 설계와 연구개발을 수행하거나 제품생산을 관리·감독한다. 정보화 사회의 동력이라는 점에서 채용기회가 갈수록 증가할 것으로 보인다.

환경공학 기술자: 환경오염방지 시설의 설계와 공정 등을 연구·개발해 환경문제의 해결방법을 모색한다. 환경오염에 대한 국내외의 규제가 강화되면서 기업들이 투자를 계속 늘리는 분야이다.

여행안내원: 여행사가 주최하는 단체관광에 동행해 관광객들이 쾌적한 관광을 즐길 수 있도록 도와준다. 외국인을 상대로 한 관광통역 안내원과 내국인의 해외여행을 인솔하는 국외여행 인솔자 등이 있다.

번역·통역사: 국제화·개방화 추세와 외국인 투자 유치 확대 등으로 통역사도 늘어나야 하는 실정. 외국 출판물이 넘쳐나며 번역사의 일손도 바빠질 전망이다.

보안서비스 종사자: 청원경찰·경비원·경호원 등으로 불린다. 공공 및 개인의 재산과 신변을 보호하는 일을 한다. 조만간 외국의 대형 경비업체들도 진출한 예정이어서 전문업체의 채용기회가 늘어날 것으로 보인다.

시장조사 분석가: 기업들의 마케팅정책 결정에 합리적이고 타당한 근거자료를 제공하는 일을 한다. 전문회사나 광고대행사 마케팅실에서 근무하는데, 전문 인력이 부족한 실정이다.

변리사: 특허출원을 희망하는 사람들을 위해 설계도·제품설명서 등 관련서류 일체를 작성해 특허권을 출원한다. 발명이나 고안의 표절 등 산업재산권 침해와 관련된 특허심판의 소송대리업무도 한다. 최근 실용신안·상표분야로 업무가 전문화되는 경향이다.

광고 전문가: 광고기획·매체담당·광고마케터·카피라이터·아티스트 등이다. 향후 전자상거래 쪽의 수요가 빠르게 증가할 예정이어서 주목되고 있다.

건축 기술자: 건축은 영원한 유망분야. 단기적으로도 건설경기 회복세에 따라 수요가 늘고 있다. 2000년대엔 특히 재건축이나 유지 · 보수 · 해체공사와 관련된 전문 인력이 많이 필요할 전망이다.

전통 기능인: 세계화가 진전될수록 각 민족과 나라의 전통 예술품과 문화재가 돋보이게 된다. 중요 무형문화재로 지정된 공예기술(현재 39종)은 희소성으로 인해 더 가치가 있다.

직업환경의 변화에 대한 예측

● 지식정보화의 진전에 의한 새로운 기업환경과 산업구조의 생성

● 사이버 공간을 통한 기업활동의 증대

● 삶의 질을 높이는 산업 비중 증대

● 지식기반 산업과 첨단 산업의 발전으로 인한 산업 비중의 변화

● 평생직장에서 평생직업으로

● 공동작업의 증대와 가변적인 근무형태의 일반화

● 재택근무의 증가

아이에게 가장 가까운 카운슬러는 부모

가정은 아이에게 최초의 학교요, 부모는 아이에게 최초의 교사라는 말이 있다. 부모는 자녀를 생산하고 양육하는 과정에서 부모, 교사, 카운슬러 등의 역할을 모두 수행해야 한다. 이 세상에 제아무리 훌륭한 교사, 유능한 카운슬러가 수없이 있다 해도 단 한 명의 부모를 대신하기 어렵다. 교사나 카운슬러가 아이에게 미치는 영향력이 1이라면 부모가 아이에게 미치는 영향력은 10, 100, 아니 1,000이 될 수도 있다. 별이 아무리 많아도 하나뿐인 태양만큼 밝지 못한 것과 같은 이치이다.

교육의 기초는 무엇보다도 가정교육이다. 아이는 부모의 말 한마디, 행동거지 하나하나를 그대로 보고 배운다. 한번 몸에 밴 습관은 쉽게 고쳐지지 않는다. 가정에서 부모를 공경하고 형제를 아끼는 법을 익힌 아이는 성인이 돼서도 자신을 내세워 타인에게 아픔을 주기보다 남을 배려하고 사랑을 나눠주는 사람이 될 가능성이 크다. 제도권 교육의 표본인 학교가 무너진다고 걱정들을 하는데 이럴 때일수록 가정교육의 역할이 더욱 강화되고 기능이 더 보강되어야 한다.

이 세상의 부모는 모두 좋은 부모이고 싶어한다. 모두 다 아이를 잘 기르고 싶어한다. 그러나 정확하지 않은 정보와 변화되지 않고 길들여진, 자신의 경험에만 의존해서 아이를 다루려는 안일한 태도들 때문에 아이 기르기가 쉽지 않다. 새로운 환경에 적응하기 위해서 부모도 배우고 공부해야 하는데 그것이 병행되지 않아서 난관에 부딪히는 것이다.

우리 사회에는 일정기간 수행을 하고, 시험에 합격해야 비로소 얻을 수 있는 자격증이 많이 있다. 의사, 약사, 변호사, 교사, 회계사 등등. 그러나 이 역할과 동시에 가지고 있는 부모라는 역할에 대해서는 자격증이 없다. 어떤 과정이 있는 것도 아니고, 시험을 쳐야 하는 것도 아니다. 다만 아이를 출산하는 것만으로도 자연스럽게 획득된다. 부모 역할의 어려움은 이렇게 다른 자격들처럼 준비하거나 노력하지 않아도 '얻어지기' 때문에 생긴다.

그러나 노력하지 않는 부모는 그냥 부모는 될 수 있어도 좋은 부모는 될 수 없다. 비효율적인 부모는 아닌지, 잘못된 교육관을 가지고 있는 것은 아닌지 자신을 채근하면서 좋은 부모가 되기 위한 공부를 해나가야 한다. 물론 공부 중에는 인간행동에 대한 정교하고 과학적인 지식, 미래 사회의 변화에 대한 대처법 등 어려운 공부도 있지만 그것들은 교육에 있어서 아이를 행복하게 키우기 위한 기술적 요인에 불과하다. 그보다는 부모의 자세를 바로 하고 아이의 잠재력을 계발해주는 부모의 교육관 등 철학적 자세를 갖추는 학습이 필요하다.

2009 국제빙상경기연맹(ISU) 세계피겨선수권대회 여자 싱글부문에서 우승을 차지한 김연아 선수의 영광은 결코 하루아침에 이루어진 것이 아니다. 10년이란 긴 시간 동안, 오전 9시에 일어나 새벽 1시가 넘어 잠들 때까지 항상 김연아 곁을 떠나지 않았던 '엄마'라는 무서운 코치이자 매니저가 있었기에 가능한 것이었다.

부모 자신이 부족한 것이 무엇인지 파악하고 스스로 발전할 수 있도록 노력해야 한다. '심은 대로 거둔다'는 말이 있다. 좋은 부모가 되기 위해 노력한 만큼 아이들로부터 성과를 거둘 수 있을 것이다.

부모의 격려는 자녀로 하여금 긍지를 갖게 한다 — 탈무드

어머니, 영원한 마음의 고향

어머니는 인간의 탄생과 성장에 절대적인 존재이다. 우리는 어머니의 자궁에서 생명을 얻고 어머니의 몸을 빌려 이 세상에 나와 어머니의 보살핌으로 생명을 유지한다. 심리학자 보울비는 '애착형성'에 관한 그의 연구에서 오랫동안 어머니와 떨어져 있거나 고아원 등에서 자란 아이들은 신체적·지적 발달지체 현상을 보인다고 밝혔다. 또 성격의 기초가 되는 애착형성도 어머니가 없을 경우 잘 발달하지 못해 성장 후에 대인 관계가 원만하지 못하다고 했다. 피천득 선생도 생전에 자신에게 좋은 점이 있다면 그것은 엄마에게서 받은 것이요, 자신이 많은 결점을 지닌 것은 엄마를 일찍이 잃어버려 그의 사랑 속에서 자라지 못한 탓이라고 하였다. 이렇듯 어머니는 아이의 성장에 매우 중요한 존재이다.

청천 김진섭의 수필 「모송론」에 나에게 생명을 주신 어머니는 영원한 마음의 고향이라는 구절이 나온다. 인생이 불행의 바다 한가운데 있더라도 모든 사람이 어머니를 가지고 있다는 점만으로도 행복한 일이라고 했다. 우리는 어머니의 피로, 어머니의 진통으로, 어머니의 정신으로 태어난 까닭에 어머니는 우리의 뿌리이며 우리의 참된 조국이다.

시인 정채봉은 엄마가 휴가를 나오면 숨겨놓은 세상사 중 딱 한 가지 억울했던 그 일을 일러바치고 엉엉 울겠다고 하였다.

예전에 제주도의 한 어촌 마을이 모 방송국 시사 프로그램의 전파를 탄 적이 있었다. 작은 바닷가 마을은 '돈다발'이 떨어지기 전까지는 먹고살기가 좀 팍팍하긴 했으나 별 문제는 없었다. 운송수단이 빠르게 발달하고 감귤농사가 활기를 띠기 시작하면서 그 마을 주민들은 목돈을 만질 수 있게 되었다. 그런데 목돈이 쏠쏠찮게 생기자 그 마을 남정네들이 딴마음을 먹기 시작했다. 가정을 버리려고 작정을 한 것은 아니었지만 돈을 들고 읍내로 나가면 그날 밤 몽땅 털리고 들어오기가 일쑤였다. 육지에서 돈 냄새를 맡은 사창가들이 그 마을로 집단 이동을 해서 어리숙한 촌양반들의 주머니를 털었던 것이다. 천만 원이고 이천만 원이고 들고 나가면 다 쓴다는 아낙네들의 인터뷰가 한숨과 함께 나왔다. 은행으로 향하는 할아버지들을 육지에서 내려온 젊은 여자들이 잡아서 그 돈을 몽땅 다 쓰고 돌아가게 한다는 것이었다. 한 아주머니는 울분을 참지 못해 울음을 터뜨렸고 어떤 아주머니는 한숨 끝에 조용히 한마디 던졌다. "이녁들은 나가서 다 쓰라 그래요. 그래도 우린 여기를 안 떠요. 여기는 내 새끼들이 있으니까. 제주 여자들 강한 거 몰라요? 우린 예전에도 남자 도움 없이 살았어요. 다 물에 빠지고 해도 새끼들 하고 살아왔어요. 난 우리 새끼

들만 있으면 여기서 살아요." 그 인터뷰를 보는 순간 여자라서 강한 게 아니라 어머니라서 강하다는 말이 내 가슴을 둔중하게 치고 지나갔다.

그렇다. 여자는 약하지만 어머니는 강할 수밖에 없다. 그게 모성이다. 불우한 환경에서도 자식을 끝까지 훌륭하게 성장시키는 어머니를 우리 주위에서 얼마든지 발견할 수 있다. 여성이 아름다운 이유는 바로 이 모성에 있는 것이다.

모성애는 타고난 것이기도 하지만 후천적으로 좋은 어머니가 되기 위해 노력해야 되는 부분도 있다. 모든 이들의 가슴에 어머니가 다 고향으로 자리잡고 있는 것은 아니다. 어머니가 제 역할을 다하지 못해 아이에게 오히려 부담이 되는 경우도 있다.

요즈음 어머니들은 너무 바쁘다. 아이가 학교에서 집으로 돌아오면 어머니의 넉넉한 치마와 손수 만든 간식거리 대신에 싸늘한 현관문 열쇠구멍과 중국집 전화번호가 기다리고 있다. 아이가 돌아오기 전인 오전 시간에 집에 전화를 걸어도 어머니는 거의 집에 없다. 사우나 장이나 헬스클럽, 수영장이나 문화센터 등에서 열심히 활동하는 모습을 볼 수 있는데 몇몇은 활동이 끝나도 집으로 돌아가지 않고 아이에게 전화를 한다. 좀 늦을 테니 알아서 점심을 챙겨 먹고 학원으로 가라는 내용이 주요 골자인데 그런 엄마들은 반성이 필요하다. 아이가 엄마의 상태를 충분히 이해하고 엄마의 사생활을 보장해 줄 정도가 되면 걱정이 없겠지만 대부분의 아이들은 어느 정도 성장할 때까지 그럴 만한 정신적 자립 상태를 갖추고 있지 않다.

아이의 자립적인 기반은 유아기 때부터 만들어지는데 아이와 함께

한 시간이 많은 어머니일수록 자기 시간을 많이 갖고 싶어한다. 어느 날 갑자기 엄마의 부재를 느낀 아이는 지금껏 정신적·육체적으로 보호해준 존재가 없어짐으로써 더할 수 없는 혼란에 빠진다. 만약에 자신의 활동 기반을 다지거나 자신만의 시간을 갖고 싶다면 워밍 업이 필요할 것이다. 충분히 합의된 상태에서 아이가 받아들일 수 있는 시기에 이행함이 현명하다.

그러나 대부분은 조정기간 없이 여가생활을 한다는 기분으로 시작했다가 오랜만에 가진 자기 시간에 취해 빠져나오지 못한다. '자아실현'이라고 변명하지만 자아실현을 위해 엄마가 부재중인 그 시간에 아이는 간절히 엄마의 도움을 기다리고 있을지도 모르는데 말이다.

어머니로서의 진정한 자아실현은 '자녀양육'에 있다. 가정에서 열두 개의 박사학위를 배출한 전혜성 박사는 "아이들이 나에게 세상의 모든 것을 주었다"고 고백했다. 케네디 대통령의 부인이었던 재클린 여사도 '엄마'가 된 것이 자기 생애에서 최고의 성취라고 하였다. 아이를 낳은 엄마로서 가지는 최고의 기쁨은 아이가 성장해 가는 영광의 순간에 함께 있다는 사실이다. 모성애의 기본은 희생이다. 거미는 자신의 몸으로 자식을 먹여 살리고는 빈 껍데기의 몸으로 사라져간다. 어머니는 자신의 희생 위에 아이와 가정의 행복을 꾸미는 가장 아름다운 사람이라는 정체성을 잃지 말아야 할 것이다.

당신이 언젠가 인생을 살아가면서 어려움을 겪거나 좌절감에 빠질 때, 어머니는 그 이름을 떠올리는 것만으로도 언제나 당신을 평화롭고 안전하게 지켜줄 것이다 ─쉐리 콘웨이 어필

제일 든든한 후원자, 아버지

어머니가 영원한 마음의 고향이라면 아버지는 과연 어떤 존재일까?

아버지들은 가끔 '나는 돈 벌어다 주는 기계요'라고 말하며 쓸쓸해한다. 어머니에게 정성과 마음으로 키우는 내적인 사랑의 육아가 있다면 아버지에게는 안식처를 만들고 보호하는 외적인 사랑의 육아가 있다. 그러나 우리의 많은 아버지들은 사회생활에서 오는 여러 가지 중압감 때문에 가정에 대해서는 처자식 굶기지 않는 것만으로도 다행스럽게 여기면서 서서히 설 자리를 잃어가고 있다.

몇 년 전 돌풍을 일으킨 소설 『가시고기』의 내용이 어떤 건지는 모두 잘 알 것이다. 드라마로 방영되기도 했는데, 이 소설의 모티브가 된 '가시고기'라는 물고기에 아버지를 비유해 아버지의 사랑을 절절히 그려내어 많은 사랑을 받았다.

어머니의 무한한 사랑을 거미에 비유한다면 아버지의 무한한 사랑은 가시고기에 비할 수 있다. 가시고기는 엄마 가시고기가 알을 낳은 뒤 어디론가 사라지면 아빠 가시고기가 남은 알들을 부화시키고, 자기의 살로 자식을 키운다. 어린 가시고기가 아빠의 살을 뜯어 먹고 그 뼈에 보금자리를 틀면서 다 성장하면 아빠 가시고기는 그 자리에 머리를 찧고 죽는다고 한다. 그것이 아빠 가시고기의 일생이다. 엄마는 자식을 버리고 사라져 다시는 찾아오지 않는데 남은 아빠가 자기의 모든 것을 바쳐 자식을 키우는 것이다.

이 물고기가 소설뿐만 아니라 동화에까지 자주 등장하는 것은 물고기의 독특한 삶의 특성 때문이기도 하지만 헌신적인 아빠가 필요한 시대에 살고 있다는 증거이기도 하다. 많은 아버지들이 사회적으로 성공하면 가정에서는 군림하려고 든다. 아버지가 가족을 부양하는 것은 정해진 의무이지 큰소리칠 수 있는 권리가 아니다. 바쁘다는 핑계로 자녀의 교육은 다 어머니의 몫으로 돌린 채 자신은 가족들의 물질적 생계만 책임지면 된다는 식의 발상은 아버지 스스로 가정에서 설 자리가 없도록 만들고 있다.

우리 사회는 전통적으로 엄부자모(嚴父慈母)라는 부모상을 내세우고 있다. 엄격한 아버지와 자애로운 어머니상을 말하는데, 여기서 엄격하다는 것은 기품 있는 위엄이지 '무섭다'는 뜻이 아니다. 자녀가 말을 듣지 않을 때 아버지들은 아이를 무섭게 야단치면서 다시는 아이가 아버지에게 반항하지 못하도록 아버지로서의 위엄을 세우려고 한다. 그러나 야단만 친다고 해서 순종적인 아이가 되는 것은 아니다.

아이는 인격이 형성되는 시기부터 어머니와 많은 시간을 보내기 때문에 아버지와 마주하는 시간은 상대적으로 적다. 자신에게 중요한 존재로 부각되지 않은 사람으로부터 받은 무서운 질책은 아이에게 반항심을 불러일으킬 수 있다. 적어도 어머니만큼의 애정표현을 한 후에 아이가 받아들일 수 있도록 타이르는 방법이 더 현명할 것이다. 즉 집에서 아이와 보내는 시간을 좀더 많이 내주라는 것이다. 만약 그것이 어려우면 함께 있는 시간이 질적으로 농축되어야 한다. 아버지의 기품 있는 위엄과 어머니의 따뜻한 자애가 병행될 때 이상적인 교육이 이루어진다.

한국예술종합학교의 교수인 메조소프라노 김청자의 부친은 청자가 어릴 때에 "우리 청자는 얼굴도 예쁘지만 노래는 더 잘해"하면서 딸의 재능을 인정해 주었다고 한다.

지난봄 타계한 화가 김점선의 경우도 마찬가지였다. 집에 손님이 오면 그녀의 부친은 점선을 불러 그들을 그리게 하곤 "똑같지? 사진이야!"하며 딸을 칭찬했을 뿐만 아니라 모든 손님들에게 칭찬을 받아냈다고 한다. 월드 챔피언 김연아의 경우도 묵묵히 뒷바라지한 아버지의 공을 결코 간과해서는 안 된다. 전지훈련비, 개인 코치비, 아이스 링크 대여비, 의상비 등 대부분의 비용을 감당하며 딸의 선수생활을 뒤에서 밀어줬다.

아버지의 부재는 남자아이들에게는 충동적인 성격, 책임감 부족, 강한 의존성 등을 심어줄 가능성이 많다. 여자아이들은 아버지 없이 자라게 될 경우 수줍음을 많이 타고, 도피적인 성격에 남자를 꺼리는 성향을 가질 가능성이 많아진다. 어머니의 존재와 똑같이 아버지의 존재도 절대적이다.

한국청소년상담원에서 전국의 청소년 약 1,000명을 대상으로 아버지에 대한 설문 조사를 벌였다. 약 60%의 청소년이 대화를 하거나 놀이를 하는 등 아버지와 같이 보내는 시간은 하루 1시간 이내라도 대답했다. 그 다음 1시간에서 2시간 이내가 22.8%, 2시간에서 3시간 이내는 7.1%, 3시간 이상은 9.1%로 나타났다. 결과로만 보면 대다수의 아버지들이 아이와 같이 보내는 시간이 하루에 한 시간이 안된다는 소리이다.

자녀지도에 관한 부분은 모든 일을 어머니가 한다가 14.4%, 대체로 어머니가 알아서 하고 특별한 사항은 아버지와 어머니가 함께 의논한다가 54.4%로 나타나 교육의 많은 부분을 아버지보다는 어머니가 책임지고 있는 것이 증명되었다.

어떤 아버지의 모습을 바라는지에 관해서는 38.2%의 청소년이 든든하고 자상한 아버지라고 대답했고, 25%의 청소년은 옳고 그름을 잘 가르쳐주는 아버지, 그리고 18.5%의 청소년은 자녀와 함께 보내는 시간이 많은 아버지라고 대답했다. 바람직하다고 생각하는 아버지상은 애정 표현을 잘 하고, 친구 같은 마음으로 의논의 상대가 되어주는 아버지, 잘못에 대해서는 엄격한 아버지를 원한다고 대답했다.

조사 결과에서도 알 수 있듯이 양육에 있어 어머니뿐만 아니라 아버지까지 동참하는 것을 자녀들이 원하고 있고 그래야만 효율적인 교육이 이루어질 수 있다. 게다가 자상하면서 따뜻하고 엄격한 아버지를 청소년 모두가 원한다는 사실을 알 수 있었다.

다행히도 요즈음은 '좋은 아버지가 되려는 사람들의 모임'이 활성화되어 좋은 아버지가 되기 위한 노력과 열성이 대단하다.

스스로 좋은 아버지가 되기 위해 노력하는 모습을 보이는 것은 참으로 고무적인 일이다. 아버지는 아이에게 좋은 동일시의 대상이 된다. 자기에게 없는 좋은 점을 상대방에게서 발견할 때 아이는 그 점을 보고 따라 배우며 같아지려고 노력한다. 대개 아들들은 아버지와 관계가 좋으면 아버지를 동일시의 대상으로 여기며 아버지를 닮기 위해 부단히 노력하게 되고 이 과정에서 친밀한 관계가 형성되고 좋은 특성이 많이 계발된다.

영국으로부터 인도의 독립을 쟁취한 네루 수상은 아버지의 합리성을 이어받아 간디의 사상을 그 위에 합쳐 인도 근대화에 전력투구하였다. 그는 강하고 훌륭한 아버지를 본받으려고 노력했기에 그 모든 것이 가능했다고 말했다.

아버지는 가정의 함장이다. 이름만 아버지라고 해서 다 아버지일 수는 없다. 아버지로 존재하되 존재의 가치를 가족들이 전혀 느끼지 못한다면 그 배가 순탄하게 항해하도록 이끄는 함장은 될 수 없다. 좋은 아버지, 충실한 함장이 되는 것은 아버지 자신의 노력 여하에 달렸다.

아이에게 엄하게 대하되 공포감을 주는 것은 바람직하지 않다. 한 번만 따끔하게 꾸짖으라
—트루먼

딸사랑아버지모임

지금까지 평등하고 민주적인 가정을 이끄는 아버지로서의 역할을 다해오지 못했음을 반성하며, 새로운 아버지로 거듭 태어날 것을 다짐하는 모임이다.

가정생활에 애정과 시간을 투자하여 육아와 가사 등 역할과 책임을 분담하는, 평등하고 열린 아버지가 되도록 노력하며 딸·아들을 차별하지 않고 동등한 책임과 역할을 배워가도록 평등하게 키우고 내 자녀만을 사랑하는 편협한 아버지가 아니라 사회의 아버지가 되도록 노력하고 있다.

가정에서 자녀와 함께 할 수 있는 시간을 가질 수 있도록 기업과 사회제도 개선 운동을 함께 해 나갈 것을 약속하며 딸들이 스스로의 주인으로 설 수 있도록 남녀차별과 남아선호 사상을 조장하는 호주제를 폐지하는 일에 앞장서고 있다.

www.daughterlove.org

좋은 아버지가 되려는 사람들의 모임에서 전하는 좋은 아버지가 되는 12가지 방법

1. **자녀와 여행하는 아버지가 되자**

   자녀와 좋은 관계를 만들자면 서로 공유하는 추억이 있는 게 좋다. 여행만이 아니라 바둑, 등산, 요리, 운동 등을 같이 하는 특별한 시간을 만들자.

2. **자녀를 칭찬해주는 아버지가 되자**

   단점은 눈이 띄기 쉽고 지적도 쉽다. 하지만 자녀들은 꾸중보다 인정과 격려를 바란다.

3. **자녀가 가정의 따뜻함을 느끼게 하자**

   가족들 모두가 나름대로 힘겨운 하루를 보낸다. 인사만 받는 아버지가 되지 말고 반갑게 서로를 맞아주자.

4. **자녀와 함께 서점에 가보자**

   '책 속에 길이 있다'는 말이 있다. 자녀와 서점에 가서 어떤 책을 좋아하는지를 보면 자녀의 취미와 성향도 알 수 있다. 더구나 책은 가장 좋은 선물이다.

5. 자녀의 학교에 가보자

아버지들이 한 학기에 한 번이라도 자녀가 공부하는 교실을 찾아가 관심을 표시하고, 선생님과 자녀에 대한 대화를 나누어 보자.

6. 가족에게 편지를 써보자

좋은 아버지가 되자면 아내의 도움이 절대적이다. 가끔 아내에게는 감사의 편지를, 자녀들에게는 사랑의 편지를 써보자. 백 마디 말보다 한 줄의 글이 효과적일 때가 있다.

7. 부모님의 고향을 자녀와 함께 찾아보자

효와 도덕은 우리 사회를 지금까지 지켜준 아름다운 덕목이다. 자녀의 손을 잡고 멀리 계신 부모님을 찾아뵙거나 고향도 찾아가보자.

8. 일주일에 한 번은 가족의 날로 정하자

바쁜 생활이라도 일주일에 한 번은 가족과 저녁식사를 포함한 시간을 가지자. 가족 간의 사랑을 확인하고 아버지에 대한 이해를 구할 수 있는 좋은 기회가 될 것이다.

9. 아버지는 자녀가 성숙한 사람으로 자라나는 데 조력자임을 명심하자

가능하면 간섭하지 말자. 작은 결정이라도 스스로 하게 해보고 믿어주자. 그리고 그들의 성장에 조력자로서의 역할에 충실하자.

10. 아버지도 감정을 가진 인간임을 보여주자

아버지는 강해야 한다는 강박관념에 매이지 말자. 아버지도 슬플 때 울고 기쁠 때 웃는 인간임을 보이자. 아버지야말로 가족들의 따뜻한 지지와 격려가 필요한 존재이다.

11. 교통신호를 지키는 아버지가 되자

우리나라 교통사고 사망률은 세계 수위이고 교통사고로 인한 가장이나 가족의 사상으로 깨지는 가정이 적지 않다. 교통신호를 밥 먹듯 어기는 아버지, 불의와 타협하는 아버지의 모습을 보이기보다는 원칙과 질서를 지켜보자. 마음만 먹으면 가장 쉽게 할 수 있는 일이다.

12. 약속을 지키는 아버지가 되자

우리는 가족과의 약속, 사회와의 약속, 자신과의 약속 등 수많은 약속 안에서 살고 있다. 우리 스스로가 약속을 지킨다면 약속이 지켜지는 사회에서 우리 자녀들이 살게 될 것이다.

완벽한 부모와 충분히 훌륭한 부모

대상관계 심리학자 도널드 위니컷은 우리에게 필요한 것은 완벽한 엄마(Perfect Mother)가 아니라 충분히 훌륭한 엄마(Good Enough Mother)라고 말했다. 그렇다면 완벽하게 훌륭한 것과 충분히 훌륭하다는 것의 차이는 무엇일까? 충분한 것은 훌륭할 수 있지만 완벽한 것은 다 훌륭하다고 말할 수 없다. 완벽한 것은 인간의 심리적 잣대로 보아 지나친 결과라고 판단할 수도 있기 때문이다. 충분히 훌륭하다는 것은 어떤 결점이 있다 해도 다른 것을 보완해 그 역할을 잘 이행한다는 것을 의미한다. 혹은 존재 자체만으로도 힘이 되는 경우에도 훌륭하다는 표현을 쓴다. 모든 부모는 자식에게 훌륭한 부모로 남고 싶어한다. 그러나 완벽한 사람은 없기에 완벽히 훌륭하기란 불가능하다. 그럼에도 불구하고 완벽한 부모 노릇을 하려 들고 자녀에게 완벽하기를 강요하기도 한다.

완벽한 엄마는 자녀를 완벽한 사람으로 키우기 위해 사랑과 이해로 감싸기보다 여러 가지 불필요한 교육을 시킨다. 초등학생 때부터 피아노 교습, 태권도장, 학습지 지도 등 수험생만큼이나 꽉 짜여진 일과를 보내게 한다. 아이는 자기의 재능이 계발되기도 전에 부모의 요구 때문에 쉽게 자신에게 흥미를 잃어버린다. 못하는 부분에 대해 처음에는 잘하려고 애쓰겠지만 이내 지치게 되어 자신감을 상실한다. 또 잘 따라주지 않는 아이에게 부모는 계속적인 강요를 하게 되고, 그러다 보면 서로가 심각한 상태에 빠지게 된다. 일종의 노이로제 현상이 그 가족에게 나타난다. 즉 아이에게 완벽하기를 요구하는 부모보다 사랑으로 돌보면서 부족한 부분을 수용하고 그것이 향상되도록 격려해 주는 부모가 진정 훌륭한 부모의 자격이 있다는 뜻이다.

시인이자 원주 토지문화관의 관장을 지내셨던 故 이성선 선생은 항상 어머니의 농사짓는 능력에 대해 경외감을 가졌다고 한다. 아버지가 안 계셔서 농사도 오롯이 어머니의 몫이었는데 그 많은 농사가 동네 어르신들이 부러워할 정도로 잘 되었다고 한다. 선생은 나름대로의 이유를 다음과 같이 말했다.

집에 계실 때도 어머니 마음은 늘 논밭의 작물과 같이 사셨다. 작물들과 동조(同調)하셨는데 동조란 라디오의 주파수를 자기가 원하는 것에 맞추는 것을 말한다. 동조가 이루어지면 방송국과 듣는 자는 하나가 된다. 어머니는 작물과 그렇게 사셨다. 논밭 작물들의 목소리가 어머니 귓속으로 언제 어디서나 쏟아져 들어와 어머니는 그들과의 음악 속에 대지의 언어 속에 묻혀 살았다.

언제 어디서나 귀를 열고 아픔과 기쁨의 소리를 듣는 것이 모든 것을 잘 자라게 하는 원천이 되는 것 같다. 말 못하고 움직일 수 없는 곡식의 소리까지 들을 수 있는 어머니라면 하물며 그 자식에게는 어떠했을지 짐작이 간다.

우리의 부모는 아이의 소리에 귀를 기울이고 있을까. 자식이 지르는 아픔의 소리를 듣고 어루만져 주며, 기쁨의 소리에 미소를 보낼 줄 아는 어머니는 과연 몇이나 될까.

지극한 정성과 완벽한 간섭은 구분이 되어야 한다. 지극한 정성에서는 충분히 훌륭한 부모가 탄생할 수 있지만 완벽한 간섭에서는 완벽한 부모는커녕 충분히 훌륭한 부모조차 있을 수 없다. 아이는 완벽한 부모보다는 충분히 훌륭한 부모가 있어야 그야말로 훌륭히 성장할 수 있다.

어머니가 몸을 굽히고 있다. 그 사람의 눈을 다시 한번 보고 싶어라. 그 사람의 눈은 나의 별이다 —헤르만 헤세

아이의 재능을 알아보고 키워주는 부모

완벽을 지향하는 부모가 가장 저지르기 쉬운 잘못 중의 하나가 아이의 재능을 말살하는 것이다. 아이는 성장한 청년이 아니라 자라는 과정에 있는 '아이'이므로 가능성이 참 많다. 노래를 잘할 수도 있고, 그림을 잘 그릴 수도 있고, 언어 감각이 뛰어나 말을 조리 있게 잘할 수도 있다. 그러나 부모의 욕심이 짜놓은 스케줄은 아이의 재능이 가장 많이 발산되는 과목과 재능이 없는 과목을 똑같은 비중으로 재단해 버리는 잘못을 저지르기 쉽다.

권하자면 아이에겐 한 가지 또는 극소량의 재능밖에 없다고 판단하고 그것을 찾기 위해 세심히 관찰하는 방법을 택하라는 것이다. 물론 한 가지만 잘하는 아이가 있고, 무엇이든지 잘하는 아이가 있기도 하다. 내 아이가 모든 것을 다 잘하는 아이라면 부모로서는 더없이 기쁘겠지만 내 아이가 조금 뒤떨어진다면 더 세심한 관찰이 필요하다.

세심하게 관찰하다 보면 그 아이가 가진 능력 중에 가장 뛰어난 능력을 발견할 수 있다. 다른 아이와 비교해서 잘하는 것뿐만 아니라 그 아이만 보았을 때 그 속에서 가장 두드러지게 나타나는 능력에 초점을 맞추어야 한다. 내 아이가 다른 것보다 그림 그리는 것을 무척 좋아한다 싶으면 부모는 그 아이에게 그림을 그리는 환경을 조성해 주고 계발해 주어야 한다. 처음에는 다른 아이보다는 좀 못 그린다 생각이 들어도 곧 다른 사람 못지 않은, 아니 더 나은 실력을 갖출 수 있게 된다. 그러나 다른 아이에 비해 전반적으로 뒤떨어진다 싶어서 욕심껏 이것저것 시키다 보면 아이가 다 소화할 수도 없을 뿐더러 그나마 계발할 수 있었던 재능도 묻히고 만다.

아이가 하고 싶어하는 일을 마음껏 하도록 내버려 두는 것도 아이의 재능을 키워주는 하나의 방법이 될 수 있다. 〈피에타〉〈다비드상〉〈최후의 심판〉 같은 명작을 낸 미켈란젤로의 경우를 살펴보자. 그는 명문가 출신이었으며 그의 아버지는 미켈란젤로가 자기처럼 관리가 되어주기를 원했다. 그러나 그림 그리기를 공부하기보다 더 좋아하는 아들의 재능을 알아차리고 그것을 살려주겠다고 마음먹었다. 미켈란젤로는 열세 살 때에 화가 기를란다요의 공방에 제자로 들어가면서 예술가의 길에 입문하게 된다. 열네 살 때에는 조각에 관심을 보였으며, 그 이후에는 회화, 건축에 걸쳐 여든아홉 살로 죽을 때까지 거의 하루도 쉬지 않고 후세에 길이 남을 걸작들을 연달아 세상에 내놓았다.

일반적으로 진로 상담학자들은 자기에게 맞는 진로를 재빨리 선택해서 그 방면의 지식과 기술을 연마하는 것이 가장 바람직하다고 말한다. 미켈란젤로의 경우도 그의 부모가 공부만 잘할 것을 요구하면서 관리가 되기를 원했다면 우리는 그 유명한 명작들을 가슴 속에 새길 기회를 놓쳐버렸을 것이다. 아이의 재능이 보이면 부모의 고집은 접고 그 재능을 살려주어야 아이가 행복한 삶을 살 수 있다.

뭐든지 잘하는 아이를 가진 부모도 마찬가지이다. 인간의 능력은 유한하므로 뭐든지 잘하는 게 그리 오래갈 수는 없다. 그중에는 아이가 좋아서 잘하는 것도 있고, 선천적으로 잘하는 것이 있고, 학원이나 유치원에서 학습한 결과로 잘하는 것도 있을 것이다. 부모는 그중 한 가지를 택해서 밀어주는 지혜가 필요하다.

"우리 아이는 초등학교에 다닐 때에는 뭐든지 다 잘해서 집안에 온통 상장투성이였어요. 그런데 중학교에 가더니 공부도 안 하고 피아노 치는 것도 그만두고 TV만 보고 놀려고만 들어요."라고 말하는 부모님들이 곧잘 있다. 초등학교까지는 부모의 입김이 아이의 판단의 전부가 되기도 한다. 혹은 불만이 있어도 표현 방법을 몰라 스폰지처럼 흡수한다. 그러나 정신적인 표현이 가능한 나이가 되면 자신의 기호가 드러난다. 아무리 잘하는 것이라 할지라도 시켜서 한 것이라면 쉽게 포기할 수 있고, 자기가 좋아서 한 것이라면 끝까지 소질을 계발하고 스스로 노력할 것이다.

정명화, 정경화, 정명훈 씨를 세계적인 음악가로 길러낸 이원숙 여사는 아이의 이야기를 귀담아듣고 행동을 유심히 지켜보면 아이가 어디에 소질이 있는지 알 수 있다고 말한다. 실제 그녀는 6·25가 터져 피난을 가면서도 피난짐에 피아노를 쌌다고 한다. 김연아 선수의 어머니 박미희 씨는 유치원생인 연아가 다니던 과천시민회관 스케이팅 강좌 코치가 7개월짜리 단체강습이 끝나갈 무렵 가정 형편을 물으며 스케이팅이 돈이 많이 들어가는 운동인데 계속 시킬 수 있는지에 대해 물어오자 이것이 단순히 강습을 더 받으라는 말이 아님을 간파한 후에 자신의 개인 시간은 물론 최소한의 생활비를 제외한 경제적 여유까지 전부 딸을 위해 바쳤다. 이는 딸의 재능에 대한 믿음이 있었기 때문이다. 아무리 좋은 재능이 있어도 그것을 뒷받침해주지 못하는 환경에서는 재능이 꽃피지 않는다. 재능을 알아보고 뒷받침해주는 부모가 없으면 재능이 아니라 잠재력으로 가라앉고 만다. 피난을 가면서도 아이의 재능을 살릴 피아노를 버리지 않는 애착과 의욕 그리고 스케이팅에 올인하도록 지도하는 열정을 가지고 있었기에 그들이 세계적인 음악가 그리고 선수로 성장할 수 있었던 것이지, 돌보고 살피지 않는 부모 밑에서 자랐다면 평범한 사람으로 그쳤을 것이 분명하다.

부모는 길을 터주는 사람으로 존재해야 한다. 아이의 재능 10가지를 모아서 100을 만드는 것보다 1가지로 100을 만드는 게 더 확실한 방법이다.

자녀에게 충고하는 최고의 방법은 자녀들이 원하는 것을 알아내고 그들에게 그것을 하라고 충고하는 것이다 ─트루먼

아이를 위해 기꺼이 희생하는 부모

아직도 그런 말을 쓰는 사람이 있냐고 펄쩍 뛸 사람이 있는 줄로 안다. 오늘날의 부모들은 대부분 자식을 낳았다고 해서 내 삶을 포기해야 되는 건 아니라고 주장한다. 맞는 말이다. 그러나 희생이 곧 포기를 의미하는 것은 아니다. 희생이 필요한 곳은 부부 사이, 부모 자식 사이뿐만 아니라 회사나 학교 등도 마찬가지이다. 상호작용하는 관계에서는 어디서나 따르기 마련이다. 자식은 부모 때문에 희생하는 일이 없을 거라고 생각하는가? 자식도 부모 때문에 부모만큼은 아니어도 어느 정도 희생하면서 살게 마련이다. 전 일생을 거는 희생을 강요하는 것이 아니라 자식을 키우는 부모로서 최소한의 희생조차 외면하는 부모들에게 희생이 필요하다고 이야기하는 것이다.

국어사전에 희생이라는 단어는 '목적을 위해서 목숨, 재물, 명예 따위를 버리거나 바치는 것'이라고 정의되어 있다. 무엇을 이루기 위해 자신이 가진 것 중의 일부 혹은 전체를 내놓는 것으로 해석할 수 있는데 요즈음은 그 일부마저도 희생하지 않으려는 부모들을 종종 본다. 그런 부모는 아침 등굣길에 아이의 주머니에 돈을 듬뿍 넣어주고는 돌아오면 밥 먹고 곧장 학원으로 가라고 지시한다.

예전에 우리 어머니들은 그렇지 않았다. 비 오는 날 교문 앞에서 한 손에 우산을 꼭 쥔 채 자기 자식의 모습이 보일까 목을 쭉 빼고 기다리는 어머니들을 쉽게 볼 수 있었다. 따뜻한 밥 한 끼 먹이려고 점심시간에 밥을 새로 지어 학교로 나르는 수고도 거르지 않으셨다. 추운 겨울 먼 거리를 걸어서 등교하는 자식을 위해 아버지는 새벽에 일어나 아궁이 옆에 운동화를 얹어놓고 출근하시곤 했다.

그런 지극 정성의 보살핌으로 지금의 부모가 되었건만 내가 받은 만큼 자식에게 돌려주지는 못하는 것 같다. 요즈음은 한지붕 아래에서 살지만 왜 같이 사는지 모를 가족들이 많다. 남편과 아내는 각자 직장 일과 자아실현 때문에 바쁘고, 아이는 아무도 없는 집에 들어가기 싫어 종일 게임방과 패스트푸드 가게 등지를 전전한다. 부모는 함께할 수 없는 시간을 아이에게 물질로 보상하려 든다. 아이가 원하는 것은 따뜻한 사랑을 포함한 물질적 풍요이지, 부모의 보살핌이 배제된 물질적 풍요가 아니다. 조금의 시간이라도 자녀를 위해 할애하고 사랑이 깃든 도시락을 준비할 수 있는 사람이 가정에는 있어야 한다. 부모가 그 일을 하는 사람이다.

한국이 낳은 세계적인 피아니스트 서혜경의 사례를 보자. 그녀는 일찍이 이탈리아의 부조니 콩쿠르에서 우승하여 보관문화훈장을 받은 재원이었다. 그 이후 근육이 빳빳하게 굳어 더 이상 연주할 수 없는 상황에 이르자 그의 어머니 이소윤 여사는 엄마손은 약손이라는 믿음 하에 6개월 동안 지압을 배웠고 자격증을 따서 혜경이를 눕혀 놓고 정수리에서 어깨에 이르기까지 정성스런 지압을 하기 시작하였다. 매일 세 시간씩 필사적으로 지압을 해주고 엄마는 초주검이 되곤 했다. 만 3년에 걸친 엄마의 정성 어린 희생은 헛되지 않아 혜경은 마침내 연습을 제대로 할 수 있게 되었다. 이 세상의 그 무엇이 엄마의 이런 애정 어린 희생을 대신할 수 있겠는가.

얼마 전 쉰일곱의 나이에 간암으로 세상을 떠난 장영희 교수도 어머니의 희생으로 어렸을 때부터 겪었던 신체적 장애를 극복하고 훌륭한 영문학자의 길을 걸을 수 있었다. 그녀는 생전에 영문학자로 뿐만 아니라 수필가로서 죽은 사람들의 유언에 관심이 많았다. 그것은 이 세상에 태어나 수많은 말을 하고 살지만 죽기 전에 마지막으로 남기는 한마디가 '말의 결정판'이기 때문이라고 했다. 그런 그녀가 남긴 마지막 말은 "엄마 미안해, 이렇게 엄마를 떠나게 돼서. 그래도 난 엄마 딸이라서 좋았어"라는 말이었다. 희생으로 점철된 어머니의 사랑을 한마디로 압축한 표현이 아닌가 싶다.

故 피천득 선생의 집을 방문한 제자들은 커피 한 잔도 못 마시고 선생에게 등을 떠밀려 서둘러 집에 돌아온 적이 많았다고 한다. '제일 좋은 엄마는 학교에서 돌아오는 아이를 기다리는 엄마'라는 선생의 지론 때문이었다.

이 세상에 자신의 아이만큼 소중한 생명이 없듯이, 내 아이의 부모만큼 소중한 지위는 없다. 그 지위를 포기하고 얻을 수 있는 더 높은 지위는 무엇일까. 거창한 희생이 아니라 이런 작은 사랑의 표현을 통해 부모 자식 사이가 아름다운 관계로 발전하는 것 같다.

교육심리학에서는 자녀가 하나보다는 둘이, 둘보다는 셋이 있을 때 서로에게 좋은 성장의 환경이 된다고 말한다. 함께하는 과정에서 더 많이 배우고 크기 때문이다. 요즈음은 형제 없이 외동인 경우가 많다. 직업을 가진 어머니의 경우 아이를 하나만 낳고 말기 때문이다. 아이들은 형제로부터 협동심과 나누는 마음 그리고 남을 배려하는 자세를 배운다. 형제자매는 서로에게 좋은 성장환경을 만들어줄 수 있지만 지금은 여러 가지 여건상 그렇게 해주지 못한다. 참으로 안타까운 일이 아닐 수 없다. 아이들의 진정한 성장은 희생을 바탕으로 이루어진다는 것을 다시 한번 곱씹어봐야 할 것이다.

훌륭한 사람의 일생 중 가장 빛나는 부분은 그가 생전에 베풀었던 사소한 친절과 아무런 대가도 기대하지 않는 사랑의 행위이다 ― 윌리엄 워즈워드

부모로서 성공한 인생이라야
비로소 성공한 인생

흔히 농사 중에 가장 힘든 농사를 자식 농사라고 한다. 농사만큼 인간의 손길이 많이 필요한 수작업이 없는데 그중에서도 가장 힘든 것이 자식 농사라고 하니 부모가 자식에게 들이는 정성과 사랑이야 어찌 말로 다할 수 있겠는가.

파리의 오르세미술관에 진열된 작품 중에 가장 유명한 작품은 밀레의 〈만종〉이다. 하루의 일과를 모두 끝내고 노을진 지평선 너머에서 들려오는 성당의 종소리를 들으며 모자를 벗고 기도하는 모습을 담고 있다. 이 그림은 부모들이 어떤 태도로 아이들을 기르고 가르쳐야 하는지에 대한 침묵의 교훈을 주고 있다. 하루의 농사를 무사히 마친 것에 대한 감사의 기도를 올리는 부부의 모습에서 자식을 키우는 것에서도 그 같은 정성과 감사의 태도가 필요하다는 것을 느끼게 된다.

사람은 식물과 달라서 제멋대로 움직이고 제멋대로 생각할 수 있으니 아무리 정성을 들인다 해도 그만큼 거둘 수 있는 것이 아니다. 그러나 사람은 표현할 수 있는 존재이므로 식물을 키우는 것보다 힘이 덜 들 수 있다.

앞에서 언급한 지혜로운 부모의 여덟 가지 자화상은 모두 자녀를 어떻게 훌륭히 성장시킬 것인가에 대한 대안들이다. 이는 자녀를 훌륭히 성장시키는 데 필요한 부모의 자세이기도 하지만 이런 자세를 갖추면 오히려 자식을 키우는 데 부모가 편한 방법이기도 하다. 사람은 식물과 달라서 의사소통이 가능하기 때문이다.

아무리 부와 명예를 거머쥔 사람이라 해도 자녀가 훌륭히 성장하지 못하면 그 사람의 인생은 실패한 인생이다. 세상을 등질 때쯤 되어서야 자신이 자녀를 잘 기르지 못했음을 후회하고 시간이 주어진다면 부모로서의 인생을 다시 한 번 살아보고 싶다고 말한다.

인생은 부모로부터 받은 생명의 은혜를 자식을 통해 다시 갚아가는 과정이다. 나는 가고 없고 남아서 세상을 살아가는 건 자식이므로 최소한 세상에 보탬이 되도록 훌륭히 키우는 것이 부모로서의 마지막 의무가 아닌가 싶다. 세속의 영예를 얻지 못한다 할지라도 다시 젊은 시절로 돌아가서 아이를 한 번 잘 키워보고 싶다고 고백하는 부모를 만날 때마다 인생의 비극을 다시 한 번 느낀다. 부모의 길은 다시 되돌이킬 수 없을 뿐더러, 잘못 되었을 경우 나 혼자 지나온 길이 아니기에 여러 사람의 인생이 복잡하게 얽혀버리고 만다. 연습게임 없이 오로지 실전만이 존재하는 역할이 부모의 역할이라는 사실이 세상의 모든 부모를 힘들게 한다. 그렇기 때문에 좋은 부모가 되기 위해서는, 부모 노릇을 제대로 하기 위해서는 끊임없이 책 읽고 공부해 자신을 갈고 닦는 부모가 되어야 한다.

가정의 행복이 인생의 기반이 될 때 비로소 기쁨은 완전한 것이다 —기조

구운몽에 나타난 전통 가정교육의 특징

- 우리 조상들에게 삶의 의미는 자녀를 낳아 훌륭한 사람으로 키우는 데에 있었다.

- 전통 가정교육에서 아이의 일상적 행동은 배우는 사람이 갖추어야 할 태도를 표현한 것이다.

- 자녀교육에 있어서 어머니의 지혜로움은 아이에게 삶의 표준이었다.

- 우리 조상들은 일상적으로 교양 있는 말을 사용했을 뿐만 아니라 그 말을 행동과 사태판단의 표준으로 삼았다.

- 학문적 활동은 여성을 포함하여 교육받은 선비의 일상적 삶의 한 부분이었으며 자녀에 대한 가장의 교육적 의무였다.

부모는 자녀를 믿고,
자녀는 부모를 따르는 가정

아이는 아빠의 정자와 엄마의 난자가 만나 생명의 싹을 틔우고, 엄마의 자궁에서 그 몸의 형체를 갖추며 탯줄을 통해 영양분을 공급받아 인간의 모습으로 자라기 시작한다. 생명을 주고 생명을 자라게 하고 이 세상을 만나게 해준 부모라는 존재가 주는 절대적인 믿음은 여기에서부터 시작된다. 그래서 아이는 자신이 어려움에 처했을 때 부모가 자신을 보호하고 방어해 준다는 것을 본능적으로 알고 있다.

부모와 자식 간의 보이지 않는 믿음의 끈은 매우 질기고 강해서 평소에는 실체를 느끼지 못할 수도 있지만 중대한 사건이 발생하면 어김없이 강한 유대감을 발휘한다. 이런 믿음은 서로에게 마음을 다잡는 심리적 기제로 작용한다.

에디슨이 학교에서 선생님에게 '바보 같은 아이'라는 소리를 듣고 울면서 집에 왔을 때 그의 어머니는 에디슨을 꾸짖는 대신 선생님을 찾아가 '바보 같은 아이'가 무슨 뜻이냐고 설명해 달라고 했다. 자신의 아이는 바보 같은 아이가 아니라고 선생님에게 확실하게 말했던 것이다.

아이가 부모를 믿는 것보다 더욱 강한 믿음을 부모가 자식에게 갖는다면 그 아이는 세상에 강하게 뿌리내릴 수 있다. 에디슨은 자신을 그렇게까지 믿어주는 어머니의 판단에 실망을 안겨드릴 수 없다고 생각했고, 반드시 훌륭한 사람이 되어서 어머니의 신뢰에 보답하고자 했다고 한다. 세계적인 성악가 엔리코 카루소도 그의 목소리를 혹평하는 선생 때문에 절망에 빠졌는데 어머니의 격려와 희생 덕분에 그 믿음 속에서 세계적인 성악가로 성장할 수 있었다.

아이는 단순하고 순수해서 자신에게 절대적인 믿음을 가진 사람을 절대 배신하지 않는다. 그 사람에게 더 큰 신뢰를 얻기 위해 노력한다. 한 번 부모의 칭찬을 받은 아이는 그 기쁨을 잊지 못해 칭찬받을 일을 자꾸 찾아서 하게 마련이다.

한국청소년상담원에서 전국의 청소년 2,400여 명을 대상으로 설문 조사를 실시하였다. '용기, 효, 자기조절, 열정, 배려, 책임감, 진실, 인내, 공평, 예의범절' 등의 항목을 필요한 순서대로 나열하라는 질문이 있었다. 1순위로 꼽은 항목은 '효'였다. 요즘 아이들을 버릇이 없고 제멋대로이고, 이기적이라고 말하지만 역시 요즘 아이들도 '효'가 가장 중요한 덕목이라고 생각하는 것이다. 부모가 아이들을 희생으로 기르고 믿음으로 대할 때 아이들도 역시 그 보답으로 부모에게 '효'를 다하고 싶은 마음이 생기는 것이다.

신체와 정신이 한꺼번에 자라고 있는 변화가 무쌍한 아이를 믿는 것은 부모에게 매우 어려운 일일지도 모른다. 호기심 덩어리인 데다가 늘 사고를 몰고 다녀서 내 눈에 보이지 않으면 무슨 일을 할지 모르는데 아이를 믿는 것 자체가 무모한 일이라고 일축하는 부모도 있다.

아이가 하루아침에 어른으로 자라지 않듯이 하루아침에 아이에 대한 믿음이 생기지는 않는다. 아이의 행동에 대해 잔소리를 하거나 조바심을 치는 게 믿는 것보다 훨씬 쉽고 빠르지만 그 길은 잃는 게 너무 많다. 반대로 아이를 믿는 것은 부모에게 끊임없이 참고 기다리는 자세를 요구하지만 궁극적으로 아이가 부모에게 신뢰를 가지게 하는 방법이기에 포기하면 안 되는 것이다. 믿음은 백 마디의 교훈보다 더 큰 채찍질과 힘이 된다. 부모의 믿음을 저버릴 수 있는 아이는 무척 드물다는 사실을 알아야 할 것이다.

여기저기서 많은 소리들이 들리지만 못 들은 체 하라. 오직 내가 너에게 하는 말만 마음에 새겨라. 너는 내가 말하는 것이 언제나 진실됨을 믿기 때문이다 ―테디우스 쿵

아이와 함께 살면서 가르치고 길러라

한동안 조기유학에 대한 찬반양론이 하도 무성해 중학교까지는 우리나라에서 나와야 유학을 보낼 수 있다고 아예 법으로 정해버렸다. 이에 대해서 아직도 논란이 끊이지 않는데 조기유학을 찬성하는 부모의 대부분이 유학의 시기는 아이가 언어형성이 되기 전, 이르면 이를수록 좋다고 주장한다. 아이를 남보다 조금이라도 빨리 교육시키면 더 나은 삶의 고지를 점령하게 되리란 막연한 기대 때문에 아이를 서둘러 유학 보내려 드는 것이다.

그러나 강요된 학습환경은 오히려 부작용을 일으킬 수 있다. 그 학습환경에 적응하지 못하면 아이는 자신감을 상실한다. 어린 나이에 자신감을 상실하면 자신이 가진 능력조차 다 발휘하지 못한다. 실제로는 저능아가 아닌데 저능아처럼 구는 경우도 있고 여러 가지 정서장애를 겪기도 한다. 이런 아이들은 국제전화로 어떻게 하면 다시 한국으로 돌아갈 수 있냐고 상담을 해오기도 한다. 이들의 부모들 또한 아이 때문에 겪는 여러 가지 고통을 호소해 온다. 제대로 따라간다는 것은 남보다 특별히 잘한다는 뜻이 아니다. 남과 같이 남처럼 한다는 뜻이다. 언어가 다른 것은 접어두고라도 조기유학에서 같이 공부하는 외국 아이는 자기 나라에서 자기 부모와 함께 생활하는 아이다. 이들은 심리적으로 안정된 아이들이다. 결코 같은 생활환경이라고 볼 수 없다.

법으로 정해진 것처럼 중학교를 졸업하고 유학을 간다 해도 아직은 사고의 수준이 '피아제'가 이야기하는 구체적 수준에 머물러 있기 때문에 여러 가지 면에서 부모가 기대하는 효과를 거두기가 힘들다. 구체적 수준이라는 것은 가설적인 사고가 불가능하고 판단력이 정확하게 서 있지 않다는 뜻이다. 보여지는 것이 A라면 A밖에 모르고 그 외에 B나 C가 미치는 영향이나 가상의 경우를 생각하기 힘들다는 것이다. 사고의 논리성을 갖지 못한 상태에서 머리에 무조건 주입하려고만 하기 때문에 한계를 크게 느끼게 되어 도중하차할 가능성도 높다.

아이는 태어나서 2년 동안은 자신이 타고난 반사적 신체능력을 습득하고 이후 일곱 살까지는 외부 환경을 자신의 것으로 받아들이는 훈련을 한다. 이 시기에 말로써 표현하는 방법을 습득하지만 구체적으로 유사성과 연관성을 추론해내는 것은 그 이후에 가능하다. 조기유학을 하여 외국어를 마치 모국어처럼 구사할 수 있는 능력이 생긴다고 할지라도, 다른 많은 것을 잃을 수 있음을 간과해서는 안 된다.

언어학자들은 언어형성기를 대개 만 13세 전후로 보고 있다. 그래서 부모들은 외국어를 모국어처럼 유창하게 구사하도록 막 중학생이 되었을 때 유학 보내고 싶어한다. 그러나 아이에겐 최적의 학습환경과 학습순간이 있다. 그 환경과 시기를 놓치면 오히려 더 못한 결과를 낳기도 한다. 최적의 학습순간보다 최적의 학습환경이 더 중요하다. 부모와 함께하는 환경보다 더 나은 최적의 조건은 있을 수 없다.

부모는 지식의 전달자가 아니라 아이가 스스로 세계를 발견할 수 있도록 이끌어주는 안내자여야 한다. 조기유학의 궁극적인 목적은 자신의 숨겨진 능력을 찾고 계발하여 이를 통해 최대한의 가치를 창출해내고 행복하게 살기 위함이다. 그러나 부모 없이는 올바른 인간관계를 설정하기 어려울 뿐더러 올바른 가족관계에 기초하지 않은 아이는 언어를 잘 구사하고 컴퓨터를 잘 다루는 사람으로 자랄 수는 있어도 내면이 성숙된 인간이 되는 데는 많은 한계가 있을 수밖에 없다.

부산에서 자식을 잘 기르기로 소문난 장덕기 내과원장은 조기유학에서 실패한 경험을 솔직하게 털어놓는다. 장 원장의 아이들도 호주에서 조기유학을 했고 호주에 있는 동안 영어실력이 많이 늘었지만 다시 시간을 되돌릴 기회를 준다면 아이들을 조기유학 보내지 않겠다고 말한다. 유학을 하고 돌아온 아이들이 모국어인 한국어를 제 또래 수준으로 회복하는 데는 유학한 시간보다 더 긴 시간이 걸렸고, 그보다 심각한 것은 아버지와 아이들과의 단절감이었다고 한다. 이것은 거의 모든 기러기 아빠들의 비애이다. 아내가 아이들과 호주에 함께 머무는 동안 전화, 팩스, 이메일 등을 통해 함께하려고 많이 노력했지만 아이들은 차츰 아버지를 잊어가고 나중에는 찾지도 않았다

하니 아무리 아이가 지적인 인간의 조건을 훌륭히 갖추었다 한들 무슨 소용이 있겠는가.

2005년 8월까지 주한 이스라엘 대사를 지낸 우지 마노르 대사의 부인 나오미 마노르 여사는 한국의 조기유학 붐을 이해하기 힘들다고 했다. 외국에 내보내기에 중학생은 너무나 어리다는 것이다. 이스라엘은 조기유학은 물론 집을 떠나 공부하는 기숙학교도 거의 없단다. 세계적 인재를 무수히 배출한 유대인들의 교육지침은 주로 탈무드와 구약성경에 의존하는데, 여기에는 아이들의 아버지에게 자녀교육의 의무를 분명히 부과하고 있다는 것을 강조하였다.

아이는 부모의 뒤꼭지를 보고 자란다고 한다. 부모의 행동과 사고가 그만큼 아이에게 많은 영향을 미친다는 뜻이다. 부모의 그늘에서 성장해야 아무리 세찬 비바람과 강한 폭풍우도 견디어 낼 수 있는 면역력을 키울 수 있다.

우리가 옷을 입는 동안 어머니는 아침 식사를 준비해 주셨다. 우리는 이런 방법으로 하루를 따뜻하고 즐겁게 시작할 수 있었다 —샐리 리스터

근본과 기본을 가르쳐라

서울시 교육청에서 각 학교로 '기본이 바로 된 어린이' 지도자료를 소책자로 만들어 각 학교에 내려 보냈다. 아이들이 기본으로 갖추어야 할 태도를 제대로 갖추지 않아 그 다음 단계로 이행되어야 할 수준 높은 교육에 커다란 장애가 있었기 때문이다. 기본이 바로 되지 않은 어린이에게 창의성 교육이나 지식 교육이 무슨 의미가 있냐는 자성을 학교기관에서 먼저 가졌다는 것은 매우 고무적인 일로 받아들여졌다.

그러나 한편으로는 아이들이 얼마나 기본이 안 되어 있으면 학교에서 기본을 바로잡는 교육을 시켜야 할까 하는 안타까운 생각도 들었다. 바로 서고, 바로 입고, 바로 먹고, 바로 사고하는 가장 기본적인 교육은 학교가 아닌 가정에서 먼저 이루어져야 하고, 기본이 갖추어진 다음에 학교에서 공동체 생활을 시작하는 게 마땅하다. 기본

교육이 이루어진 다음에 학교 교육을 시작하면 불필요한 교육에 투자되는 재원을 아이의 개성에 맞는 재능교육에 투자할 수 있어 더욱 효과적인 교육이 이루어질 수 있다. 초등교육이 제대로 이루어지면 상위 교육기관의 교육은 말할 나위 없이 더 효율적으로 이루어질 수 있다.

철학자이며 한의사인 이 시대의 대표적 지식인 도올 김용옥 선생이 우리나라에서 이루어지는 기본 교육 수준에 대해 열변을 토하는 것을 본 적이 있다. 어렵사리 공부해 대학에 들어가고 졸업하고 대기업에 취직을 하면 사원연수라는 것을 받게 된다. 기업체에서 수억 원씩 들여서 하는 사원연수에서 가르치는 것이 화장실을 사용하는 법과 전화를 공손히 받는 법 등 기초질서에 해당하는 것들이라니 기가 막힐 노릇이라고 핏대를 세우는 것을 보면서 같이 무릎을 쳤다.

『내가 정말 알아야 할 모든 것은 유치원에서 배웠다』는 책에서 저자는 자신에게 필요한 지식은 '대학원이라는 산꼭대기가 아니라 유치원이라는 모래성'에서 다 배웠다고 했다. 많은 사람들이 공감했듯이 우리가 살면서 정말 필요한 기초질서와 인간관계 능력은 다 자라나 책상머리에서 배우는 것이 아니라, 대부분 어렸을 때부터 자연스럽게 습득한다. 아이들이 청소년기에 들어서면 '정말 부모 노릇 못해먹겠다'고 하소연해 오는 부모들이 많다. 이에 대해서는 여러 가지 이유가 있을 수 있으나 아이들이 어렸을 때부터 기본적인 예의나 품성을 가르치는 일에 부모가 소홀했기 때문일 수도 있다. 부모가 소중하게 생각하는 기본은 아이들도 소중히 여기게 마련이다. 오히려 집안의 어른인 부모가 기본을 잘 지키지 않는 것은 아닌지 되짚어 보아야 한다. 아이와 함께 영화관이나 목욕탕에 가면서 입장료를 덜 내기 위해 아이의 나이를 속인 적은 없었는가. 혹시 있었다면 이런 부모들이 아이들에게 가르치는 도덕성이 아이들을 오히려 혼란스럽게 만든다는 사실을 기억해야 할 것이다. 기본이 된 사람은 자신이 하고 싶은 일, 해야만 하는 일을 더 잘할 수 있는 탄탄한 기초를 마련해 놓은 것이다.

얼핏 보기엔 산만한 것 같은 예술가들도 자신과의 기본적인 약속과 규칙을 엄격하게 지켜나간다. 산(山)의 화가 유영국은 기계처럼 정확한 생활을 했다. 아침밥은 여덟 시, 점심 끼니는 열두 시, 저녁밥은 여섯 시. 정해 놓은 시간에서 5분이라도 틀리면 성화가 보통이 아니어서 부인이 애를 많이 썼다. 잘 타지도 않는 생나무 장작으로 밥을 지으려니 밥은 더디고 주인(화가 유영국)의 독촉은 불 같았다고 한다.

꼭 정해진 시간에 밥을 먹고 정해진 시간 안에 모든 일을 기계처럼 해내는 아이를 만들자는 소리가 아니다. 최소한 생활의 기본 수칙 정도는 지키는 습성을 길러주어야 하지 않을까 싶다. 무질서와 혼돈 속에서 자유로운 정신을 추구하는 예술가도 상상을 뛰어넘을 정도로 엄격한 자기 생활이 있다. 이 엄격함이 무한한 창조를 이끌어내기 때문이다.

자식을 불행하게 하는 가장 확실한 방법은 언제든지 무엇이든지 가질 수 있게 해주는 것이다 ―장 자크 루소

가공되지 않은 보석, 아이들

21세기 학교 교육에서는 커다란 변화의 바람이 예상된다. 지금까지는 다양하지 않은 학습 과정으로 아이들의 능력이 한 가지 잣대에 의해 우열의 개념으로만 가려졌다. 특히 공부를 잘하냐, 못하냐라는 잣대는 아이를 자유롭게 평가하고 교육하는 데 큰 걸림돌로 작용했다. 이런 풍토를 반성이라도 하듯이 다양한 학습프로그램이 개발되고, 대입 시험에서도 사회봉사 활동에 비중을 둔 내신성적을 반영하고 있다.

필자가 고등학교 다닐 때에는 일등부터 꼴찌까지 누구나 볼 수 있게 전국 석차표를 교실 뒷벽에 붙여 놓았다. 학습능력 증진이 그 목적이었겠지만 학교의 주요한 기능인 전인교육을 말살시키는 지름길이 아니었나 싶다. 아이들은 아이들끼리 서로 우열을 가려, 알게 모르게 자기네들끼리도 상하 기류를 형성했다. 교사는 교사대로 공부 때문에 차별을 한다는 오해를 벗을 수 없게 되었고, 점수와 등수로 가늠되는 공부라는 한 가지 잣대는 인간의 소중함을 종이 한 장과 바꾸는 비교육적인 결과를 가져왔다.

아이들은 내가 남보다 앞서지 않으면 세상에서 도태되고 만다는 강박관념에 시달리고, 잘할수록 누군가 나를 따라잡을지 모른다는 생각은 더욱 공부에 매달리게 했다. 그런 아이들이 소위 일류대학에 입학하고 이 사회의 엘리트 대열에 합류하게 되었다. 이 땅의 엘리트들의 행태를 보면 진정한 인성교육이 이루어지지 않았음을 잘알 수 있고 이것이 그 엘리트가 주축이 되는 이 사회의 구조적 병폐를 가져왔다는 사실을 파악할 수 있다.

사회 구조를 탓하기 이전에 교육을 바로 세워야 한다. 누구나가 똑같은 엘리트의 길을 강요받지만 그중 극소수만이 엘리트가 되어 이 사회에서 보석으로 대접받는다. 그러나 아이들은 누구나 다 원석이다. 우리 어른들이 어떻게 가공하느냐에 따라 다이아몬드, 사파이어, 루비, 에메랄드가 될 수 있다. 그리고 그 보석들은 세상에서 나름대로의 가치를 빛내고 사랑을 받는다.

자신의 고유한 빛깔을 가지는 보석은 다양한 색깔과 크기, 강도에 따라 그 가치가 달라진다. 세상에 크고 강한 다이아몬드라는 보석만 존재한다면 다이아몬드는 지금처럼 가치를 인정받을 수 있었을까? 아이가 보석으로 가치를 빛내기 위해서는 등수와 점수만으로 결정되는 획일적 가치가 아닌 각자의 개성에 따라 인정해 주는 가치 기준이 필요하다.

그동안 이루어졌던 인성을 파괴하는 제도교육권의 폐해에 맞서 자생적으로 교육 살리기 운동 같은 것들이 활발히 전개되고 있다. 민들레 교육통화 변채호 팀장은 자신들이 전개하는 운동을 이렇게 정의했다.

모든 사람들이 나름대로 성장할 수 있도록 돕는 게 진정한 교육의 목표라면, 학교는 교육의 특성을 살리지 못하고 있는 것 같아요. 누군가 남의 사과를 먹어버리면 그 사과는 사라져 버리잖아요. 하지만 사과나무를 기르는 방법을 배운다면 같이 사과를 먹을 수 있어요. 그래서 '우리 같이 공부하자, 내가 도와줄게.'라는 논리가 우리들 사이에 퍼져나가면 많은 사람들이 꿈을 이루고 성장을 할 수 있게 되지 않을까요. 가르치고 배우는 교육은 나눌수록 기쁨이 커지기 때문에 일석이조의 효과를 거둘 수 있죠. 이처럼 단순하고 자명한 데서 착안한 것이 '교육통화(通貨)운동'입니다.

— 교육통화운동본부

일등을 하는 것보다 더 중요한 것은 일등을 나눌 줄 아는 지혜로움이라는 것을 아이들이 깨닫고 실천할 수 있도록 가르쳐야 할 것이다. 나보다 못한 아이에게 내가 아는 것을 나눌 줄 아는 아이가 자라 사회의 중추적 역할을 담당한다면 그 아이는 남을 이기기 위해 사회의 구조를 경쟁 사회로 만드는 것이 아니라 자신의 것을 나누기 위해 사회에 헌신하는 진정한 엘리트가 될 것이다. 각자 가지고 있는 독특한 특징을 찾아내고 계발시키는 교육과 그 교육의 힘으로 참인간으로 성장한 아이가 이루어가는 미래 사회가 우리가 진정 찾아가야 할 목표이다.

　아이는 모두가 원석이다. 우리가 어떻게 키우느냐에 따라 어떤 꽃도, 어떤 열매도 맺을 수 있는 밑씨인 것이다.

아이는 어른보다 총명하다. 아이는 자기 안의 영혼과 똑같은 모습의 것이 누구에게나 있다고 마음으로부터 느끼기 때문이다 ―톨스토이

스스로 하게 하라

동서양의 교육학자들이 한목소리로 말하는 가장 효율적인 학습 방법은 스스로의 발견과 스스로의 깨달음이다. 미국의 대표적 실용주의 교육학자 존 듀이가 그랬고 동양의 양명학 창시자 왕양명이 그랬다.

지금 우리의 교육이 수렁에 빠져 제 힘을 발휘하지 못하는 것은 직접적인 지식을 주입하는 데 치중했지, 학습받는 아이가 스스로 공부해 지식을 터득하는 방식을 가르치지 않은 데 있다. 아이들은 학교에서 공부를 하는 것으로도 모자라 과외공부를 하고 학원에 다니지만 스스로 깨닫는 능력을 가르치지 않고 주입하는 방식만 고집하기에 그 많은 공부로도 아이들의 학습은 별로 큰 효과를 거두지 못하고 있다.

초등학교에 진학한 아이가 대학에 진학해서까지 해야 될 공부의 양은 엄청나다. 공교육비와 비싼 사교육비를 들이는 교육이 아이의 것으로 자리잡기에 주입식은 한계가 너무나 뚜렷하다. 지식을 자신의 것으로 소화할 수 있는 감수성과 창의력을 길러주어야 한다.

좋은 스승은 구체적인 공부의 내용을 가르치는 스승이 아니라 공부의 방법을 가르치는 스승이다. 가야금 연주자 겸 작곡가 황병기는 어린 시절 가정교사에게서 혼자 공부하는 법을 익혔다. 사전을 찾는 법에서부터 공부의 바탕과 논리를 배운 다음 스스로 공부하는 훈련을 받았다. 그가 어린 시절 가정교사에게 전수받았던 일련의 공부방식은 사물을 꿰뚫어보는 직관력을 그에게 심어주어 훗날 음악가로 대성할 수 있는 창조의 기반이 되었다.

이창호의 스승 조훈현 국수도 마찬가지로 스스로 깨닫는 공부방식을 이창호에게 가르쳤다. 이창호의 집에서는 조훈현이 바둑 상대를 해줌으로써 괄목할 만한 성과를 내기를 기대했지만 스승은 제자에게 쉽게 바둑판을 열어 상대해 주지 않았다. 일류는 가르침이 아닌 스스로 터득하는 과정을 통해 도달하는 자리임을 조훈현 자신이 먼저 체험했기 때문이다. 조훈현의 스승 세고에 겐사쿠가 10년 동안 조훈현을 데리고 있으면서 조훈현을 상대해준 것은 고작 서너 번에 불과했다. 조훈현은 이창호에게 '당대 최고의 스승을 만나 가르침을 물려받더라도 자신만의 스타일을 만들지 않는 한 최고가 될 수 없다. 스승이 이렇게 하라고 해도 네 방식을 찾아가야 한다. 시키는 대로 따라하는 한 최고가 될 수 없다.'고 가르쳤고 이창호는 그 가르침을 굳게 믿고 따랐다. 결국 가르침을 실천한 이창호 역시 조훈현만큼이나 큰 바둑계의 별이 되었다. 최초로 달에 착륙했던 닐 암스트롱의 어머니도 아이에게 뭘 하라거나 뭐가 되라거나 부담을 주지 않고 전적으로 아이들의 결정을 믿었다고 한다.

인간이 커간다는 것, 성장해간다는 것은 결국 스스로 결정하고 행동해야 할 일들이 많아진다는 뜻이다. 교육의 궁극적 목표는 학습뿐만 아니라 세상의 모든 이치를 스스로 판단하고 결정하는 인간으로 성장시키는 것이다. 자율적이고 독립적인 자기 인생의 주체가 될 때 그 아이는 이 세상에 온 제 몫을 다할 수 있을 것이다.

자기 자신 이외에 자신을 불행하게 할 사람은 아무도 없다 ─홀랜드

자식에게 부모가 늘 기원하고 있음을 보여라

자식 잘되기를 바라는 부모의 마음만큼 간절한 것도 없을 듯하다. 어느 학부모는 내 소원은 첫째는 우리 아이가 잘되는 것이요, 둘째는 우리 아이가 많이 잘되는 것이요, 셋째는 우리 아이가 완전한 성공을 이루는 것이라고 김구 선생의 말을 패러디해서 우스갯소리처럼 말하기도 했다.

발이 꽁꽁 어는 한겨울, 자식이 대입시험을 다 보고 나올 때까지 기도문을 외며 교문에 엿가락과 함께 찰싹 붙어 있는 어머니, 아침마다 출근하는 다 큰 아들의 구두를 반질반질 닦아주는 아버지, 꼭 그렇게 하지 않는다 해도 자식은 제 갈 길로 가건만 부모들의 간절한 바람은 애처롭기 그지없다.

부모의 간절한 기도와 염원 앞에서 영원히 비뚤어지게 나가는 자녀는 없다. 간혹 방황하는 수도 있긴 하지만 곧 제자리로 돌아온다.

가톨릭의 삼위일체설을 주장한 어거스틴 성인은 젊은 날 많은 방황을 하였다. 술에 취해 들어온 날 기도하다가 쓰러진 어머니 모니카의 여원 등을 보고서 자신을 위해 기도하다가 쓰러졌음을 직감했다. 이 깊은 영감은 그의 행동을 바꾸고 훌륭한 성인의 길로 들어선 결정적인 계기가 되었다.

서정성의 힘과 희망의 근거를 그림을 통해 보여주는 화가 한희원의 경우도 마찬가지이다. 젊은 날 진로를 찾지 못해 방황하던 시절, 여느 날과 마찬가지로 술에 취해 싸우다 피 묻은 몸으로 집에 돌아와 어머니 곁에서 쓰러져 잠들었다. 새벽녘 잠시 깨었을 때 옆에서 조용히 자신을 위해 기도하고 있는 어머니의 모습을 본 그는 강한 힘을 얻게 되었다. 어머니의 조용한 기도는 그가 방황을 멈추고 제자리로 돌아오는 심리적 힘으로 작용하였다.

이런 예들이 아니더라도 부모가 보여주는 기도의 자세는 자라는 아이들에게는 엄청난 힘을 발휘한다. 특정한 종교가 없는 사람이라 하더라도 누군가 자기를 위해 기도하는 모습을 기억한다면 어른이 되어 나쁜 길로 빠지더라도 다시 돌아오는 힘의 원천이 된다. 자식의 행복을 위해 밤을 새워 기도하는 부모, 자식 잘되기를 염원하는 부모의 모습이 각인된 아이는 행복한 인생의 텃밭을 마련해 놓은 셈이다.

유대인들은 '디아스포라(유대인들이 멸망해 세계 각지에 흩어져 살게 된 일)'라는 물리적인 이산현상에 나라 없이 각지에 흩어져 살면서도 독특한 자녀교육을 통해 민족의 명맥을 이어가며 가장 우수한 민족으로 지금까지도 인정받고 있다. 이렇게 우수하고 강한 생명력을 보이는 유대인의 어머니들이 하루 일과 중에 빼놓지 않고 꼭 이행하는 것 한 가지가 있다.

　저녁 시간 아이들이 잠들 무렵 아이들의 방에서 아직 문자를 배우지 않은 아이라도 침대 곁에 나란히 앉아 책을 읽어주고 부모가 바라는 바에 대해 이야기를 나누는 것이다. 하루도 빠지지 않고 행해지는 어머니의 기원과 따뜻한 보살핌은 아이가 강하게 자라고 자기의 뿌리를 잃지 않는 힘이 되었다.

　이 평화로운 하루 일과의 마무리를 우리 어머니들도 꼭 배웠으면 하는 바람이다. 하루도 거르지 않고 좋은 책을 읽어주고 좋은 이야기를 들려주는 부모, 하루도 빠지지 않고 자신을 위해 기도하는 부모가 있는 한 아이는 튼튼한 나무로 성장할 수 있을 것이다.

보살피는 것은 전부이다. 보살핌보다 더 중요한 것은 없다　—하겔

원칙을 세우고 자율을 강조하라

세계 최고의 경제단체인 세계경제포럼(WEF)에 의해 차세대 글로벌 지도자 100명 중 한 명으로 꼽히고 독일 MCM사를 인수하여 성주 인터내셔널 패션을 굴지의 업체로 키운 김성주 씨 어머니의 교육 방침은 매우 독특했다. 김성주 씨의 어머니는 자녀들이 어렸을 때 성경을 읽고 기도하는 일을 빼먹으면 잠을 안 재우는 벌을 주었고 그 외의 것에는 매우 자유롭게 아이들을 키웠다고 한다.

배울 만한 교육방법 중의 하나라는 생각이 드는데 부모들이 가지고 있는 가치관에 따라 아이가 매우 다르게 성장할 수 있다는 것을 구체적으로 보여준 사례이다. 부모가 아이의 일거수일투족을 간섭하려 들면 끝이 없다. 요즘 아이들은 부모가 알아듣지도 못하는 랩에 흥분하고, TV와 인터넷에 빠져 허우적대고 있다. 아이에게 원칙을 가르쳤더라면 아이는 좀 더 현명하게 자신의 취미와 학업을 병행할 수 있었을 것이다. 그러나 원칙을 제시하기보다는 공부해라, 거짓말 하지 마라, 나쁜 친구와 어울리지 말아라 등 눈에 보이는 현상에만 직접적으로 관여했기 때문에 아이들은 아이들대로 마인드 콘트롤이 안 되고 부모는 부모대로 골치가 아픈 것이다.

노래를 좋아하면 노래를 좋아하는 이유가 무엇인지, 노래가 생활 에 미치는 습관이나 영향은 무엇인지 아이 스스로 판단하게끔 자율 기반을 마련해 주어야 한다. 나쁜 친구와 어울리게 된다면 그 친구와 나 사이에 무엇이 친구로 유지하게 하는지, 친구의 개념이 무엇인지, 행동을 같이 한다는 것만으로도 친구가 되는 것인지 등등 자신이 가 진 친구에 대한 원칙을 세우도록 부모가 조언을 해주어야 한다.

다만 간과해서는 안 될 것은 아이가 자율적인 원칙을 스스로 세울 정도로 성숙한가에 대한 판단이다. 자율적으로 자신의 이성과 감성 을 움직일 수 있는 아이가 아니라면 어느 정도의 제재와 통제를 가해 야 하는데 그것 또한 부모로서 기준을 세우기가 힘든 것이 사실이다.

그러나 아이들은 천성적으로 자유로운 기질을 갖고 있다는 것을 알고서 접근해야 한다. 그런 아이들은 부모의 강한 통제 속에 지금은 하지 말고 나중에 커서 하라는 말에 쉽게 수긍하지 않는다. 만약 아 이가 부모의 통제를 잘 따른다 하더라도 그것을 다행스럽게 여기면 곤란하다. 틀에 갇힌 아이는 독특하고 자유롭게 자신의 사고를 지배 할 줄 몰라 성인이 되어 맞이하는 자유를 제대로 활용하지 못하고 혼 란 속에 방황을 거듭하기 쉽다.

아이가 자율적인 자기 조절 아래 맘껏 자신을 발산할 수 있는 공간 을 가정 내에서 가질 수 있게 배려해야 하며 그 안에서 절제하는 방법도 익힐 수 있게 조력해야 한다. 아이가 수많은 시행착오를 겪으며 스스로 자율성을 가지게 된다면 자율적이면서 자유로운 사람으로 삶을 행복하게 살아가는 데 자신감을 얻을 것이며 원칙과 자율의 적절한 조화는 그 힘의 큰 밑바탕이 되어줄 것이다.

마이크로소프트사의 창업자이자 세계적인 부호이며 자선 사업가인 빌 게이츠도 어린 시절 늘 부모의 말을 듣지 않고 다투는 아이였다. 그의 아버지는 빌이 11세 때부터 늘 부모와 다투고 집안의 골칫거리였다고 말한다. 그의 방은 엉망이었고 연필을 물어뜯고 식사시간에도 늦어 어머니 메리 여사에게 자주 꾸중을 들었다. 여동생 리비는 "그때마다 오빠는 심하게 대들었다"고 회상한다. 결국 부모는 상담가에게 빌을 데리고 갔고 빌은 상담가에게 "나는 나를 통제하려는 부모와 전쟁중"이라고 말했다. 상담가는 이런 싸움에선 결국 부모가 질 수밖에 없다고 조언했다. 그 이후 빌은 많은 자유를 부여받아 더 이상 부모의 간섭을 받지 않고 컴퓨터에 몰입할 수 있었다. 아이들의 자아가 성장해가는 시점에서 부모는 아이의 적절한 자율성을 인정할 수 있어야 할 것이다.

오늘 밤 부모된 우리는 고민을 해보자. 내 아이에게 자율성을 인정하면서 어떤 원칙을 제시한 적이 있는지, 적어도 이것만은 꼭 지켜야 한다고 말해준 것이 있는지……

자기 자신에게 가장 훌륭한 보호자가 되어라. 그로 인해 사람은 매사에 올바른 판단을 내린다 ―발타자르 그라시안

자녀의 단점을 뒤집어 보라

모든 사람에게는 다 좋은 점과 나쁜 점이 있다. 이 세상에는 완전한 장점도 완전한 단점도 없다. 예컨대 아이가 행동하기 전에 생각을 꿍장히 많이 하고 숙고의 과정을 거쳐 결론을 내린다면 부모는 이 아이가 참 신중하고 차분한 성격이라고 좋게 생각할 수 있다. 그러나 뒤집어 보면 빠르게 판단하고 행동해야 할 사안에 대해서도 깊게 고민하고 쉽게 행동에 옮기지 못해 순발력이 떨어지는 단점이 될 수도 있다. 또 어떤 아이의 경우 질문에 즉각적인 반응을 잘하고, 대답을 잘한다. 이런 아이는 반응은 빨리 하지만 시간이 좀 걸리더라도 곰곰이 사색하고, 깊은 생각을 도출해내는 능력은 부족할 수 있다.

부모는 단점이라고 생각되는 것을 다른 각도에서 장점으로 보는 훈련을 해야 한다. 아이에게 단점이 보인다고 해서 성급히 나무라고, 함부로 말함으로써 마음에 상처를 주지 말아야 한다. 자기의 단점은 누구보다 본인이 잘 알고 있기에 아이 스스로 단점을 고치려고 노력하고 있다면 장점화할 수 있는 기회를 마련해 주어야 한다. 이때는 부모의 긍정적 태도가 결정적으로 작용한다.

칼 융은 어릴 때부터 매우 민감하고 사색적인 소년이었다. 부모는 어린 융이 어른처럼 사색을 즐기는 것을 매우 불안해했지만 겉으로 드러내어 탓하지 않았다. 특히 그의 어머니는 융이 "내가 잘못했어요"라고 빌 때조차 "너는 늘 착한 아이였다"고 오히려 자식을 위로했다고 한다. 융의 부모는 융의 특수함을 늘 긍정적인 눈으로 지켜보았다. 한 번은 융이 난폭하게 구는 부잣집 아이를 흠씬 패준 적이 있었는데 어머니는 상대방 아이의 부모를 찾아가 형식적으로 그 앞에서 융을 꾸짖어 주기는 했지만 마음속으로는 융의 행동을 당연하게 평가했다고 한다. 물론 아이가 잘못을 저질렀을 때는 꾸짖음도 필요하지만 중요한 것은 아이가 스스로 행동할 수 있도록 조처를 해주는 것이다. 아이 스스로 잘못한 친구를 응징하는 방법을 택했지만 그 방법에 있어서 잘못이 있었음을 지적하였으되 아이가 내린 판단에 대해 부정적으로 대하지 않았던 것이다.

아이가 가진 단점도 장점으로 볼 수 있는 부모의 슬기로운 시선이 아이의 품성을 구기지 않고 개성으로 계발시킬 수 있는 방법임을 유념해야 할 것이다.

'노(NO)'를 거꾸로 쓰면 전진을 의미하는 '온(ON)'이 된다 ─노먼 빈센트 필

종교적 경외심이나 신앙심을 가르쳐라

종교적 경외심이나 신앙심은 인간을 겸손하게 만들어 준다. 겸손은
자신의 한계를 인정하고 열린 마음으로 세상을 배우려는 자세를 말
한다. 인간은 진실로 겸손해야 남에게 인정받을 수 있다. 겸손한 사
람은 무엇이든지, 누구에게서든지 배울 수 있는 자세를 갖고 있기 때
문에 그가 품을 수 있는 세상은 넓고 풍부하다. 뽐내지 않는 물처럼
낮은 데로 흘러서 모든 사람을 품을 수 있는 드넓은 사람을 만들어
준다.

1947년 세계보건기구(World Health Organization)에서는 건강한 사람
을 단지 질병이나 불구가 없는 것이 아니라 신체적, 정신적, 사회적
안녕이 이루어진 상태의 사람이라고 정의했다. 21세기에는 이런 견
해에 영적 안녕을 더해 건강한 사람을 정의하고 있다. 즉 인간의 온
전성에는 마음, 몸, 공동체 그리고 영혼까지 포함된다는 뜻이다.

인간의 발달과정에서 영적 발달이 함께 이루어지지 않으면 종교를 받아들이기 어렵다. 종교는 삶에 대한 두려움을 심어주는 것이 아니고 삶의 아름다움을 깨닫게 하는 것이며, 나아가 소멸될 수밖에 없는 육체의 두려움을 떨쳐버리게 하는 것이다. 현대 인류의 문명은 인간의 영성에 의존하지 않는다면 더 이상의 진보는 없을 것 같다. 신앙과 종교적 체험으로 승화된 인간만이 인류의 미래를 위해 희망의 발전을 이루어낼 수 있기 때문이다.

수천 년 동안 유대인들이 꺼져갈 듯하면서도 뚜렷하게 민족의 특성을 고스란히 유지해 온 것은 종교에서 비롯되었다. 그들은 종교를 떠나서는 아무것도 생각할 수 없었고, 종교를 도외시한 교육도 하지 않았다. 그들의 생활과 밀착된 종교 교육은 그들의 역사만큼이나 오랜 전통을 가지고 있으며 언제 어디서나 유대인의 의식을 강조하여 세계 각국을 유랑하면서도 유대민족으로서의 일체감을 갖게 하였고 국가통합을 이룩하는 데도 중요한 기능을 담당했다.

유대인의 교육은 토라와 탈무드를 주된 내용으로 하고 있다. 토라는 모세오경을 말하고, 탈무드는 유대민족의 구전법과 그 해석 그리고 종교지도자들의 율법에 대한 가르침이 기록된 책이다. 그들은 아이들을 가르칠 때에 학생 개개인을 민족의 일꾼으로 대하며 하느님의 선물로 또는 하느님의 손자들로 대하여 인격적으로 존중하면서 아이들을 가르쳐왔다. 그렇게 성장한 유대인들이 세계 역사에 기여한 점은 일일이 나열할 필요가 없을 것이다.

20세기 인류 문명은 이성적 인간이 주도했지만 21세기는 깊은 종교적 체험을 바탕으로 승화된 영적 인간이 주도할 것이다. 인간의 이성은 물질의 극대화, 환경의 파괴를 동반했다. 영성화한 인간만이 당면한 비극에서 참 삶에 대한 온유한 문명으로 개화할 수 있다. 바로 여기에 우리 아이들을 종교적으로 승화된 인간으로 길러내야 하는 이유가 있다.

신은 우리와 함께 있으며 또한 신은 인간보다 훨씬 큰 힘을 지니고 있다 ―톨스토이

희망을 만드는 사람이 되라

이 세상 사람들 모두 잠들고
어둠 속에 갇혀서 꿈조차 잠이 들 때
홀로 일어난 새벽을 두려워 말고
별을 보고 걸어가는 사람이 되라
희망을 만드는 사람이 되라

겨울밤은 깊어서 눈만 내리어
돌아갈 길 없는 오늘 눈 오는 밤도
하루의 일을 끝낸 작업장 부근
촛불도 꺼져가는 어둔 방에서
슬픔을 사랑하는 사람이 되라
희망을 만드는 사람이 되라

절망도 없는 이 절망의 세상
슬픔도 없는 이 슬픔의 세상
사랑하며 살아가면 봄눈이 온다
눈 맞으며 기다리던 기다림 만나
눈 맞으며 그리웁던 그리움 만나
얼씨구나 부둥켜안고 웃어 보아라
절씨구나 뺨 부비며 울어 보아라

별을 보고 걸어가는 사람이 되어
희망을 만드는 사람이 되어
봄눈 내리는 보리밭길 걷는 자들은
누구든지 달려와서 가슴 가득히
꿈을 받아라
꿈을 받아라

— 정호승

엄마의 정성이 들어간 음식을
많이 먹게 하라

예전에 비해 요즈음 아이들이 비만해지고 체력은 떨어졌다고 연일 TV에서 보도가 된다. 각종 인스턴트 음식이 풍부하게 공급이 되고, 촉진제로 성장시킨 농·축산물 그리고 교통 수단이 발달되어 많이 움직이지 않는 탓이라 한다. 게다가 엄마들은 한국 음식이 손이 많이 가는 이유 때문인지 아이들에게 음식을 해주는 것을 별로 즐거워하지 않는 것 같다. 바쁘다는 핑계로 간편한 패스트푸드나 인스턴트 식으로 끼니를 때우려는 엄마들이 많다.

사람의 기억 중에서 음식 맛에 대한 기억이 가장 오래간다고 한다. 2차세계대전에 참가한 군인들이 총탄이 나는 이국의 전쟁터 참호 속에서 가장 자주 떠올리던 기억은 어머니가 끓여주시던 따뜻한 수프 맛이었다고 한다.

엄마의 정성이 들어간 음식은 엄마에 대한 사랑의 기억이다. 아이들은 음식을 통해 몸에 필요한 영양분을 얻고 음식을 만든 엄마의 사랑과 정성을 통해 영혼을 보양한다. 아이들이 피자나 햄버거, 외식을 좋아하기 때문에 할 수 없이 사 먹인다고 하지만 처음부터 엄마가 길들이지 않았으면 되는 일이다.

엄마가 있는 부엌은 집에서 가장 따뜻한 곳이다. 토닥토닥 불씨를 튀기며 아궁이 앞에 앉아 장작불을 때시던 예전의 어머니나 대형 냉장고 문을 여닫으며 바삐 음식 준비를 하는 지금의 어머니는 모두 가족을 안정감 있게 다독거리는 역할을 한다.

중년 이후의 남성이 어렸을 적 어머니가 만들어 주신 음식을 무척 그리워하는 걸 종종 본다. 어머니가 만들어 주셨던 칼국수, 고구마순 무침, 청국장찌개를 아내에게 요구하지만 아내는 그 맛을 낼 수가 없다. 故박정희 전 대통령은 어머니가 된장으로 무쳐주신 비름나물을 가장 그리워하셨다고 한다. 육영수 여사가 만들어 준 비름나물은 아무리 정성을 들여 내놓아도 당신 어머니의 손맛을 따라가지 못했다는 아쉬움이 전해진다. 이는 사실 그 시절의 물리적 음식 맛보다도 음식을 통해 전달되었던 어머니의 심리적 사랑을 그리워하고 있기 때문이다.

비공식적인 행사에 더 많이 참가한 육영수 여사가 국군 장병들에게 보낼 크리스마스 선물 꾸러미를 만들기 위해 각료 부인들, 단체장 부인들과 모였을 때의 일이다. 육 여사가 어떤 장관 부인에게 "P장관은 뭘 즐겨드세요?"하고 묻자 장관 부인은 예상치 못한 질문에 대답을 못하고 머뭇거리며 아무거나 잘 먹는다고 했다. 육 여사는 다시 호박범벅을 만들 줄 아냐고 물었고 호박범벅을 만들 줄 몰랐던 장관 부인은 고개를 들 수 없었다. 이때 육 여사는 주위 사람들 모르게 그 장관 부인에게 이런 자리에 나오지 않아도 되니 요리를 좀 배우라고 타일렀다고 한다.

음식을 함께 나눈다는 것은 친밀감의 표현이다. 더군다나 엄마의 정성이 들어간 음식을 먹은 아이가, 길거리에서 파는 음식을 먹은 아이에 비해 가질 심리적 안정감과 강건한 체력은 비교도 되지 않는다.

많이 아팠던 어느 날, 다른 형제 아닌 나만을 위해 엄마가 끓여준 죽을 받아먹으며 엄마를 독점했던 행복한 한때를 떠올려 보자. 그 누구도 아닌 나를 위해 바친 엄마의 시간과 노동, 땀과 사랑이 그 죽 한 그릇에 다 담겨 있었다. 사랑받는다는 느낌은 바로 그런 작은 데서부터 전달이 된다. 지금 우리 가정에 손수 만든 음식을 같이 먹으며 아이와 대화하는 식탁이 있는지 돌아보자. 혹시 배달시킨 음식을 TV와 컴퓨터 앞에 앉아 각자 먹는 것은 아닌지 반성해 봐야 한다.

우리 집에서 재미있는 일은 모두 부엌에서 일어났다. 가족들은 무슨 일만 있으면 어머니가 계시는 부엌으로 달려갔다 —스테파니 벤 코빅

직업의 다양함을 가르쳐라

교육부 통계에 의하면 전문대학에 약 3,000여 개의 학과가 있고, 4년제 대학교에는 약 1,300개의 학과가 있다. 노동부 고용정보원이 펴낸 직업 사전에 의하면 약 12,000개의 직업이 있는 것으로 나타나 있다. 국방 관련 직업, 정부 관련 직업 등 조사가 안된 직업의 개수까지 모두 따지면 약 20,000여 개는 족히 넘을 것이라고 한다. 산업의 구조가 복잡한 미국의 경우 약 30,000여 개에 달하는 직업이 있을 것으로 추정해 볼 수 있다고 말한다.

그런데도 대부분의 부모들은 이 변화무쌍한 21세기에 직업을 보는 관점은 19세기를 벗어나지 못하고 있다. 간혹 TV에서 총명하게 생긴 아이들에게 앞으로 어떤 사람이 될 거냐고 물으면 으레 나오는 대답은 아직도 의사, 판사, 교수 등의 범주를 넘지 못한다. 참으로 안타까운 일이 아닐 수 없다.

직업에 대한 과거의 개념이 생계유지의 수단이었다면 현대의 개념은 삶의 의미를 추구하고 궁극적으로는 자아를 실현하는 수단이다. 아이들에게 직업의 의미를 잘 가르쳐 자기에게 맞는 일을 찾아갈 수 있도록 인도해야 한다. '문화 대통령'이라 부르며 아이들이 열광하는 가수 서태지도 고등학교를 채 마치지 않고 자신이 좋아하는 음악에 뛰어들어 시대의 우상이 되었다.

아이가 좋아하는 일을 직업으로 연결해주고 성공하게 하느냐, 못하느냐는 부모의 가치관과 아이의 노력에 달려 있다. 공부 못한다고 안달하며 아이를 침울하게 할 것이 아니라 직업 세계의 다양함에 부모가 먼저 눈을 뜨고, 아이의 능력, 취미, 적성을 잘 살려서 올바른 직업을 선택하도록 연구해야 할 것이다.

직업을 선택할 때는 학력, 자격조건, 일의 성격, 작업환경, 수입, 장래성, 고용기회, 생활양식, 승진기회, 삶의 만족도 등의 환경적 요인이 골고루 만족되어야 한다. 또한 심리적으로 직업의 가치, 직업의 흥미, 직업의 성격, 적성 및 학업 성취도 등도 고려되어야 한다.

구체적인 직업의 세계

- 노동부 홈페이지(www.work.go.kr)
- 한국청소년상담원(www.kyci.or.kr)
- 커리어넷(www.careernet.re.kr)
- 청소년세계(www.youth.co.kr)

칭찬을 아끼지 않는 부모가 되라

아이들은 부모나 다른 사람들에게 인정받기를 원한다. 그러므로 아이들이 바람직한 행동을 했을 때는 칭찬을 통해 얼마나 좋은 일, 훌륭한 일을 했는지를 스스로 알게 해주고 아이가 부모에게 인정받는 기쁨을 느끼도록 해주어야 한다.

우리는 '엄부자모'라는 전통적인 부모관에서 엄하다는 것을 아이들에게 칭찬을 해서는 안 된다는 것으로 오해를 했다. 칭찬을 많이 해주면 아이들이 자만에 빠져 교만하고 건방지게 될 것이라고 생각했다. 그래서 과거의 부모들은 '예쁜 아이 매 한 대 더 때리고, 미운 아이 떡 하나 더 준다'는 식으로 아이들을 교육해 왔다. 이런 식의 교육관 때문에 부모가 아이에게 잘되라고 칭찬은 하지 않고 엄하게만 대한 것이 아이들 마음속에 깊은 상처를 주게 되었다.

인간 행동에 관한 정교하고 과학적인 지식이 부모에게 조금이라도 있다면 이런 일은 충분히 해결이 가능하다. 인간은 인정받고 사랑받고 싶은 욕구를 채우면서 살아간다. 아이들이 좋은 행동, 바람직한 행동을 했을 때에 칭찬해 주고 격려를 아끼지 않으면 아이들은 계속해서 이런 행동을 하거나, 그런 행동을 하기 위해 더욱 노력한다. 궁극적으로는 부모의 칭찬과 인정이 없이도 바람직하고 좋은 행동이 습관으로 굳어진다.

아이의 나이가 어릴수록 다른 사람들이 많이 있는 데서 칭찬을 해주면 아이들은 더욱더 자신의 행동에 대해 자부심을 갖게 된다. 그 행동이 다른 많은 사람들에게까지 알려지고, 다른 사람에게까지 칭찬을 받거나 인정을 받게 되기 때문에 그 행동이 더욱 강화될 수가 있다. 예를 들면 아이가 동생을 잘 데리고 놀았거나, 손님이 오셨을 때에 엄마를 잘 도왔다고 가정해 보자. 그날 저녁 아버지가 돌아오신 후에 "오늘 윤하가 엄마를 많이 도와주었어요. 그리고 동생도 잘 봐주어서 얼마나 편했는지 몰라요."라고 말하면, 아빠도 함께 "우리 윤하가 엄마를 기쁘게 해주어서 아빠도 너무나 고맙고, 윤하가 대견스럽구나."하며 칭찬해야 한다. 이런 대화를 주고받는 가정은 서로의 유대감이 더 깊어질 뿐만 아니라 아이가 칭찬에 고무되어 더 좋은 행동을 하려고 노력할 것이다.

인간의 행동은 칭찬과 격려에 의해서 변화되고, 좋은 행동은 강화되는 것이다. 인간행동의 원리는 아이나 어른이나 별로 차이가 없다. 앞의 예는 아동의 경우를 들었지만 청소년의 경우도, 심지어 어른의 경우도 마찬가지이다.

일본인 에모토 마사루 씨는 물을 얼려서 결정 사진을 찍는 새로운 방법으로 물을 연구해오면서 아주 재미있는 사실을 발견하였다. 약국에서 파는 증류수를 사용하여 베토벤 교향곡, 모차르트 교향곡, 쇼팽의 이별의 곡 등을 들려주고 난 후, 그리고 시끄러운 음악을 들려주고 난 후에 물의 모양을 현미경으로 찍어 확인해 보았다. 좋은 음악을 들었던 물은 제각기 다른 아름다운 결정을 만든 반면 분노와 반항의 언어로 가득한 시끄러운 음악을 듣고 난 후의 물은 결정이 제멋대로 깨어진 형태로 나타났다는 것이다. 그는 내친김에 또 다른 실험을 하였다. 2개의 유리병에 물을 넣고 한 병에는 '고맙습니다'라는 글을 붙이고 또 다른 병에는 '망할 놈'이라는 글을 붙였다. 그리고 나서 현미경으로 관찰해본 결과 '고맙습니다'라는 글자를 붙인 물은 깨끗한 육각형의 결정을 만든 반면 '망할 놈'이라는 글자를 붙인 물은 시끄러운 음악소리를 들었을 때와 마찬가지로 제멋대로 흩어져 찌그러져 있었다.

이 연구는 결국 인간의 몸도 70%가 물로 되어 있기 때문에 우리가 인간을 어떻게 대해야 하는지를 시사해 주고 있다. 바로 이런 이유 때문에 아이들에게 칭찬과 격려를 아끼지 말아야 하는 것이다.

자신의 인생이나 다른 이의 인생을 얼마나 존중하는가를 보면 그 사람의 힘을 알 수 있다
— 버지니아 사티

아이의 잘못을 용서하라

아이들은 수시로 알게 모르게 실수를 많이 저지르고 잘못을 많이 한다. 그리고 곧바로 자기가 잘못했음을 알고 뉘우친다. 이때에 부모가 어떠한 태도를 취할 것인가가 앞으로의 아이들 행동에 아주 중요한 영향을 미친다. 실수할 수밖에 없었던 상황을 부모가 너그럽게 이해하고 아이의 아픈 마음을 감싸준다면 아이는 부모의 따뜻한 마음에 감동을 받고 다시는 그런 행동을 하지 않도록 스스로 다짐하게 될 것이다. 아픈 마음을 더 다그치고 호되게 야단을 친다면 이는 마치 상처에 소금을 뿌린 격이 되는 것이다.

영국의 문호 셰익스피어는 '남의 잘못에 대하여 관대하라. 오늘 남의 잘못은 바로 어제 나의 잘못이었던 것을 생각하라'는 명언을 남겼다. 허물을 덮어주고 잘못을 용서하는 부모가 성숙한 부모이다. 너그러운 용서의 경험이 아이에게 누적될 때 그 아이는 자라서 다른 사람의 잘못을 용서하는 너그러운 성격의 소유자가 될 것이다. 만일 부모가 아이의 허물을 덮어주지 못하고 그때그때 지적하고 넘어간다면 아이의 마음은 피폐해지고, 그 아이 역시 남을 용서하지 못하는 편협한 인간이 될 것이다.

인간의 삶의 모습을 가만히 들여다보면 '사랑과 용서'로 요약될 수 있다. 용서하는 인간, 어떤 점에서는 사랑하는 인간보다 훨씬 더 승화된 인간의 진면목이리라.

마하트마 간디는 중학 시절 나쁜 친구들과 사귀게 되어 부모 몰래 육식도 하고 담배도 피웠으며 심지어는 집에서 심부름하는 하인 주머니에 손을 넣어 돈까지 훔쳤다. 그러나 간디는 얼마 있지 않아 그 모든 죄를 종이에 낱낱이 써서 병상에 누워 있는 아버지 앞에 바친 후 처벌받기를 간청했다. 평소 불 같은 성격의 아버지는 말없이 눈물을 흘렸고 소년 간디도 역시 뜨거운 눈물로 회개했다. 청소년들이 일시적인 탈선 행위를 저질렀을 때 말없이 사랑의 눈물로 꾸짖는 부모가 있다면 그들의 아이는 변화할 가능성이 있다. 간디는 그때에 비폭력 운동의 씨앗이 자기 마음에 싹텄다고 고백하고 있다.

수원지방검찰청의 '자녀 안심하고 학교보내기 운동' 담당 검사였던 양영환 검사는 이런 경험을 털어놓는다. 어느 날 수원지검에 한 남학생이 전화를 걸어왔다. 모 중학교의 김군(당시 15세)은 자신이 수개월째 반 친구들로부터 집단 괴롭힘을 당하고 있음을 호소해 왔다. 그리고 자신을 전학시켜달라고 애원했다. 양 검사는 가해 학생과 피해 학생을 모두 불러 화해할 것을 권유했으나 피해자인 김군은 생각조차 하기 싫은 눈치였다. 가해 학생들을 통해 확인한 결과 김군의 피해는 모두 사실이었고, 그 정도는 너무 심각했다. 검사는 일벌백계의 차원에서 가해 학생 중 주동자 한 명을 구속하기로 했다. 주동자를 꾸짖으면서 오늘 구속영장이 청구될 것이라고 하자 잘못했다고 꿇어앉아 울면서 매달렸다.

이미 늦었다고 호통을 치고 있는데 뜻밖의 일이 벌어졌다. 멀찌감치 서 있던 김군이 양 검사에게 달려와 주동자 아이와 함께 꿇어앉아 "잘못했다고 말하잖아요, 용서해주세요."라고 큰소리로 말하며 눈물을 흘리는 것이었다. 그날 이후 김군과 그 주동자는 가장 친한 친구가 되었다. 양 검사도 그 주동자를 매주 하루씩 불러 선도 경과를 본 후 진심으로 노력하고 있음을 확인하고 아무런 처벌도 하지 않았다고 한다.

남을 용서할 줄 아는 사람은 그 자신이 먼저 용서받아본 경험이 있을 것이다. 한 인간이 자신을 괴롭힌 인간을 용서하고 그의 허물을 덮어주는 것보다 더 큰 사랑의 실천은 없다.

남을 용서할 줄 아는 사람으로 자녀를 키우고 싶거든 부모가 아이를 용서하는 모습을 먼저 보여야 할 것이다.

용서한다는 것은 "용서하겠다"라고 말하는 것이 아니다. 그 상대에 대한 미움, 적의를 자기의 마음으로부터 제거하는 것이다 ─톨스토이

다른 것은 틀린 것이 아니고
단지 다를 뿐이다

우리는 단일민족, 한겨레를 이루면서 반만 년의 유구한 역사를 이어오고 있다. 이 지구상에 그토록 오랜 전통을 지닌 한 국가가 한민족으로 이루어진 나라는 우리나라가 유일하다고 한다. 그러면서 아이들에게 이런 것의 장점만을 주입시켜왔다. 그래서 나와 다른 것은 틀린 것이라는 생각을 무의식중에 갖게 되었는지도 모른다. 모두 다 같은 색의 피부, 같은 색의 머리카락, 같은 색의 눈을 가지고 있다. 그 결과로 아이들은 나와 다른 것은 참아내거나 견디지 못하는 특성을 갖게 되었다.

　뿐만 아니라 우리나라 사람들은 '~이 다르다'라는 표현을 써야 할 때에 '~이 틀리다'라고 쓰는 경향이 많다. 이제는 우리들의 일상용어부터 제대로 써나가면서 나와 네가 다르고, 한 다름과 다른 한 다름이 모여 우리라는 공동체를 이루어 나갈 수 있음을 가르쳐야 한다.

서양 사람들은 외국 여행을 가면 꼭 그 지방의 음식을 먹어 보고, 그 민족의 전통 의상을 사서 입고 다니는 등 새로운 문화적 체험을 하면서 자신의 삶 속에 통합시키려고 한다. 반면에 우리는 어쩌다 외국 여행이라도 가서 우리 음식을 하루만 먹지 못해도 견디지 못하고 파리에서, 뉴욕에서 한국식당을 찾느라고 야단법석을 떤다. 앞으로 이런 행동들이 계속된다면 세계의 주도적 시민으로서 자질을 확보하는 데 많은 어려움이 있을 것이다.

　　프랑스 사회 저변에 흐르는 정신은 똘래랑스(tolerance)라는 단어로 표현된다고 한다. 이 말의 사전적 의미는 '남의 종교, 남의 사상에 대한 관용'으로 설명되어 있다. 프랑스 문화가 강력한 힘을 발휘하는 것은 나와 다른 것을 싫어하고 배척하는 것이 아니라 바로 받아들이고 수용하는 똘래랑스 정신에 기인한다고 말한다.

　　프랑스에서는 곳곳에서 남을 배려하는 모습을 볼 수 있다. 운전을 할 때, 보행을 할 때, 주차를 할 때 등 생활이 있는 곳에서는 어디든지 남을 먼저 배려하고 그 다음 자신을 생각한다. 프랑스 요리가 명요리인 것은 어느 나라 사람이나 즐겨 먹을 수 있기 때문이요, 프랑스인이 미식가인 것은 어느 나라 음식이나 즐겨 먹을 줄 알기 때문이다. 어떤 문화나 수용하는 힘이 곧 그 나라의 문화의 크기라는 것이다.

　　우리도 아이들에게 남과 다름을 수용하고 다른 사람에 대한 배려 정신 등을 잘 가르쳐 나간다면 사회적 문제로 확산되고 있는 아이들의 왕따 현상을 근본적으로 해결할 수 있으리라 믿는다.

　　아이들이 집단 괴롭힘이나 따돌림을 하는 이유는 매우 다양하다.

공부를 잘해서, 집이 잘 살아서, 잘난 척을 해서, 얼굴이 예뻐서, 너무 뛰려고 해서, 좋은 아파트에 살아서 등등 이루 헤아릴 수 없이 많다. 그래서 이런 이유로 왕따를 당했던 아이들은 뛰지 않으려고, 보통의 평범한 아이가 되려고 무던히 애를 쓴다. 참으로 안타까운 일이 아닐 수 없다. 어떤 특성들은 공동체적인 삶에 역기능을 줄 수도 있지만 어떤 특성은 잘 계발되면 각 개인의 고유함과 독특함으로 연결될 수 있다.

그러므로 타인이 나와 다름을 가르치지 않는 것은 아이들의 기를 죽이는 것이고, 존중되어야 할 개성을 사라지게 하는 것이다. 아이들에게 우리는 서로 다른 존재, 얼굴, 키, 성, 생각, 행동, 가치관이 다른 존재임을 가르치고 다르다는 것이 틀리거나 나쁜 것이 아님을 알게 해야 한다. 그랬을 때에 우리 아이들이 받아들이는 삶의 폭은 넓어질 것이고, 깊이는 깊어질 것이며 소위 말하는 삶의 질은 고양될 것이다. 더군다나 다문화 가정이 증가하고 있는 이 시대에 이것은 아이들이 꼭 갖추어야 할 덕목이다.

자기 사고의 바탕을 바꿀 수 없는 사람은 현실 문제도 바꿀 수 없으며 결국 아무런 진보도 이루지 못한다 ―안와르 사다트

지나친 물질적 풍요를 제공하지 말라

적당한 결핍은 축복이라고 한다. 아이들에게 그들이 원하는 것을 무엇이든지 들어주고픈 마음을 자제해야 한다. 그리고 부자가 아니기 때문에 못해 주는 것에 대해서도 너무 안타까워할 필요는 없다. 부모 자신이 인간으로서의 기품과 자존심을 잃지 않고 행동한다면 그것이 바로 그 아이들에게 성장 과정에서 가장 중요한 배움이다.

'헝그리 정신'이라는 말도 있고 책도 있는데, 바로 이런 내용을 다루고 있다. 우리나라가 전쟁의 폐허를 딛고 세계 13위의 경제대국으로 성장했던 것도 너무나 가난했기 때문에, 가난에서 벗어나고자 했던 강한 동기 때문에 가능한 일이었다. 부모가 넉넉지 않아 물질적으로 풍요로운 환경을 제공해 주지 못한다고 하더라도 그것은 자녀의 발판이 되는 것이지, 수치도 절망도 아니다.

환경미화원을 아버지로 둔 서울대 법대졸업생 박경진 씨는 자신의 책 『아버지가 사는 이유, 내가 공부하는 이유』에서 이런 말을 한 적이 있다. '자신의 일에 당당한 아버지, 아버지는 언제나 그랬다. 가난을 결코 두려워하거나 수치스러워하지도, 그를 핑계로 자신을 자학하거나 주눅 들지도, 가족을 등한시하지도 않으셨다.' 바로 이런 부모의 태도가 자녀에게 필요한 것이지, 무조건 자식이 원하는 대로 다 해주거나 못해준다고 자학할 필요는 없는 것이다.

세계적으로도 마찬가지이다. 세계여행을 하거나, NGO활동(비정부기구활동)을 하는 사람들의 이야기를 들어보면 가난한 나라의 아이들일수록 열심히 공부한다고 한다. 풀리지 않는 문제를 들고 와서 몇 번이고 물어 기어이 풀고 마는 강한 의지를 가졌다고 한다. 필자가 미국에서 유학할 당시에도 가난에서 벗어나겠다는 의지 때문인지 후진국에서 온 유학생들일수록 인생에 대한 고뇌가 치열하고, 고뇌가 치열한 만큼 공부도 열성적이었다.

인도의 어떤 현자는 사람다운 사람의 기본 전제로, 이삼 일이나 일주일 간격으로 끼니 걱정을 해야 하는 가난이 필요하다고 말했다. 깊은 진리를 담고 있는 말이다. 현대 산업문명이 안고 있는 딜레마는 가난으로부터의 해방이라는 물질적 결과를 성취하는 대신 인간의 정신은 피폐해졌다는 사실에 있다. 지나친 물질적 풍요는 자녀 교육에서 경계해야 할 대상에 속한다.

가지각색의 기묘한 차림을 한 오렌지족이나 고급 승용차에 월 기백만 원 이상의 용돈을 뿌리고 다니며 강남 일대의 환락가를 누비는 아이들은 무엇 하나 부족한 것이 없다. 모든 것을 부모 세대에서 이루었기 때문에 무엇인가가 되고 싶은 삶의 꿈과 목적을 잃어버린 아이들이다. 삶의 가치나 정신의 풍요와 함께 이루어지지 않은 물질적 풍요는 삶의 빈곤을 낳는다는 점을 잘 기억해야 한다.

성경을 읽지 않으면 잠을 안 재운 어머니 밑에서 자란 김성주 씨의 이야기를 잠깐 언급할 필요가 있겠다. 그녀는 대성그룹의 막내딸이었고, 1000평이 넘는 집에서 손에 물을 묻히는 일이라곤 샤워나 목욕을 할 때뿐인 유복한 환경에서 자랐지만 항상 시장 옷이나 언니 옷을 물려 입고 컸다고 한다. 그녀는 왜 이렇게 구박을 받으면서 살아야 하는가에 대한 강한 불만이 있었다고 한다. 그러나 지금은 어머니의 이런 태도를 감사하게 생각한다고 말한다. 그녀에게는 부자들에게 보이는, 은연중 풍기는 교만함이 없으며 이런 태도를 기반으로 성주 인터내셔널을 창업하여 세계의 글로벌 인재로 인정받을 수 있었다. 적절한 결핍은 축복이라는 사실을 잊지 말기 바란다.

돈으로 살 수 있는 '행복'이라는 상품은 없다 ─ 헨리 벤 다이크

미국 부자들의 자녀교육 지침

21세기 초 뉴욕의 갑부들이 맨하탄의 크리스티 경매장에 모였다. 값비싼 예술품을 구하기 위해서가 아니라 자녀를 잘키우는 데 필요한 조언을 듣기 위해서였다. 100~500달러(우리 돈 12만 원~60만 원)씩 내고 도시락으로 점심을 때운 토론에서 전문가들이 제시한 조언은 다음과 같다.

● 인생의 의미는 비싼 옷·비행기·별장이 아닌, 일·교육·타인에 대한 배려로부터 나온다. 부모가 이를 자녀에게 직접 보여주어야 한다

● 하인이 있더라도 옷장 정리, 설거지 등은 직접 하게 하라

● 자녀가 다섯 살이 되면 가난한 사람을 돕기 위해 시간과 돈을 투자할 의무가 있다는 점을 인식시켜야 한다

● 자녀의 용돈은 요구한 것보다 약간 적게 주고 일부는 자선 기금으로 적립하게 하라

● 다른 부모들과 자주 만나 용돈, 신용카드 사용 등에 관한 보편적 기준을 파악하라

● 부모의 지갑이 무제한이 아니라는 점을 인식시켜라

● 열 살이 넘으면 가족의 재산, 재산과 관련된 의무에 대해 구체적이고 솔직하게 토론하라

● 재산을 전혀 물려주지 않는 것은 인간적인 방안이 아닐 뿐 아니라 자녀를 비뚤어지게 한다. 적당한 재산을 물려주고 나머지 재산으로는 재단을 설립해 자녀가 돈의 사용처를 결정할 수 있도록 하라

삶의 기준이 되는 신념을 심어 주어라

너무 지나친 풍요는 정신적 빈곤을 낳는다고 했지만, 넉넉한 환경에서 자라는 것이 반드시 나쁘다는 것을 의미하는 것은 아니다. 물질의 지나친 결핍이나 모진 시련은 그것을 극복하는 과정에서 인간을 성장시키고 정신적으로 강건한 사람을 만들기도 한다. 하지만 많은 경우 그 사람이 가진 본래의 순수한 품성을 해치기도 하고 인간 자체를 파멸로 몰고 갈 수도 있다. 실제로 비행 청소년들 중에는 가정환경이 불우한 경우가 그렇지 않은 경우보다 많다.

그러므로 청소년들에게 가장 좋은 성장조건은 물질적 풍요와 더불어 정신적 풍요가 적절히 조화된 것이라 할 수 있다. 그러기 위해서는 물질을 정신적으로 다룰 줄 아는 삶의 분명한 신념과 올바른 가치관을 심어주어야 한다. 신념은 환경의 변화에도 굴하지 않고 자신의 본성을 지켜나갈 수 있는 힘이 되기 때문이다.

슈바이처 박사는 지금은 프랑스령인 당시 독일의 알자스 지방에서 목사의 장남으로 태어났다. 비교적 부유한 환경에서 자라던 그는 어느 날 하굣길에서 친구들과 한판 힘겨루기를 가져 이겼다. 그 사건은 그에게 중요한 변화를 가져오게 되는데 그 계기는 친구의 말 때문이었다. "나도 너처럼 좋은 환경에서 고기를 먹고 자랐으면 이길 수 있어."라는 친구의 말에 어린 슈바이처는 충격을 받고 만다. 나와 다른 환경에서 자라는 사람이 있고 자신은 비교적 선택된 삶을 살고 있다는 사실을 깨닫게 된 것이었다. 감수성이 예민한 슈바이처는 이 말을 듣고 다른 사람을 위해서 봉사하며 살리라는 신념을 갖게 된다.

슈바이처는 부유한 환경에서 부러울 것 없이 자랐다. 오르간 연주자에서 철학 공부에 이르기까지 그는 자신이 하고 싶은 것을 마음대로 하면서 서른 살까지 살게 된다. 자신에게 주어진 풍요한 환경에서 자신의 재능을 마음껏 펼치는 이로 살았더라면 우리는 지금 아프리카의 아버지 슈바이처를 기억하는 게 아니라 철학자 슈바이처나 음악가 슈바이처를 기억하고 있을지도 모른다.

그러나 그는 자신이 좋아하는 모든 학문과 예술을 하는 순간에도 어린 시절 자신에게 했던 다짐을 잊지 않았다. 서른여덟이라는 적지 않은 나이에 기어이 의사가 되어 아프리카로 가서 봉사의 삶을 살다가 아흔의 나이로 그곳에서 세상을 떠났다.

우리는 여기에서 한 인간에게 중요한 것은 풍요로운 물질적 환경도, 지나친 정신적 고결함도 아닌 자신과의 약속이요, 삶에 대한 신념이라는 것을 확인할 수 있다.

그의 어린 시절이 지금 우리가 기억하는 인권운동가 슈바이처처럼 너그럽고 사랑이 풍부한 것은 아니었다. 친구들과 싸움질도 하고, 부모의 말을 잘 듣지도 않는 그런 시절이 있었다. 하지만 그의 부모는 어떤 제재도 가하지 않았다. 어릴 때부터 그의 박애정신의 싹을 보았기 때문에 그의 신조대로 살도록 부모는 내버려두었다. 그 오랜 시간을 거쳐서 슈바이처 박사가 탄생한 것이지 신념이 없는 나약한 인간이었다면 평범한 인간으로 머물렀을 것임이 틀림없다.

신념이 없는 인간은 어떠한 일이 펼쳐질지 알 수 없는 인생의 장도에서 낙오자로 남기 쉽다. 조금만 어려운 일이 닥쳐도 포기하고, 조그마한 성공을 이루면 교만을 품어 주위사람들로부터 미움을 사기 쉽다.

신념은 다쳤을 때 상처를 꽁꽁 감싸두는 붕대와도 같다. 붕대를 감고 있는 한 달리거나, 물이 들어가거나 어떤 압력을 가해도 어느 정도 상처를 아물게 하면서 보존을 할 수 있다. 그러나 붕대를 풀어버리면 상처는 더욱 심해진다. 인간의 신념도 이와 마찬가지이다. 마음속에 쉽고 안일한 길을 가려는 습성, 중도에 쉽게 포기하려는 습성, 성공을 쉽게 이루려는 비열한 마음 등을 꽁꽁 묶어주는 자기만의 법률로 자리잡는 것이 바로 신념이다.

내 아이가 한 사람의 멋진 인간이 되기를 바라거든 적당한 물질적 풍요와 더불어 확고한 정신적 신념을 심어주어라. 신념을 심어주고 이끌어주는 데 무엇보다 필요한 존재는 부모와 가정 환경이다. 그러기 위해서는 부모부터 자녀 교육에 대한 올바른 신념을 가지고 자녀를 대해야 할 것이다.

1970년대 암울했던 독재의 시기에 서정적 음악으로 많은 젊은이들의 허무를 어루만져준 가수 윤형주 씨는 세 자녀를 모두 잘키워내 자식농사를 잘 지으신 분으로 알려져 있다. 이는 부친의 가르침대로 아이들을 섬기면서 기르려고 노력한 결과라고 한다. 그의 선친은 "바다가 강들을 모두 포용할 수 있는 것은 강보다 낮은 곳에 있기 때문이다"라고 가르쳐 왔는데 그는 바로 이것이 아버지가 보여주어야 할 진정한 리더십과 섬김이라는 신념을 갖게 되었다고 한다. 신념은 인간 행동의 원천이기 때문에 어떤 신념으로 세상을 살아가느냐에 따라 각 개인은 그에 따른 여러 가지 열매를 맺게 된다는 사실을 기억해야 할 것이다.

콜럼버스를 존경하는 것은 그가 신세계를 발견했기 때문이 아니라 하나의 생각에 대한 믿음을 갖고 행동했기 때문이다 ─로버트 자케스 쿨고트

좋은 말을 듣고 자란 아이는
좋은 말을 할 줄 안다

좋은 말은 좋은 사람을 키우고 나쁜 말은 나쁜 사람을 키운다. 언어
는 습관으로 길들여지기 때문에 어려서부터 고운 말, 바른 말을 쓰도
록 부모가 바른 언어 습관을 가져야 한다. 인간은 어느 정도 성숙한
다음에는 언어를 통하여 생각을 하고, 생각에 의해 움직인다.

어린 시절부터 부모에게 그리고 주위의 어른들에게 좋은 말을 많
이 들은 아이는 좋은 생각을 가지고 좋은 행동을 한다. 반면 나쁜 말
이나 욕을 듣고 자란 아이는 나쁜 생각을 하게 되고, 행동이 바르지
못하고 거칠게 되기가 쉽다.

부모는 아이에게 덕담을 많이 함으로써 아이의 자존심을 키워주고
부모의 사랑을 느끼게 해주고, 아이를 응원해 주어야 한다.

프랑스의 대표적 소설가 알퐁스 도데의 「마지막 수업」은 바로 인
간의 문화를 지배하는 언어의 중요성을 다룬 소설이다. 당시 프랑스

와 독일의 접경 지역에 있는 알자스 · 로렌 지방은 철 생산지로 유명했고, 그래서 독일과 프랑스는 이 지역을 차지하기 위한 각고의 노력을 보인다. 「마지막 수업」은 이 지역이 프랑스에서 독일로 넘어가는 시점을 시대적 배경으로 하고 있다.

불어를 가르치는 아멜 선생은 학생들에게 이렇게 당부했다. "너희는 프랑스 인이라고 우겨대면서 너희 언어를 말할 줄도 몰라." 선생님은 아이들에게 타이른다. "프랑스 말은 세계에서 가장 아름답고, 가장 분명하고, 가장 확실한 말이라는 것, 그리하여 우리가 잘 간직하고 잊지 말아야 한다는 것. 왜냐하면 한 겨레가 남의 노예가 되었더라도 자기 말만 잘 간직하고 있으면 그것은 감옥의 열쇠를 쥐고 있는 것과 마찬가지이기 때문이다."

그렇다. 언어에는 인간의 정신을 지배할 수 있는 힘이 들어 있다. 세계적으로 프랑스 사람들은 자기 나라 말을 아끼고 잘 쓰려고 하는 민족으로 평가된다. 때문에 프랑스 문화 또한 우수하다고 정평이 나 있고, 그 문화에 대한 애정 또한 유난하다고 알려졌다. 말은 문화의 핵심이다. 말이 행동의 씨앗이 되어 어떤 결과를 가져온다는 뜻이다. 그 말이 생각으로 이어지고 생각이 행동을 불러와 말한 대로 이루어지는 경우가 대부분이며 때로는 그 말에 특별한 힘이 있기도 하다.

우리나라는 전통적으로 아이들이 어렸을 때에 잠을 재우면서 자장가 교육을 많이 했다. 자장가는 어머니가 아이에게 해주고 싶은 덕담을 많이 담고 있었다.

'자장 자장 우리 애기, 부모에게 효자동이, 형제간에 우애동이, 동네에는 화목동이, 나라에는 충신동이.'

엄마가 아이에게 하고 싶은 덕담을 이렇듯 노래로 부르면서 가르친 지혜를 본받아야 한다.

조금은 부모의 욕심에 못 미치는 아이라도 잘 했다고, 좋은 아이라고 덕담을 많이 해주면 좋은 아이로 자라게 된다. 욕이나 비난의 말을 쓰게 되면 그 말의 쓰임새처럼 아이는 비난받을 행동을 하게 된다. 부모가 덕담을 많이 해주어야 하는 이유는 여기에 있다.

현명한 사람의 입은 가슴에 있고, 어리석은 사람의 마음은 입에 있다 ─솔로몬

자녀에게 희망을 주는 부모 아홉 번째

항상 희망을 불러일으키라

아이들은 자라면서 실수도 하게 되고 자신이 이루고자 하는 것들을 잘 이루지 못하고 패배를 맛볼 때가 있다. 때에 따라서는 이것이 자주 나타나기도 하는데, 그때마다 아이들은 침울해지고 풀이 죽는다.

부모는 그럴 때 어떻게 행동해야 할까. 대부분은 그것을 지켜보는 부모가 더욱 고통스럽고 속상해한다. 그러면 아이들은 더욱더 괴로워 어찌할 바를 모르게 되고 우울해진다. 부모는 아이에게 인간은 성공보다는 실수와 실패의 경험을 통해서 더 많이 배울 수 있음을 격려해야 할 것이다. 아이들이 소중한 것은 희망의 덩어리, 바람직한 가능성의 증거가 될 수 있기 때문이다.

성장기에 있는 아이의 단순한 행동을 보고 쉽게 절망하는 것은 절대 금물이다. 뿐만 아니라 아이가 어떠한 절망적인 상황에 이르더라도 그 상황에서 희망을 볼 수 있는 마음의 여유를 가르쳐야 한다. 희망은 절망의 땅에 피는 꽃이기 때문이다.

사람은 자신이 생각하는 대로 살지 않으면 사는 대로 생각하게 된다. 절망의 순간에 희망을 생각하면 희망적인 삶을 살 수 있지만, 희망을 생각하지 않으면 그대로 절망으로 이어진다는 사실을 기억해야 할 것이다. 절망은 인간을 파괴하지만 희망은 인간을 성장시킨다.

암환자들이 희망을 포기하지 않으면 생명의 연장도 가능하거니와 병을 극복하고 치유할 수도 있다. 현대 외과학의 아버지 앙브르와즈 파레는 늘 동료 의사들에게 '비록 죽음이 임박했을지라도, 항상 환자에게 희망을 주라'고 조언했으며 자기 자신도 그렇게 실천을 했다.

그는 중환자에게 희망마저 없다면 죽음은 기정사실이 된다고 믿었다. 그 시절 흔히 의사들이 환자들에게 줄 수 있는 약은 희망이었다. 군대에서 외과의사로 활약했던 파레는 당시의 총상치료방법을 혁신시켰다. 이전에는 끓는 기름으로 총상을 소독했는데, 파레는 뜨거운 기름 대신 계란 노른자와 장미 기름 그리고 테레빈 유 등을 섞어 치료했다. 비록 검증되지 않은 처방이었지만 총상을 입은 병사들에게 그 치료법은 희망 그 자체였다. 그는 동료들에게 '비록 우리들이 보기에는 가능하지 않을지라도 환자들에게 치유가 가능하다는 희망을 주어야 한다'고 조언함으로써 우리 몸의 막강한 적과 맞서 스스로 치유하기 위해 다시 기운을 회복하는 소위 '기적적인 치유'의 여지를 남겼다. 그는 환자에게 희망과 용기를 선물한 의사였던 것이다.

암환자에게 병명을 밝힌 순간부터 병이 악화일로에 놓여 빠르게 죽음의 문턱에 이르는 경우도 본다. 반대로 악전고투하면서도 삶에 대한 희망으로 기적적으로 소생하는 경우도 볼 수 있다.

그리스 신화인 '판도라의 상자'를 떠올려 보자. 판도라는 남편이 절대로 열어서는 안 된다는 상자를 열어 분노, 질투, 시기 같은 모든 재앙 들이 세상으로 쏟아져 나오게 하고 만다. 깜짝 놀라 상자를 닫았지만 이미 늦었다. 그러나 '희망'이 상자에 남아 있음으로써 재앙으로 고통받는 사람들에게 용기와 위안을 주게 된다는 잘 알려진 신화이다.

괴테는 『파우스트』에서 인간은 아무리 괴로운 처지에 놓였어도 최후의 순간까지 희망을 가져야 한다고 말했다. 헤밍웨이는 「노인과 바다」에서 인간이 희망을 저버리는 것은 심지어 죄(罪)라고까지 말하였다. 전투에서 절망적인 상황에 처했던 나폴레옹은 '나에게는 비장의 무기가 있다. 그것은 희망이다'라고 했다.

우리의 뇌 속에 세라토닉이라는 호르몬이 분비되면 기분이 상승하면서 희망적인 기대를 가진다고 한다. 그래서 지금 몇몇 제약회사에서는 어떻게 하면 이 세라토닉 호르몬을 추출해서 주사제로 만들지를 연구하고 있다.

그러나 약에 의존하기보다는 마음을 잘 조절해서 희망을 갖도록 해야 한다. 희망은 삶의 마지막 보루임을 잊지 말아야 한다.

희망과 인내는 만병을 다스리는 두 가지 약이니, 역경에 처했을 때 의지할 가장 믿음직한 자리요 가장 부드러운 방석이다 ─로버트 버턴

가정

지상에는
아홉 켤레의 신발,
아니 현관에는, 아니 들깐에는
아니 어느 시인의 가정에는
알전등이 켜질 무렵
문수가 다른 아홉 켤레의 신발을

내 신발은
십구 문 반.
눈과 얼음의 길을 걸어
그들 옆에 벗으면
육 문 삼의 코가 납작한
귀염둥아 귀염둥아
우리 막내둥아.
……

아랫목에 모인
아홉 마리의 강아지야
강아지 같은 것들아
굴욕과 굶주림과 추운 길을 걸어
내가 왔다
아버지가 왔다
아니 십구 문 반의 신발이 왔다
아니 지상에는
아버지라는 어설픈 것이
존재한다
미소하는
내 얼굴을 보아라

— 박목월

좋은 가족이 되는 방법 첫 번째

가족을 소중히 여기는 아이가
미래에 성공한다

상담을 받으러 오는 아이들 중에는 부모들이 다녔던 학교나, 학력은
물론이고 부모의 나이도 모르는 경우가 있다. 이는 부모와의 기본적
인 상호작용조차 없었다는 것을 말해주고 있다. 서로 소가 닭 보듯
하면서 정서적 유대가 전혀 없는 가족들도 많이 있다. 그런 가정에
서 자란 아이들은 예외없이 여러 가지 유형의 정서적인 문제를 일으
킨다.

　가족은 신이 우리에게 부여한 가장 소중하고 아름다운 인간 관계
이다. 그래서 가족의 해체는 가장 슬픈 드라마이며 인류 최대의 비극
일 수밖에 없다. 남북의 분단으로 인하여 우리 민족은 세계에서 유래
없는 이산의 아픔을 겪었다. 우리는 지난 2000년 8월 15일부터 2박
3일 동안 전개된 세계적이고 세기적인 드라마를 우리 스스로 연출하
고 공연하였다. 7천만 아니 전 인류에게 감동을 준, 연기가 아닌 사

실을 드라마로 연출한 대서사시였다.

남북을 가로막은 38선의 장막을 걷어올린 것은 정치도, 경제도 아닌 가족이었다. 50년 동안 아들을 기다려온 아흔의 노모는 다 늙은 아들을 보자 그대로 정신을 놓아 버렸다. 동생을 찾은 오빠는 누이의 얼굴을 더듬으며 어린 누이의 얼굴을 떠올리고 어린 누이는 기억나지 않는 오빠의 얼굴 속에서 돌아가신 아버지의 얼굴을 발견했다. 50년이라는 세월도 가족의 닮은 얼굴과 정은 어쩌지 못했다. 세월을 넘고 분단을 넘어 피는 물보다 진함을 다시 한 번 확인시켜 주었다. 또한 KBS 제1TV에서 10년 이상 매주 수요일 아침마다 방영하고 있는 〈그 사람이 보고 싶다〉는 헤어진 가족들이 얼마나 피눈물나는 아픔과 고뇌로 절규하는지 보여줌으로써 우리에게 가족의 소중함을 생생하게 전달해 주고 있다.

뿐만 아니라 우리는 명절마다 민족의 대이동을 보며 엄청난 민족적 에너지를 느껴왔다. 바로 이것이 우리 민족을 지켜주어, 지구상 220여 개 국가 중에 인구 보유율로는 25위, 국민총생산량으로는 13위라는 강력한 국가로 살아남게 한 힘의 원천이 되었다.

가족은 항상 곁에 있기 때문에 그것의 소중함을 잘 모르고 살아간다. 이제 아이들에게 가족과 함께 살아가는 것의 의미를 가르쳐야 한다. 혼자라는 것은 끊임없는 절망을 가지고 살아가게 한다. 이웃은 잠시 말벗은 될 수 있지만 진정한 평안을 주기는 어렵다. 가족은 모든 인간의 기본적인 사랑의 원천이다. 나이가 들면 들수록 그 어떤 부귀와 영화와도 바꿀 수 없는 것이 가족 간의 사랑임을 알게 해야 한다. 누군가가 그랬다. 가족은 신이 주신 꽃밭이라고.

가족의 사랑은 새로운 생명으로 다시 태어나기도 한다. 간 이식 외에는 방법이 없는 시한부 인생을 사는 아버지에게 자신의 간을 이식시킨 딸의 이야기 등 우리는 가족이 아니면 할 수 없는 어려운 결정을 기쁘게 내리는 경우를 종종 보게 된다.

인간이 존재하는 한 가족은 영원한 예술의 주제가 되기도 한다. 최인훈 씨의 희곡 〈봄이 오면 산에 들에〉는 가족 간의 질긴 사랑을 그린 작품이다. 문둥이가 되어 집을 나간 어머니, 그 어미를 잊지 못하는 딸애와 그 아비, 이들의 새로운 만남 속에 딸을 사랑하는 남자, 바우까지 합쳐진다. 이 작품이 아름다운 것은 세상에서 소외된 문둥이 가족의 끈끈한 사랑을 통해 가족 간의 저버릴 수 없는 질긴 인연을 그렸기 때문이다.

2000년 아카데미영화상을 휩쓸다시피한 샘 멘데스 감독의 〈아메리칸 뷰티〉는 바로 미국 사회의 가족 해체를 담고 있다. 세계인이 동경하는 아메리칸 드림을 이루어 잘 살고 있는 중산층 가족의 일그러진 자화상 속에, 가족의 소중함을 대중들에게 환기시키고 있는 작품이다. 이안 감독의 〈아이스 스톰〉 역시 〈아메리칸 뷰티〉와 유사하게 가족의 붕괴를 그린 영화이다. 두 영화 모두 가족을 소재로 다루었지만 〈아메리칸 뷰티〉가 대중의 사랑을 받으면서 아카데미상을 휩쓴 반면 〈아이스 스톰〉은 개봉한 지 한 달만에 막을 내렸다. 그 이유는 〈아메리칸 뷰티〉에서는 가족의 소중함과 관계복원의 의미를 영화의 주된 메시지로 전달했던 것에 비해 〈아이스 스톰〉은 가족파괴의 현실을 그저 객관적이고 냉소적으로 그려냈기 때문이다. 즉 21세기를 살아가는 현대인 스스로 가족의 소중함을 인정하고 다시 그 관계를 복원하고 싶다는 무언의 요구가 반영된 것이다. 세상이 아무리 바뀌고 천지가 개벽을 한다 하여도 가족이 없는 우리의 인생은 상상하기 어렵다.

대한민국 미술대전심사위원이며, 몬테카를로 국제회화제 특별상을 수상한 바 있는 세계적인 화가 황영성 선생은 6·25 때문에 가족을 잃어버린 대표적인 예술가이다. 그는 가족이란 단어를 아주 좋아한다고 고백한다. 그래서 그의 작업의 주제도 가족이야기이다.

가족에 대한 그의 첫 인식은 그리움이었다. 전쟁과 가난이 빼앗아간 가족, 아버지, 어머니에 대한 애틋한 그리움이 있었다. 어린 시절, 골목길 담 너머로 불그스름하고 따뜻하게 비쳐오는 창문의 불빛에 그려지는 어느 가족들의 모습을 그리워했다. 그래서 그가 살았던 초가집을 그리고 그 속에 오순도순 살아가는 가족을 그려갔다. 부부와 아이, 소, 닭, 개 들이 있고 초가지붕 너머로 뒷동산과 거기에 걸려 있는 초승달이 그가 그린 가족 이야기의 주인공들이었다. 그림들은 조금씩 더 큰 어우러짐으로 바뀌어갔다. 초가집과 초가집, 마을과 마을, 산과 들, 소들과 짐승들 모두 하나하나의 허물을 벗고 큰 마을, 큰 가족으로 새롭게 만나게 되었다.

요즈음 그의 가족 이야기는 우주가족이다. 그는 20세기 말에 알래스카에서 멕시코, 페루를 거치는 긴 여행을 했다. 그곳에서 만난 하나하나의 모든 사람들이 한가족이란 것을 인식했다. 사람뿐 아니라 나무, 꽃, 뱀, 물고기, 그리고 돌과 물과 공기까지도, 또한 저 멀리 허공에 걸려 있는 별과 달까지도, 뉴욕의 자동차도, 비행기도, TV도, 컴퓨터도 모두 가족처럼 귀중한 것이라고 생각되었다. 그 모두를 나의 가족같이 귀중하고 소중하게 아껴주는 그런 관계여야 한다는 것을 깨달았다고 한다.

그의 그림 속에는 그런 모든 것들이 모여든다. 그래서 하나의 우주 가족주의로 서로 어울린다. 이제 우리도 먼 남미 아마존 숲에서 일어난 화재, 캐나다 해변에 떠오르는 기름덩이에도 가슴 아파해야 한다. 모든 것을 내 가족처럼 여기는 것만이 우리 새 인류, 새 자연, 그리고 새 우주가 함께 살아갈 방법이기 때문이다.

사실 유교문화권 국가들은 모두 강한 가족 중심의 문화가 남아 있다. 대기업을 운영하는 사람들이 남을 못 믿고 자기 사돈의 팔촌이라도 핏줄과 연결된 사람을 고용하는 것은 바로 한국인의 가족주의 가치관에 근거해서이다. 그러나 가족 외의 사람들을 배척하는 태도는 경계해야 한다. 세계가 일일생활권으로 들어서는 요즘 가족주의는 기존의 개념과는 다르게 전 우주를 아우르는 확장적 의미를 띠어야 할 것이다.

한국인을 아내로 둔 어느 독일 음악가는 한국인의 가족애가 긍정적인 것만은 아니라고 느꼈다고 한다. 사랑의 대상이 주로 자신의 가족이기 때문에 자칫 가족 이기주의로 흐를 수 있다는 것이다. 이때의 사랑은 가정이라는 울타리 안쪽으로만 향해서는 안 된다. 이것이 강하면 강할수록 울타리 밖에 있는 사람들에게는 배타적이게 되고 남을 배려하지 않는 결과를 낳게 된다. 다른 것, 나와 다른 생각, 기호와 습관을 허용하지 않고 단체성을 편리하다고 여기는 풍토는 지나친 가족 사랑에서 비롯된 것이라고 할 수 있다. 이것이 외국인의 객관적인 눈으로 볼 때 한국의 학문과 문화의 다양화와 개인의 창조적 성장을 막은 근본적 요인으로 비쳐졌다. 그는 자기 가족이라는 담을 넘어서 남들을 포용하게 될 때, 진정으로 편리하게 살게 되고 문화가 풍요로워지며 한국인들이 원하는 '세계화'는 이미 이루어진 것이라고 충고한다.

서로를 소중히 여기는 가족은 그 가족 구성원끼리 무시하지 않을 뿐더러 자기 가족만 아는 이기주의자들도 아니다. 같이 사는 사회에서 가장 기초가 되는 가족끼리 서로 소중히 여길 때 그 사랑이 전 국가적, 전 세계적 사랑으로 커나갈 수 있다. 서로 사랑하는 가정에서 자란 아이가 앞으로 우리나라를 세계 속에 우뚝 세울 것이다. 우리가 지향해야 할 가족주의도 황영성 선생의 우주 가족주의처럼 전 세계를 아우르는 것이어야 할 것이다.

어쨌든 가족은 우리 안에서 여러 가지 모양으로 함께 하면서 삶의 중심축을 이루고 영혼의 기반이 되고 있다. 지난 2월 하느님 곁으로 가신 우리나라의 대표적 종교인 김수환 추기경께서도 생전에 자신이 이루지 못한 가정과 가족에 대한 아련한 미련과 그리움을 가지고 있었다. 다음은 그의 에세이집 『참으로 사람답게 살기 위하여』에 나오는 대목이다.

나는 원래 평범한 사람으로 살고 싶었습니다. 어릴 때부터 양지 바른 곳에 있는 집을 보면, 저런 데서 평범한 한 가장으로서 자식들과 살면 얼마나 좋겠는가 하는 생각을 했었습니다. 성장하면서도 늘 그런 생각을 해서, 기차를 타고 어디를 갈 때도 어스름하게 해가 질 무렵 조그만 집에서 연기가 올라오는 걸 보고는 저 집은 얼마나 단란하겠는가 생각하면서, 나 자신을 그 집의 주인공으로 상상해 보곤 했었습니다.
아! 그렇게 되었으면 얼마나 좋을까…….

참으로 따뜻한 인간미가 묻어 나오는 말씀이 아닐 수 없다. 그렇다. 가족은 모든 인간 관계의 근본이며 영원한 생명의 안식처임을 잊지 말고 소중하게 여기며 살아가야 할 것이다.

가정에서 행복한 사람이 되는 것은 모든 야망의 궁극적인 목표이다 —사무엘 존슨

유머 감각 있는 아이는
어디에서나 꽃이 된다

가정은 밖에서의 고단한 생활을 위로받는 곳이다. 가족은 서로의 아프고 상처받은 마음을 달래주는 사람들이다. 특히 가족 구성원 간의 가장 중요한 다리 역할을 하는 엄마가 웃음으로 마음에 평안을 주고 적당한 유머를 활용하여 식구들에게 위안을 주는 것이 꼭 필요하다. 그렇게 함으로써 가족끼리 서로 의지하면서 좋은 관계를 맺을 수 있다. 가족끼리 좋은 관계를 맺는 사람들은 밖에 가서도 많은 사람들과 깊은 인간적인 유대를 맺을 수 있다.

인터넷이 발달할수록, 여러 가지 기계문명이 발달할수록 타인과 관계 맺는 것을 어려워하는 사람들이 많다. 타인과의 관계를 맺는 능력이 전반적으로 퇴화할수록 자신만이 갖고 있는 대인관계 능력은 자신을 계발시키고 성장하는 데 더욱 필요한 주요 자원이 된다.

우리나라는 고래로 '웃음'에 대한 금언들이 많이 있다. '웃으면 복이 온다(笑門萬福來)' '한 번 웃으면 한 번 젊어지고, 한 번 화내면 한 번 늙어진다(一笑一少 一怒一老)' '웃는 얼굴에 침 못 뱉는다' 등 웃음의 권유를 내포한 속담들이 많이 있다. 옛날 사람들은 심리학적 원리는 잘 모르고 삶의 경험에서 나온 방법을 소개했겠지만 심리학적으로도 꽤 의미가 심장하다. 웃으면 마음이 밝아지고, 그에 따른 행동은 명랑해진다.

슬픔이 깊을수록, 우울할수록 머리를 들고 하늘을 바라보며 한바탕 웃는 버릇을 들이자. 웃음도 연습이다. 웃음은 또한 주변의 사람들에게 전달된다는 것이 과학적으로 근거 있음이 밝혀졌다. 평소에 웃는 연습을 많이 하자. 연습을 하면 웃는 것이 자연스러워질 것이다.

미국에서 가장 친절하고 재미있는 간호사였던 패티우튼은 환자들의 절망과 우울 그리고 그들을 돌보는 간호사들의 스트레스를 없애는 유일한 방법은 '웃음'이라고 믿었다. 그녀는 평생 간호사로 일하며 특유의 유머 감각으로 환자들에게 웃음을 안겨주었다.

웃음과 유머는 서로 깊은 연관이 있다. 유머를 잘 사용하는 것은 영국신사가 되기 위한 필수조건 중에 하나라고 한다. 팽팽한 긴장이 오고 갈 때에 적절한 유머를 사용하면 긴장의 순간이 이완되게 도울 수 있다. 적절한 농담과 긴장은 즐거운 마음을 갖게 도와주며 정신적, 육체적 건강을 돕는다.

20세기 말에 아카데미 외국어 영화상을 받은 〈인생은 아름다워〉는 극한의 상황에서 유머를 통해 어려움과 고통을 극복해내는 인간을 잘 그려내고 있다. 이 영화는 파시즘이 맹위를 떨치던 1930년대 말의 이탈리아를 배경으로 나치의 유대인 말살정책이라는 비극을 코미디로 풀어간 수작이다. 이 영화의 백미는 무엇보다도 주인공 귀도가 아들을 위해서 죽음의 수용소에서 벌이는, 아들과의 웃지 못할 게임이다. 그는 어린 아들 조슈아가 고통스럽고 무시무시한 현실을 깨닫지 못하도록 자신들이 처한 현실이 실은 하나의 놀이이자 게임이라고 속인다. 자신들은 특별히 선발된 사람이라면서 1,000점을 제일 먼저 따는 사람이 1등상으로 진짜 탱크를 받게 된다고 설명한다.

조슈아는 점점 수용소가 썰렁하면서도 재미있는 놀이터라는 것을 아빠를 통해 확인한다. 마지막 게임에서 아들은 조그마한 쇠트렁크 안에서 총을 든 독일 병정과 함께 걸어가는 아빠의 모습을 발견한다. 자신을 바라보는 아빠는 여전히 게임을 위해 개구쟁이처럼 발랄하게 걷고 있었다. 처형장에 끌려가는 귀도의 마지막 모습에서 아들을 위한 숭고한 유머는 또 다시 탄생한다. 그의 걸음은 마치 뛸 듯이 기뻐하는 어린 아이처럼 기쁨과 환희로 가득 찬 듯이 보였다. 조슈아는 아버지의 숭고한 유머 덕택에 건강하게 살아남는다. 이렇게 비극적인 장면을 유머러스하게 연출했기 때문에 이 영화는 인생의 비극을 극도의 아름다움으로 승화시키고, 처절하리만큼 깊은 인생의 참맛을 안겨주고 있다. 만약 아버지가 유머로 수용소의 비참한 상황을 승화시키지 못했다면 아이는 살아남더라도 PTSD(Post Traumatic Stress Disorder)라는 외상후 스트레스 장애에 걸려 온전한 기능을 다하기 어려운 사람이 되었을 것이다.

괴로울 때 웃을 수 있는 묘약, 그것은 바로 유머이다. 인간의 정신은 모든 것을 조소한다. 조그마한 유머 감각은 인생에 대한 사랑의 증거이다. 유머로 가정을 다스리고 유머를 계발하도록 노력해야 한다.

다음과 같은 가족 웃음 달력을 만들어 걸어 놓고 웃을 일이 없더라
도 웃는 연습을 시작해보자.

일요일: 일단 웃는 거야

월요일: 월(원)래 웃는 거야

화요일: 화사하게 웃어야지

수요일: 수수하게 웃어봐

목요일: 목이 아프면 어때? 크게 웃자

금요일: 금방 웃고 또 웃는 거야

토요일: 토실토실 토끼처럼 예쁘게 웃어

웃음은 암호를 푸는 열쇠이다. 그것을 가지고 우리는 한 인간의 모든 것을 해독한다

—토머스 칼라일

부모를 대신할 유일한 핏줄, 형제

'신은 모든 곳에 있을 수 없기에 어머니를 만들었다'는 이집트 격언이 있다. 그리고 그 어머니는 신처럼 영원히 나와 같이 살 수 없기에 어머니를 대신할 수 있는 형제와 자매를 낳아주셨다. 좋은 형제자매는 부모만이 나에게 줄 수 있는 귀한 선물이며 부모를 대신할 수 있는 유일한 핏줄이다. 형제와 자매는 서로에게 든든한 유대를 제공하는, 부모로부터 받은 또 하나의 큰 재산이다. 그런 면에서 볼 때 혼자 자라는 아이들이 많다는 것은 매우 안타까운 일이다.

소설가 최인호 씨는 『가족』이라는 소설에서 큰누나에 대한 이런 기억을 털어놓았다.

큰누나, 우리 형제에게 있어 큰누나는 엄마 이상이었다.
고등학교 때였다. 가난했던 우리집은 어쩔 수 없이 형이 입던 교복을 내가 물려받을 수밖에 없었다. 그래서 내 고등학교 때의 별명은 '걸레'였다. 어찌나 지저분하게 다녔는지 이런 내 모습을 보고 담임선생님이 나를 극빈자 집의 아들로 보고 쌀배급을 주려고 했다. 그때 상처 입은 내가 큰누나에게 이 사실을 이야기했더니 그 다음 월요일 아침 조회 때 큰누나가 학교 운동장으로 나를 찾아왔다. 전교생이 조회를 서서 교장 선생님의 훈화를 듣고 있었을 때에 큰누나는 나를 운동장 뒤로 불러 그 자리에서 내 헌 교복을 벗기고 새 교복으로 갈아입히기 시작하였다. 누나의 손에는 반짝반짝 금단추가 달린 새 교복이 들려 있었다. 누나 앞에서 특히 전교생이 모인 자리에서 바지를 벗는 것이 쑥스러웠으므로 부끄러워 머뭇거리자 누나는 결연한 목소리로 말을 하였다.

"갈아입어라 무엇이 부끄러우냐. 이 자리에서 당장 갈아입어라."

그날 담임선생님을 찾아간 누나는 이렇게 말했다. "인호는 보통 아이가 아닙니다. 선생님, 인호는 비록 지저분하게 옷을 입고 다니지만 극빈자는 아닙니다. 인호를 함부로 보지 말아주십시오."

단호하고도 흔들림 없는 큰누나의 믿음 덕택인지 최인호 씨는 우리나라를 대표하는 작가가 되었다. 단지 웃어 넘길 수 없는 형제 간의 절절한 사랑이 잘 묻어난 이야기이다. 핵가족화되어 가는 요즈음 가족의 숫자가 점점 줄어드는데 그럴수록 가족끼리 더 깊은 우애를 다지고 서로 사랑하고 배려하며 살아가야 함을 가르쳐야 한다.

어떤 초등학생의 일기에서 여동생을 무척 귀여워하는 모습을 본 기억이 난다. 형도 누나도 남동생도 없이 여동생만 있는 그 아이는 아빠 엄마가 다음에 안 계시게 되면 자신이 여동생의 아빠가 된다고 일기장에 자랑스럽게 적어놓았다. 입가에는 웃음이 나면서도 눈이 시큰해졌다. 그런 우애를 지닌 아이들이 자라 세상을 만들어 갈 즈음이면 지금보다는 좀더 나은 세상이 되지 않을까 생각했다.

가장 가까운 곳에서 어떻게 보면 처음 만나는 경쟁 상대이기도 한 형제와 자매, 크고 작은 다툼과 화해의 과정을 통해 우애를 다지는 방법을 배운다면 그 아이는 어디에서나 소중한 인간관계를 맺을 수 있을 것이다.

형제들 사이에 불화가 있으면 중재하라. 화해를 시키기 위해 애쓰고, 필요하다면 목숨을 걸라 —인디언 위네바고 족의 격언

가장 감동적인 대화 방법은 편지

우리는 흔히 편지는 먼 곳에 있는 사람과 주고받는 것으로 생각한다. 통신수단이 발달한 요즈음은 팩스, 이메일, 휴대폰의 문자 등 굳이 편지가 아니더라도 생각을 주고받을 수 있는 수단이 많이 있어서 아쉬운 대로 생각을 나누고 소식을 전하며 살아간다.

그러나 정작 물리적으로 가장 가까이에 있는 사람들은 서로 대화가 잘 되지 않는 경우가 많다. 하고 싶은 이야기가 많이 쌓여 있어도 얼굴을 보면 막상 말 꺼내기가 쉽지 않고, 말한다 하더라도 하고 싶은 말을 제대로 다 할 수가 없다. 한국 사람들은 자기 감정을 표현하는 데 비교적 인색하고, 체면이나 쑥스러움 때문에 얼굴을 맞닥뜨리면 솔직하게 다 이야기하기를 꺼리는 편이다.

그것은 가족 간이어도 마찬가지이다. 부모들도 종종 자신의 실수를 느끼는데 아이한테 "엄마 아빠가 잘못했구나, 미안하다."라고 말하기 참 어려워한다. 아이들도 마찬가지로 먼저 사랑한다고 말하거나 먼저 잘못했다고 말하기 부끄러워서 말 한마디면 해결될 일을 오랫동안 안고 가기도 한다. 그럴 때에 가장 유효적절한 방법은 편지를 쓰는 것이다. 조선시대의 가장 위대한 사상가로 꼽히는 다산 정약용은 두 아들을 위해 '서향묵미각 書香墨味閣(책의 향기와 먹의 맛이 있는 방)'이란 공부방을 만들어 그들이 학문에 정진하도록 정성을 다했다. 특히 자녀 교육에 힘써야 할 시기인 39세에서 57세까지 18년간을 전남 강진의 유배지에서 지내면서 자식의 성장을 곁에서 지켜보지 못한 아비의 애틋한 마음을 담은 100여 통의 편지를 아들들에게 보내면서 학문적 진척을 확인하였다. 이런 가르침을 받은 장남 학연은 당대에 이름을 떨친 시인이 되었고 차남 학유도 〈농가월령가〉 등을 저작한 당대의 문장가로 우뚝 섰다. 그 후손들 역시 홍문관 교리에 오르는 등 가문의 전설을 재현해냈다. 이는 아버지의 부재 속에서도 편지를 통해 끊임없는 가르침을 전달했기 때문에 가능한 일이었다.

편지지 서너 장 정도의 장문만이 아니라 냉장고 앞이나 방문 앞에 작은 쪽지로 감정을 전달하는 것도 서로 쑥스러워 하지 않고 소중한 마음을 잘 표현할 수 있는 하나의 방법이다.

아울러 아이들은 이 과정을 통해서 자기의 생각을 글로 표현할 수 있는 연습을 할 수 있다. 아이들이 어렸을 때부터 자기 속마음을 솔직하게 열어 보이는 쪽지나 편지를 쓰는 버릇을 가지면 자기 의식이 또렷한 아이로 자랄 수 있다. 미래에는 사지선다형의 객관식 사회가 아니라 정답이 없는 자기 방식대로의 시험 과정과 삶의 과정을 가지게 된다. 어릴 때부터 표현하는 방법을 익힌 아이는 그런 미래지향적

습관을 몸에 익히는 셈이다.

또한 아이가 자라는 과정에서 겪는 갑작스런 변화에 대해 부모가 당황하지 않게 된다. 그런 과정을 쭉 지켜보았으므로 상실감이나 괴리감을 미리 방지할 수 있다. 청소년 문제에 대한 원인을 진단한 것을 보면 가족 간의 대화 부족이 대부분이다. 가족끼리 서로 대화하는 것이 익숙한 일이 아니기 때문에 막상 이야기를 하려면 서로 어색하고 무슨 말을 어떻게 해야 좋을지 모를 때가 많다. 대화란 자기 마음 속을 열어보이는 것인데, 아무리 가족이라 해도 그것이 그렇게 쉽지는 않다. 그러므로 아이들이 아직 어릴 때에 이런 경험을 통해서 자기의 마음을 열어 보이고, 다른 사람의 마음도 읽어내는 연습을 하다 보면 아이들이 사춘기에 들어서면서 대화의 부재에서 오는 문제는 없으리라 생각된다.

꼭 어떤 일이 있어야만 편지를 주고받는 것은 아니다. 평소 하고 싶은 이야기를 말이 아닌 쪽지로써 대신한다면 새롭게 느껴질 것이고 서로를 더 많이 이해하려고 노력할 것이다. 인간에게는 '특별함'에 대한 욕구가 항상 있다. 내가 누군가에게 다른 사람과 똑같은 사람이 아닌 좀더 특별한 사람, 특별한 관계가 되기를 원한다. 같은 것이라 할지라도 말로써 전달하는 것과 글로써 전달하는 것은 그 효과가 무척 다르다. '엄마가 내게 편지를 썼구나, 내가 정말 많이 잘못했구나, 야단치지 않으시고 이렇게 편지를 쓰시다니 엄마를 너무 마음 아프게 했구나'라고 생각할 것이다.

필자가 잘 아는 어떤 주부는 두 아들과 쪽지 대화를 많이 한다고 한다. 큰아들이 중학교 3학년이 되면서 늦게까지 학원을 다니게 되고, 초저녁 잠이 많은 엄마가 깜빡 잠든 뒤에 귀가하는 날이 많아지면서 모자는 서로 잘 볼 수 없게 되었다. 그래서 생각해낸 것이 가족 노트였다.

- 아들아, 네 운동화 사는 것 때문에 여러 사람에게 비난을 들었다. 남들이 신는다고 해서 너까지 따라갈 필요는 없잖니. 유명 메이커라는 이유만으로 외국경제에 보탬을 줄 필요는 없을 것 같다. 비싼 운동화 신었다고 해서 네 값어치가 올라가는 건 아니잖니? 남에게 과시하려 들지 말고 내면을 키워요.
- 알아들었어요. 너무 걱정마세요. 마암! 일찍 잡니다. 지금 시각 12시 40분

- 아들아, 내일은 동생 생일인데 선물은 생각하고 있니? 넌 지금 무슨 생각을 하니? 말해줄 수 있을까? 너의 마음을 들여다볼 수 있으면 재미있을 텐데……. 좋은 생각은 좋은 행동을, 나쁜 생각은 나쁜 행동을 만들어낸단다. 부디 좋은 생각들을 적어주렴.
- 엄마! 난 지금 아무 생각도 없어요. 배고파요, 밥주세요, 밥!

- 엄마 지갑에 천 원짜리 지폐가 한 장 없어졌다. 누구예요? 솔직히 말하세~용!
- 전 아니에요, 몰-라-요-옹, 큰아들

그 밑에 서툰 글씨로 '그럴 마음이 전혀 없었는데 과자가 먹고 싶

어서 천 원을 가져갔어요. 앞으로는 도둑질 안 하고 친구들하고도 안 싸우는 사람이 되겠습니다'라고 적혀 있었다.

아마도 작은 아들이 엄마의 돈을 가져간 뒤에 잘못을 빈 듯하다. 아이가 말하지 않고 돈을 꺼내가는 일은 아이를 키우면서 보통 한두 번은 다 경험한다. 이럴 때 다시는 그런 짓을 못하도록 큰소리로 야단을 치거나 매를 드는 경우가 대부분인데 가족 간의 쪽지 대화는 그런 민감한 문제까지도 아이들이 스스로 반성할 기회를 만들어줄 수 있다.

자녀와의 관계는 노력한 만큼 좋아질 수 있다. 어렸을 때부터 폭력적인 방법보다 이런 감성적인 방법으로 아이와의 관계를 만들어나간다면 서로 이해하지 못할 일은 매우 적어질 것이다. 앞의 쪽지처럼 굳이 거짓말하지 않고도 어려움에 대처하는 방법을 가진다면 그 아이는 빗나가지 않고 부모와의 좋은 관계를 기반으로 좀더 성숙한 인간으로 성장할 것이다.

너의 상상력을 활용하라. 융통성 있는 사람이 되라. 그러기 위해 항상 메모를 하라

— 쉐리 콘웨이 어필

눈높이 대화

자녀와의 의사소통은 자녀교육에서 가장 중요한 요소 중의 하나이다.
아이들이 어렸을 때부터 부모가 의논하는 모습을 보이고, 아이들
의 중요한 문제에 대해 고민하고 함께 풀어나가는 연습을 해야 한다.
이 세상의 모든 것은 연습이고 연습을 통해 이룰 수 있는 것이 많다.

대화하는 방법도 잘 배워야 한다. 대화도 하나의 기술이기 때문이
다. 대화란 언어를 이용해서 서로의 생각과 감정을 교류하는 것이다.
대화는 유일하게 인간만이 지닌 의사소통 수단이며 일상생활 속에
가장 많이 행하는 상대방과의 상호작용이다. 대화를 통해 상대방과
마음을 나누며 깊은 영혼의 교감을 나눌 수 있다. 말 한마디가 자녀
에게 힘과 용기를 북돋워 주는 강력한 힘이 되기도 한다.

특히 눈높이에 맞춘 부모와 자녀 간의 대화는 자녀들의 마음을 활
짝 열어 그들의 생각과 느낌을 자유롭게 표현할 기회를 마련해 줌으

로써 감정의 정화작용을 통해 정신적 노폐물을 배설하도록 돕는다. 부모의 명령이나 지시, 설교 등 일방적인 의사전달은 대화가 아니라 언어적 폭력이다. 그런 일방통행을 피하고 진실한 이야기를 주고받기 위해서는 부모든 아이든 이야기꾼이 되어야 한다. 이야기하는 내용은 자기 중심이 아니라 아이 중심이어야 하고 이야기하는 태도는 친구처럼 평등해야 한다.

대화 없는 가정은 정신적인 문제 가정이다. 특히 문제 행동을 일으키는 어린이나 비행, 가출 등의 부적응 행동을 하는 청소년의 가정은 서로의 입장을 이해하려는 대화가 없는 가정이 대부분이다. 이런 가정의 부모는 대화가 중요하다는 것은 뼈저리게 인식하지만 어떻게 효과적으로 부모의 생각을 전달하고 자녀의 이야기를 들어주어야 하는지, 이른바 대화의 기술을 잘 모르고 있다.

이는 마치 아이들에게 공부하는 방법은 지도하지 않고 무조건 책상에 앉혀 놓기만 하는 것과 같다. 대화의 비법은 다른 데 있지 않다. 사소한 것도 사소하게 보지 않고 애정을 담아 이야기하는 세심함과 교류하려는 마음만 있으면 된다. 그러나 그것이 말처럼 쉽지 않다.

대화하는 것이 마음처럼 잘 되지 않을 때 적용할 수 있는 대화의 원리와 방법을 몇 가지 소개하고자 한다.

자녀와의 대화에서 가장 중요한 첫 번째 원리는 부모의 입장을 내세우기보다 자녀가 하고 싶은 말을 잘 들어주는 것이다. 성경에도 듣기는 속히 하고 말하기는 더디 하라는 말씀이 있다. 입이 하나이고 귀가 둘인 것도 말하기보다 듣기를 더 많이 하라는 신의 뜻이다. 사람을 움직이게 하는 가장 중요한 무기는 입이 아니라 귀이다. 남의 말, 특히 자녀의 말을 잘 들어주는 것이 무엇보다도 필요하다. 대부분의 사람들은 상대를 설득하고 훈계하는 것이 대화라고 생각하는 경향이 있다. 그러나 진실하고 깊이 있는 대화는 상대방의 마음을 잘 헤아리고 들어주는 것이다. 이는 적극적인 경청을 통해서 가능하다. 적극적인 경청이란 '음~ 음'이나 '아, 그렇구나' '그런데, 계속해봐' 등과 같이 고개를 끄덕이며 가볍게 동의의 표시를 하는 것으로써 상대방의 말에 주의를 기울이고 있음을 나타내는 것이다.

부모가 이처럼 적극적인 경청으로 자녀를 인격적으로 받아들이고 존중함으로써 자녀에게 아무런 위압감이 없이 대화를 해나가는 것은 매우 중요하다. 자녀에 대한 깊은 애정과 포용력으로 적극적인 경청을 하면 자녀의 마음속에 변화가 일어나는 것은 분명하다. 닉슨 대통령 시절의 국무부장관 존 러스킨의 '경청은 두 귀로 상대방을 설득하는 것'이라는 말의 의미를 잘 새겨볼 일이다.

두 번째는 자녀의 감정을 공감적으로 이해해 주는 말을 하는 것이다. 흔히 어른이나 부모들은 어린이나 청소년의 감정은 대수롭지 않게 넘기고, 그들의 감정을 무시해 버리는 경향이 있다. 이렇게 되면 자녀는 부모와 더 이상 대화하고 싶은 욕구가 없어지게 된다.

공감적 이해란 부모가 자녀의 입장이 되어 그들의 주관적인 세계를 이해하는 것을 말한다. 부모가 제3의 귀를 가지고 자녀의 가슴에 있는 '소리 없는 소리' '침묵의 소리' '마음의 소리'를 듣는 것이다. 또한 자녀의 안경으로 사물을 보고, 그들의 신발을 신고 세상을 걸어 보는 것이다. 부모가 자녀의 감정에 공감하고 있음을 나타낸다면 자녀는 자신이 이해받고 있다는 느낌을 갖게 되며 부모를 보다 신뢰하게 되어 자신을 환하게 드러내 보이게 된다. 이러한 과정이 진행되면서 자녀와의 대화가 보다 순조롭게 이루어지는 것이다.

예를 들어 보자. 열네 살 은영이는 단짝 친구 혜정이가 다른 학교로 전학을 가게 되자 눈물을 글썽이며 어머니에게 말했다. "엄마, 단짝인 혜정이가 전학을 가버렸어요. 나 혼자 외로워서 어떻게 살죠?" 이 말을 들은 은영이 어머니는 "뭐라고? 혜정이가 전학을 가버렸다고 바보 같이 울어! 열네 살이나 돼가지고, 참 울 일도 없구나. 나 같으면 그 시간에 공부나 하겠다."며 오히려 야단을 쳤고 은영이는 자기 방으로 뛰어들어가 문을 '꽝' 닫아버렸다.

아이들은 자신이 부모에게 이해받고 있다고 느끼지 못할 때에 쉽게 상처받는다. 이런 경우에는 "그래, 혜정이가 전학을 가서 네 마음이 아주 쓸쓸하고 허전하겠구나. 다정하게 지내던 단짝 친구가 가버렸으니 얼마나 허전하겠니? 사람은 누구나 이별하면 마음이 쓸쓸하기 마련이지."라고 딸의 아픈 심정을 헤아려 준다면 아이는 자신을 공감하고 이해해 주는 어머니를 고마워할 것이며 앞으로도 어머니에게 마음을 터놓고 말을 할 수 있게 된다.

세 번째 중요한 원리는 자녀들을 인격적으로 존중해 주고 자존심에 상처를 주는 말을 해서는 안 된다는 것이다. 영국에는 '칼로 벤 상처는 곧 아물지만 말로 벤 상처는 영원히 아물지 않는다'는 격언이 있다. 때때로 사람들은 자신이 가장 가깝다고 느끼는 사람이 한 말로 상처를 입을 때가 많다. 가장 가깝다는 것은 가장 믿는다는 뜻이고 믿는다는 것은 상대방과 나의 생각이 일치한다고 느끼는 것이다. 그 느낌에 배신감이 들면 쉽게 상처받는 것이다. 아이들은 성인처럼 배움이 많거나 경험의 폭이 다양하지 않기 때문에 부모가 무심코 던진 말 한마디에도 쉽게 상처를 받는다. 그러므로 부모가 평소에 자신의 의도와는 달리 자녀를 쉽게 무시하는 언행을 하는 것은 아닌지 유심히 살펴보아야 한다.

네 번째, 명령이나 훈계의 말투 대신 요구하거나 부탁하는 식의 대화법이 자녀들에게는 훨씬 더 유용하게 작용함을 알아야 한다. 예를 들면 "엄마가 종일 너를 지켜보았는데 공부는 하나도 안 하고 TV만 보았지. 이제 네 방에 들어가서 공부해."라고 명령하기보다는 "이제 TV 그만 보고 공부해야 되지 않겠니?"라고 권유하는 표현을 쓰는 것이다. 그러면 아이는 자신이 존중받는다는 느낌 때문에 바람직한 방향으로 자신의 행동을 끌고 나간다. 자신의 인격을 믿고 표현해주는 어머니의 말씀에 부응하는 태도를 보이는 것이다.

다섯 번째, 부정적인 말 대신에 희망적이거나 긍정적인 표현을 사용해야 한다. 우리나라 아이들은 학교건 사회건 가정에서건 할 것 없이 '~하지 마라' '~에 가지 마라'는 등의 부정적인 언어를 너무 많이 들으면서 성장한다. 이렇게 부정적인 말은 인간의 행동반경을 옭죄므로 자유롭고 창의적인 사람보다는 소심하고 경직된 사람으로 만들기 쉽다. 그러므로 아이들이 나름대로의 뜻을 세우고 꿈을 꾸면서 살아가게 하기 위해서는 허용적이고, 희망적이며, 긍정적인 표현을 사용하도록 해야 한다.

예를 들면 "성적이 이렇게 떨어지다니. 노력을 안 했으니 당연하지, 뭐."라는 표현보다는 "이번에는 성적이 좀 떨어졌지만 다음에 노력을 많이 하면 분명히 잘 볼 수 있을 거야. 결과가 중요한 것이 아니고 과정이 중요한 것이니까 다음에 더욱 열심히 노력해 보렴."이라고 말하면 아이는 자기의 마음을 알아주는 엄마를 기쁘게 해드리기 위해서 더욱 열심히 노력하게 된다.

　이상의 다섯 가지 원리를 잘 지켜 대화한다면 아이들 마음의 문을 여는 것은 미닫이 서랍을 여는 것보다 더 쉬울 것이다.

속 뜻을 파악하지 못하고 겉으로 보이는 말이나 행동의 뜻만 건성으로 듣게 되면, 아이들은 부모들이 자기 마음을 이해해 주지 않는가 싶어 거리감을 느낀다　—『딥스』중에서

음악이 있는 곳에 평화의 날개가

음악을 들으면 마음이 차분해지고 헝클어진 정서가 정돈되는 것을 느낀다. 어릴 때부터 좋은 음악을 듣는 환경을 만들어주면 안정되고 균형 있는 성장을 하는 데에 많은 도움이 된다. 모차르트 효과라는 말이 있다. 고전 음악이 우리의 뇌를 자극해서 기능을 향상시킨다는 이론이다. 이 이론은 고든 쇼와 프랜시스 라우셔가 실시한 연구에서 시작되었다. 이 연구에서 대학생 몇 명에게 모차르트 소나타를 들려준 뒤 공간 추론 테스트를 실시한 결과 학생들의 점수가 향상되었음을 보여주었다. 이 모차르트 소나타의 실험은 10~15분 동안 실시됐지만, 사람들은 이 연구 결과가 머리가 빨리 좋아질 수 있는 공식을 제시하고 있다고 생각했다. 이 연구 결과가 발표된 후 많은 잡지들이 모차르트 효과를 커버 스토리로 다루었고 아이를 임신한 부모들은 아직 엄마의 뱃속에 있는 아이에게 들려줄 고전음악 음반을 서둘러

사들이기도 했다.

그런데 최근에 영국에서 나온 연구결과에 의하면 이는 별로 영향이 없다는 것이 밝혀졌다. 비록 음악이 인간의 두뇌 향상에 영향을 미치지 않더라도 좋은 소리를 찾아서 가슴으로 느끼는 것은 인간의 행복지수를 높여주고 인생의 풍요를 더하게 하는 것이 분명하다.

공자도 음악을 들으면서 자신을 완성한다고 했다. 음악은 인간뿐 아니라 살아 있는 생명체에는 모두 영향을 미친다고 한다. 어떤 목장에서는 젖소의 귀에 헤드폰을 꽂아 고전 음악을 들려주며 젖을 짠다고 한다. 그러면 우유량이 두 배로 많아진단다.

식물이 음악을 들으면 기뻐하며 잘 자라고 이를 이용해 수확량을 높이는 것은 이미 알려진 사실이다. 음악 중에서도 특히 식물이 좋아하는 것이 있다고 한다. 물론 식물의 종류에 따라서 다르지만 대체로 바하를 듣기 좋아하며, 그보다 더 원하는 것은 인도 음악이라고 한다. 인도의 싯타르 음악이 흘러나오면 식물들은 춤추듯 기뻐하며 팔로 스피커를 껴안으려 한다고 한다.

식물에게 미치는 영향이 이 정도인데 사람에게 미치는 영향이 큰 것은 말할 것도 없다. 음악으로 뇌의 자극을 받으며 자란 아이와 그렇지 않은 아이의 감수성은 매우 큰 차이가 있다. 인간은 이성과 감성, 행동의 조화가 이루어져야 한다. 한 개인의 내부에서부터 이 세 가지 요인이 잘 어우러져 있어야 타인과의 관계도 조화롭게 유지할 수 있다. 음악의 본질은 바로 이 조화와 균형에 있다. 음악은 뇌를 자극시킴과 동시에 이완해 주므로 음악을 들으며 거친 말을 주고받거나 화를 낼 수는 없게 된다.

가족과 함께하는 활동이 많을수록
아이가 건강하다

많은 부모들이 아이에게 무언가 일을 시키는 것을 꺼린다. 공부할 시간도 없는데 집안일을 어떻게 시키냐고 생각한다. 그러나 아이를 집안의 모든 일과 활동에서 제외시키면 안 된다. 공부하라고 집안일을 안 시킨다면 집안일 안 하는 아이들은 다 공부만 해야 한다는 소리인데 한창 호기심도 많고 신체적·지적 성장을 하고 있는 아이에게 그건 무리한 요구라는 것을 부모들도 잘 알 것이다.

아이에게도 가정의 구성원으로서 책임과 의무를 다할 수 있는 기회를 주어야 한다. 아이와 함께 보내는 시간을 많이 가지는 가정에서는 아이와 함께 할 수 있는 것을 많이 찾는다. 함께 여행을 가기도 하고, 같이 게임을 하기도 하고, 배드민턴 같은 간단한 스포츠를 하기도 한다. 이런 방법들은 아이를 가정의 구성원으로 끌어들이는 데 훌륭한 역할을 한다. 함께 하는 것을 처음부터 일로써 강조한다면 자칫 가정에서 가족들과 보내는 시간을 따분해하고 집안일에 대해 자신은 책임도, 의무도 없다고 생각하게 돼버린다.

처음에는 영화나 등산, 게임, 여행 등 재미있는 활동거리를 통해 아이가 가정 내의 구성원으로 활동할 수 있는 영역을 조금씩 넓혀주어야 한다. 그러면서 조금씩 아이를 집안일에 참여케 함으로써 구성원의 중심으로 서게 되는 기반을 마련해 주어야 한다. 왜 꼭 극장은 친구들과 가야 하며, 집안일은 모두 부모의 몫이라고 생각하게끔 자녀를 기르는가. 자녀가 집안일에 참여하는 것은 언뜻 가족 전부를 위한 것처럼 보이겠지만 그것은 엄밀히 따지면 아이의 장래에 아주 중대한 영향을 미치는 일이기 때문에 꼭 필요한 것이다.

어릴 때부터 소속감을 가지고 있는 아이는 내가 어딘가에 속해 있다는 느낌 때문에 정서적으로 크게 안정감을 가지고 있다. 집안일을 하지 않는 아이는 무슨 수를 써서라도 가족 구성원의 모든 활동에서 빠져나가려 든다. 자기 방 청소라든지 장보기라든지 작은 일이라도 하게 되면 가족을 위해 내가 무언가 봉사를 한 느낌이 들고 자신이 투자한 시간과 에너지는 가족에게 아주 중요하게 대접받는다고 느끼게 된다.

이러한 집안일은 소속감을 높이고 가정 내에서 아이의 발언권이 세지게 한다. 즉 가정의 중심에 부모뿐만 아니라 아이도 같이 서게 되는 것이다. 그런 소속감과 책임의식은 꼭 집안일로 생겨나는 것은 아니다. 같이 활동하는 일이면 무엇이든 아이에게 작은 변화를 가져온다.

가족신문 〈비룡이네〉를 발간했던 이근자 씨는 아이들이 어렸을 때부터 가족을 한데로 모아주는 축이 필요함을 느끼고 가족신문을 만들기 시작하면서 자연스레 부모와 자녀 사이의 속내를 교환하게 되고 가족 간의 관계가 더욱 돈독해졌음을 고백한다. 더불어 아이들은 이 작업을 통해 글 솜씨가 수준급이 되었다고 한다. 또한 매달 250부씩 발행하여 친척과 친지들에게 보내주었는데 단절되기 쉬운 산업사회에서 관계의 끈을 이을 수 있었던 것은 일석삼조의 효과였다고 한다.

가족과 함께 문화유산을 답사해 보는 것도 의미 있는 가족활동이 될 수 있다. 답사를 하면서 나누는 이야기, 맛있는 것을 먹은 추억, 펜션에서 모기에 물린 기억 등은 가족을 더욱 가족이게 해주는 소중한 추억이다.

어린아이에게 신체노동은 단순한 기술이나 도덕수업이 아니라 광활하고 놀라운 사상의 세계이다 —비고스키

가족신문 만들기 정보

● faminews.minjine.com
● 《가족신문 만들기》(유지은 외 엮음, 문제홍 그림, 청솔출판사)

온 가족이 함께 가족신문 만드는 법을 소개하고 있다. 가족신문의 필요성, 가족회의 하는 법, 기사 쓰는 방법, 편집 교정 방법 등과 가족신문 경진대회 수상작도 수록되어 있다.

가족 여행 답사정보

주부 김태경 씨는 남편 남정현 씨, 두 아들 해솔, 한솔이와 함께 홈페이지를 운영하고 있다. 해솔이 가족의 답사 여행은 남정현 씨가 전북 전주로 발령을 받으면서 시작되었다. 주말마다 가족끼리 탐방 다닌 지역에 대한 정보를 올려놓고 있다. 가족이 함께 떠나기에 좋은 여행지에 대한 다양하고 유용한 정보들로 꾸며져 있다.
● http://solsol.pe.kr

조부모와 친밀하게 지내자

요즈음은 사회 전체가 핵가족화되어 3대가 함께 사는 가정이 거의 드물다. 그러나 여건이 허락하여 같이 살게 된다면 아이들에게 이보다 좋은 양육의 환경은 없다. 문화인류학자 마가렛 미드는 바람직한 가정은 제3세대 양성, 즉 조부모, 양친, 그리고 자식이 함께 공존하는 가정이라고 강조했다. 그 속에서 다양한 역할 학습을 통해 사회의 건전한 구성원으로 성장해 가는 것이다. 그러나 오늘날은 여러 가지 이유로 3대가 함께 지내는 대가족은 보기 어렵게 되었다.

우리나라의 조부모들은 대개 자기들이 아이들을 낳고 기를 때에는 너무나 여러 가지 일들을 동시에 해야 했기 때문에 어떻게 아이를 키웠는지도 잘 모르고, 아이가 얼마나 예쁘고 사랑스러운 존재인지 모르고 그냥 지나갔다고 한다. 삶의 여유가 생긴 노년기에 손자가 생기면 자기 자식이 어렸을 때 못다 주었던 사랑까지 퍼부어 주게 된다.

생전의 노무현 전 대통령이 손녀딸 서은 양과 함께한 여러 가지 사진들이 국민들의 가슴을 뜨겁게 적시고 있다. 사진 속에는 손녀딸을 자전거에 태우고 봉하마을을 도는 모습, 과자를 주는 줄 알고 입을 벌리던 손녀가 할아버지가 그냥 과자를 먹어버리자 뾰루퉁한 모습으로 할아버지를 바라보는 모습, 손녀를 무등 태우는 모습, 동네가게에서 쭈쭈바를 골라 행여 손녀의 손이 시릴까 정성껏 휴지로 싸서 먹기 좋게 해주는 평범한 할아버지의 모습 등이 담겨 있었다. 이제는 모두 돌이킬 수 없는 추억의 한 장면이 되었지만 한때 최고의 권력자였던 그도 가정에서는 여느 조부처럼 손녀에게 한없는 사랑을 실천한 범부였음을 보여주고 있다.

자칫 사랑을 퍼부어 주는 것이 아이를 망가지게 하는 것은 아닐까 하는 노파심을 가질 수도 있다. 그러나 조부모가 절도 있는 사랑을 한없이 주는 것은 편협한 사랑으로 과잉보호하는 것과는 다르다. 조부모의 사랑을 많이 받고 자란 사람은 품성이 고우며 마음이 안정되고 정서적 심지가 깊은 경우가 많다. 서은 양이 철이 들었을 때에 할아버지를 잃은 슬픔을 잘 극복하고 할아버지의 깊은 사랑을 떠올리며 더 좋은 인간으로 성장하게 될 것을 믿어 의심치 않는다.

인간은 한 사람뿐 아니라 여러 사람에게서 사랑을 받게 될 때에 그 사랑이라는 저장고의 용량이 커져서 그만큼 남에게 베풀 수 있는 사랑의 양도 많아지게 된다. 아이들이 자라 청년기에 이르게 되면 서서히 부모 곁을 떠나게 되고 이성과 교제하면서 미래의 자기 가정을 설계하는 단계가 된다. 조부모의 사랑을 많이 받고 자란 아이들의 설계 속에는 배우자와 자기 자식만이 아니라 부모에 대한 생각도 들어 있다. 그리고 노인에 대한 이해도 더욱 깊어진다. 아이들은 청소년기가 영원히 계속될 것 같은 착각 속에 있거나 먼 미래를 내다보는 투시력이 한정되어 있는데 조부모의 사랑을 많이 받고 자란 경우 이와 같은 우려는 하지 않아도 될 것이다.

나이로 따져 보면 청소년기에 조부모가 돌아가시는 일이 많다. 자기 자신이 젊기 때문에 죽음에 대한 생각을 못했을 나이에 갑자기 조부모와 사별한다는 것은 인생에 있어 큰 자극이다. 사랑을 많이 받고 자란 손자가 조부모를 잃게 되면 더욱 큰 충격을 받겠지만 인생의 큰 공부라고 할 수 있다. 인생이란 세월과 함께 늙어 흙으로 돌아가는 것이 자연의 순리임을 알게 되는 것이다.

조부모는 자녀의 성격형성과 안정된 정서를 이루는 데 큰 기여를 한다. 함께 살지 못하는 경우에도 자주 안부를 묻고 방문하면서 깊은 정을 느끼게 하는 것은 자녀의 정서 발달에 큰 도움이 된다. 부모가 조부모에게 효도하는 모습을 보고 자란 아이들은 자연스럽게 효도하게 된다. 그러므로 부모는 아이가 조부모와 친밀하게 지낼 수 있는 공간과 기회를 제공해야 한다.

할머니가 돌아가신 지금도 커스터드를 만들 때마다 나는 할머니 생각을 하게 된다
―앤 리질리

가족의 지침을 나타낸 가훈을 갖자

학교는 교훈을 통해 그 학교가 아이들에게 심어주고 싶은 정신을 전달한다. 그보다 작은 단위인 학급은 급훈을 통해서 담임교사가 아이들에게 메시지를 전한다. 마찬가지로 집에서 부모가 아이에게 전하고 싶은 인생의 메시지를 가훈으로 정해 놓으면 그것이 아이들의 구체적인 행동지침이 될 수 있다. 예를 들어 '매일 한 가지만이라도 다른 이의 생활에 기쁨을 주자'로 가훈을 정하면 다른 사람에게 무관심한 아이들도 적극적으로 나서서 다른 아이들에게 기쁨을 주기 위해서 작은 노력을 기울이게 되고, 이러한 행동이 누적되다 보면 자신에게는 물론 타인에게도 인정받는 행복한 아이가 되는 것이다.

전혜성 씨 가족은 한 가족이 12개의 박사학위를 가진 대표적인 이민 성공가족이다. 여섯 자녀 모두를 하버드와 예일대를 졸업시켜 각계 정상급 엘리트로 키운 그의 가정은 미국 교육부의 '연구 대상 가정'이기도 하다. 큰딸 경신 씨는 하버드를 졸업하고 MIT에서 박사학위를 받고 귀국한 중앙대 화학과 교수이다. 큰아들 경주 씨는 의사가 되어 보스턴 의대 교수를 하다 오바마 대통령이 보건부 보건담당 차관보로 지명하였으며 동주 씨는 하버드를 졸업하고 MIT에서 의학박사와 철학박사 학위를 받았고 지금은 메사추세츠 의대 교수로 있다. 홍주 씨는 영국의 옥스포드로 유학을 다녀오고 하버드에서 법학박사 학위를 받았다. 한국인 최초로 예일대 법대 석좌교수, 학장이 되었는데 최근 차관보급인 국무부 법률고문에 지명됨으로써 형제가 동시에 미국 행정부의 고위직을 맞게 되었다. 경은 씨는 하버드 대학에서 법학박사 학위를 받고 지금은 오빠의 뒤를 이어 예일대 법대 석좌교수가 되었다. 막내 정주 씨는 하버드에서 사회학과를 우등으로 졸업하고 보스턴 뮤지엄 대학에서 미술로 전공을 바꾸어 MFA학위를 받았다. 자녀들이 이렇듯 모두 다 세계적인 성공을 이루다보니 그는 '자식 하나는 잘 키워놨다'는 소리를 자주 듣는다고 한다.

그런데 우리는 그가 덧붙이는 말에 귀기울일 필요가 있다. 그는 그 말을 자기 아이들이 미국의 일류대학을 졸업하고 인정받는 직업을 갖고 있기 때문에 하는 소리라고 생각하지 않는다고 했다. 그는 자기 아이들이 '사람 구실'을 하고 산다는 소리로 받아들이고 싶다고 한다. 그는 아이들을 교육하면서 '재승덕(才勝德) 말라'를 가훈 삼아 강조했다고 한다. 재주가 덕을 앞서서는 안 된다는 뜻이다. 이것은 그의 친정어머니에게 물려받았던 가장 귀한 교육이라고 고백한다. 이 가훈은 그의 둘째 딸 경은 씨가 예일대 법과대학원 졸업식장에서 교수 대표로 졸업 강연을 했을 때 말했다고 전해진다. 마침 그곳에 있었던 스탠포드대 법과대학원 학장이, 며칠 후 스탠포드대의 졸업식에서 예일대 법과대학원 교수 할머니의 '재승덕 말라'는 교훈을 들었다고 졸업생들에게 전했다.

행동의 모범이 되는 한 가정의 대를 잇는 가훈은 세대와 문화를 넘어 전수될 수 있는 전형적인 예인 것 같다. 각자의 가정에서 아이들에게 전하고 싶은 고귀한 정신을 담은 글을 가훈으로 정해 액자에 넣고, 아이들에게 삶의 지침이 되도록 전해주자.

미숙한 사람에게는 지혜가 담긴 고전이 필요하다 —러셀 맥과이어

한국인의
자녀 교육 신화

08

한국인의 잘못된 자녀 교육 신화 9

아홉 가지 자녀 교육 길잡이

見思明(견사명)
볼 때는 분명하기를 생각하고

貌思恭(모사공)
태도는 공손하기를 생각하며

色思溫(색사온)
얼굴빛은 온화하기를 생각하고

聽思聰(청사총)
들을 때는 확실하기를 생각하며

言思忠(언사충)
말은 충실하기를 생각하고

事思敬(사사경)
일은 신중하기를 생각하고

疑思問(의사문)
의심이 날 때에는 물어볼 것을 생각하고

忿思亂(분사난)
분이 날 때에는 재난을 생각하며

見得思義(견득사의)
이득을 보면 의로운가를 생각한다

— 논어

무자식이 상팔자

우리나라에서 자식을 키우는 사람치고 '무자식이 상팔자'라는 소리를 안 해본 사람은 드물 것이다. 현대사회보다 모든 것이 덜 복잡했던 과거 농경사회에서는 지금보다는 자식 키우기가 훨씬 더 수월했겠지만 그 말을 보면 예나 지금이나 쉽지 않은 게 자식 농사인 듯하다.

어느 나라를 막론하고 민간에 전하는 말 중에는 현실에 맞지 않는 논리의 비약이 나타난다. 포스트 모더니즘 계열의 현대 정신분석학자인 자크 라캉(Jacques Lacan)은 '속담은 이데올로기의 총알이다. 속담을 믿지 말라'고 했다. 우리가 우리 자신의 것이라고 믿고 있는 생각이나 사상들이 실제로는 우리 것이 아닌 경우가 많다는 것이다.

'무자식이 상팔자' 말고도 '암탉이 울면 집안이 망한다' '송충이는 솔잎을 먹고 살아야 한다' '오르지 못할 나무는 쳐다보지도 말아라' 등 편견을 담고 있는 속담은 무수히 많다. 우리는 우리 자신의 기준으로 세상을 보는 것이 아니라 속담이 내포하고 있는 어떤 이데올로기에 세뇌되어 이데올로기가 시키는 대로 세상을 보고 있는 것인지도 모른다. 물론 무자식이 상팔자라는 말은 아이 기르기가 아주 고통스럽고 힘들며, 아이는 부모의 영원한 짐이라는 사실을 역설적으로 드러낸 말이기는 하다.

우리는 세상 사람들 누구나가 다 하는 일은 하찮고 대수롭지 않게 여기는 경향이 있다. 그중에 대표적인 것이 아이를 낳고 키우는 일이 아닐까 싶다. 그러나 그것이 어찌 누구나가 할 수 있는 일이고 대수롭지 않은 일일까. 낳기는 하되 낳았다고 해서 부모가 되는 것은 아니다. 육아는 부모된 이에게 많은 헌신과 희생을 요구한다.

2세를 낳고 기르는 일은 내가 이 세상에 와서 나의 고유성으로 또 다른 세계를 재창조할 수 있는 유일한 기회이다. 나의 품성을 물려받았지만 전혀 다른 새로운 인자가 나의 이름을 이어 세상을 구성하는 인자가 되는 것이 바로 자식이다.

임신이 잘 되지 않는 부부들도 요즈음은 불임치료 기술이 잘 발달되어 있어, 많은 경우 임신에 성공하고 부모가 된다. 부모가 되는 기쁨은 아이를 낳는 고통과 어려운 육아의 과정을 압도하고도 남을 만큼 크다. '아이가 세 살이 되면 부모의 은혜를 모두 갚는다'는 말처럼 육아의 과정에서 아이만 자라는 것이 아니라 부모 역시 정서적으로나 도덕적으로 많이 성장한다.

나를 통해 세상에 온 이 귀중한 생명을 어찌 기르기 힘들다 하여 무자식이 상팔자라는 소리까지 하게 되었는지 참으로 안타까운 일이 아닐 수 없다. 참부모는 생명에 대한 경외심이 마음에 가득 차 있어야 한다. 자식 기르는 일이 좀 힘들다 해서 내게 온 생명을 귀하게 여길 줄 모르고 아이가 말썽을 부릴 때마다 속담을 들먹이며 자식을 존중하지 않는다면 이미 부모로서의 자격을 상실한 것이다.

이제부터 생각을 바꾸고 말을 바꾸자. 무자식이 상팔자가 아니라 '유자식이 상팔자, 무자식이 하팔자'. 이 세상에 인간이 하는 일은 모두 중요한 일이지만 자기가 사랑하는 사람을 만나 가정을 이루고 그 사랑의 결실인 아이를 낳고 기르는 일 이상 존귀한 일은 없다는 사실을 분명히 알아야 한다. 자식, 그리고 그 자식을 키우는 부모는 누구하나 중하지 않은 사람이 없다.

이 세상이 사랑을 배우는 학교가 아니라면 무슨 의미 있으랴. 우리가 남편과 아내, 자식과 부모, 친구와 친척이라는 인간관계로 맺어지는 것은 그 관계 안에서 사랑이 무엇인지 배우고 진정으로 그 사람을 위해 헌신하기 위함이다   ─스와미 뮤크타난다

집에 가서 애나 봐라

누군가 일을 어설프게 하거나 실수하면 아주 한심한 표정을 지으며 "집에 가서 애나 봐라"라고 말하는 광경을 심심찮게 목격한다. 전두환 군부 통치 아래에서 몸을 숨기고 은둔하며 자신의 목소리를 못 내던 김영삼, 김대중을 향해서 사람들이 "그 사람들 지금 뭐하고 있나? 집에서 애 보나?" 하기도 했다.

들을수록 어이없는 소리이다. 집에서 애나 보라니! 사랑도 아무나 하는 게 아니라는데, 하물며 아이란 아무나 낳고 아무나 키울 수 있는 게 아니다. 자녀 교육에 있어서 무엇보다 중요한 것은 부모된 자의 마음 자세이다. 그렇게 말하는 사람들도 아이를 키우고 있거나 아이를 키우게 될 사람들이다. 그 어려운 과정을 거치고 있거나 거쳐야 할 사람이 쉽게 '집에 가서 애나 봐라'라고 한다면 부모로서의 역할을 제대로 수행하고 있다고 보기는 어렵다. 가정 내에서 자녀 교육이 어떻게 이루어지고 있는지는 불을 보듯 뻔하다.

　북한에서는 부부 간첩을 남파하거나 부부를 해외에 파견 근무 내보낼 때, 자녀 중에 아들은 대체로 북한에 남겨 놓는다. 이는 명나라 때의 인력관리 방법이라고 하는데, 그런 경우 남아 있는 아들을 생각해서 부모들이 쉽게 자수하거나 전향을 못하기 때문이라고 한다.

　서울대 고영복 교수 간첩 사건이 일어났을 때 부부 간첩이 체포된 적이 있었다. 체포의 순간에 아내는 앰풀을 꺼내 물며 자살을 택했다. 그녀는 죽어가면서도 아들에 대한 걱정을 남겼다고 한다. 자신은 이만큼 생애를 누려보았으니 더 바랄 것이 없지만 이북에 남아 있는 아들에게는 자신의 생애를 맘껏 누려볼 수 있는 기회를 주고 싶다고 했다.

　자신의 목숨보다 귀중한 생명인 자식을 기르고 돌보는 일은 그 어떤 일보다 귀하고 아름다우며 숭고한 일이다. 그 숭고함을 조금이라도 경험한 사람이라면 쉽게 '집에 가서 애나 봐라'라는 소리를 해서는 안 된다.

　아이는 존재 자체만으로 하나의 작은 우주이다. 육아는 아이라는 우주와 부모라는 우주의 만남이고 충돌이며 화해의 과정이다. 부모의 우주가 크고 넓을수록 아이는 더 크고 넓은 우주로 성장할 수 있다.

　칼릴 지브란은 '그대의 아이라고 해서 그대의 아이는 아니오 / 그들은 스스로 갈망하는 삶의 딸이며 아들이니 / 그대를 거쳐 왔을 뿐 그대로부터 온 것은 아니오'라고 노래했다. 아이는 우리의 몸을 거쳐 왔을 뿐 부모만의 아이가 아니다. 신의 아들이고 딸이며, 우리에게 잠시 온 것뿐이다. 우리는 신과 자연으로부터 같은 중차대한 임무를 아이 키우는 일로써 이루어내는 것이다.

아이는 우리 모두의 자산이다. 우리나라는 국토의 70%가 산인 좁은 땅에서 부존자원도 없이 이만큼 넉넉해졌다. 모두 인적 자원을 소중히 여기고 돌본 덕택이다. 사람을 인적 자원이라는 도구로 바라보는 일은 바람직하지 않지만 한 사람 한 사람의 역할이 얼마나 중요한지는 깨달아야 한다. 사람이 자원이라면 교육은 토양이다. 교육에서 가장 중대한 것이 부모의 역할임을 안다면 '집에 가서 애나 봐라'라는 말은 봉합해야 할 것이다.

가족이야말로 인생의 제1순위이다 —쉐리 콘웨이 어필

우리 애가 친구를 잘못 만났어요

지난 20여 년간 상담을 하면서 무수히 많은 부모들을 만났다. 부모들은 상담실에 오는 것을 무슨 죄 지은 사람이 경찰서 들어가듯 생각하기에 평소에는 상담실 문을 두드리지 않는다. 그러다 아이들이 가출이나 도벽, 비행 등 부적응 행동이 심각해지면 그때서야 지푸라기라도 잡는 심정으로 상담실에 와서 여러 가지 어려움을 호소한다.

청소년 가출이나 비행의 경우 대부분 친구들이 연관되어 있는데 많은 부모들이 "선생님, 우리 아이는 너무나 착한 아이였는데, 친구를 잘못 만났어요"라는 말부터 먼저 꺼내면서 울음을 터뜨린다. 그동안 수없이 많은 부모들을 만났지만 자기 아이의 단점을 정확히 보고, 그것을 있는 그대로 인정하는 부모는 단 한 명도 없었다.

비슷한 부류의 사람은 아무리 멀리 떨어져 있어도 서로의 냄새를 맡는 법이다. 꼭 내 아이가 나쁜 영향을 받는 것이 아니라 내 아이가 나쁜 영향을 줄 수도 있다. 그럼에도 불구하고 부모라는 허울에 사로잡혀 어미닭 병아리 품듯 제 자식만 감싸려고 애를 쓴다.

물론 부모의 입장에서는 끝까지 자기 자식을 믿는 마음, 배신당하지 않으려는 몸부림일 수도 있다. 하지만 문제 해결의 첫걸음은 사건의 본질을 정확하게 보고 사실을 확인하는 것이다. 내 자식 탓이 아니라 남의 자식 탓으로 해버리면 잠시 마음이 편할 수는 있다. 그러나 아이의 문제를 해결하는 데는 조금의 도움도 되지 않는다. 우리 아이가 친구를 잘못 만나고, 잘못 사귄다고 말하기 전에 성숙하고 건강한 아이로 잘 성장하고 있는지 먼저 살펴야 한다. 혹시 오히려 우리 아이가 다른 아이에게 나쁜 친구로 자리잡은 게 아닌지 점검해 보아야 한다.

교단 작가 오인숙 교장의 수필집 『고슴도치 어미의 사랑』에 이런 이야기가 나온다. 오인숙 교장의 교사 시절 한 아이의 어머니가 아들 녀석의 옆 짝을 비방하면서 자리를 바꾸어 달라고 했다. 자녀의 완전성을 너무 확신하는 그 아이 어머니로서는 당연한 요구일지는 모르나 해서는 안 되는 요구이다. 그 아이 옆 짝이 아무리 단점이 많은 아이라 할지라도 짝 역시 제 부모에게 둘도 없이 귀한 아들임을 이 어머니는 생각하지 않았다. 오인숙 교장은 내향적인 아이와 외향적인 아이가 같이 앉으면 서로 배울 점이 많을 거라는 이야기와 함께 아이들의 장점과 단점을 말해주었는데 그 어머니의 말은 "저질과 앉혀서 우리 아이도 저질이 되어 가고 있어요"였다. 횡하니 찬바람을 일으키며 돌아서는 그 어머니의 등 뒤에서 오인숙 교장은 열 손가락이 깨물린 교사로서의 아픔을 온몸으로 느꼈다고 한다.

내 속으로 낳은 자식은 아니어도 어느 하나 예쁘지 않은 아이가 없을 교사가 받은 상처는 두말할 필요도 없고, 그런 어머니 밑에서 크는 아이가 자칫 잘못된 세계관을 가지고 성장하는 것은 아닌지 염려스럽다. 이야기를 들은 부모들은 어떻게 그런 엄마가 있을 수 있겠냐고 고개를 저을지 모른다. 하지만 그런 부모는 의외로 많다. 아무리 침착하고 남을 배려하는 성격을 가진 신중하고 똑똑한 부모라 할지라도 자기 아이 앞에서는 청맹과니가 되는 일이 있을 수 있다. 지나친 사랑은 도리어 아이의 성장을 방해할 수 있다. 다른 사람의 마음을 헤아리지 못하는 편협함뿐만 아니라 자기 자신도 제대로 들여다보지 못하는 우리들의 자화상이다.

아이들은 부모 이상의 수준을 갖기 어렵다. 부모가 다른 사람을 인정하고 소중히 여기는 태도를 갖지 않으면 아이들도 남을 배려하고 인정하지 않는 비뚤어진 인간으로 자랄 가능성이 매우 크다는 것을 늘 염두에 두어야 한다.

지금까지 읽은 모든 책을 합친 것보다 훌륭한 친구 하나를 사귀는 것이 인격과 지성에 도움이 된다 —프랜시스 호너

우리 애가 머리는 좋은데 노력을 안 해요

필자가 미국에서 유학할 때, 웩슬러라는 정신과 의사가 개발한 지능 검사 도구를 학생들에게 시행해 보고 검사 결과를 정돈된 양식에 따라 보고하면서 그 검사를 익히는 과목이 있었다. 쉽게 말하면 개인 지능 검사인데, 학교에서 집단으로 실시하는 단순한 필기 검사와는 달리 학생 한 사람 한 사람을 대상으로 약 1시간 30분에서 2시간에 걸쳐 실시하는 검사였다. 필자가 다니는 학교에서 무작위로 학생을 10여 명 뽑아서 검사를 실시한 결과 그 학교에서 잘 나간다 하는 학과의 우수한 학생들을 모두 제치고 한국 유학생의 지능 점수가 가장 높았다. 그 학생은 한국에서는 소위 이류 대학 출신이었다. 미국 내 한국인 숫자는 전체 인구의 약 3.8％이지만 하버드 의대생 중 한국인이 차지하는 비율은 10％나 된다. 그것을 볼 때 우리나라 사람의 두뇌가 우수한 것은 자타가 공인할 만하다.

이렇게 머리가 좋은데도 불구하고 우리나라 사람은 머리가 좋기를 너무 간절히 바란다. 아이들의 학교 성적이 떨어져서 부모가 아이와 함께 상담실로 찾아오는 경우가 종종 있다. 부모들은 대개 "선생님, 우리 아이는 머리는 좋은데 노력을 안 해요"라고 말한다. 그 어떤 부모도 "저희 아이는 머리는 별로 좋지 않지만 노력을 많이 해서 이 정도 성적을 유지하고 있어요"라고 말하지 않는다.

상담자가 아이와 이야기를 나눈 후에 "아이 머리는 좋은 것 같은데……"라고 운을 떼면 그 소리가 떨어지기 무섭게 엄마들의 얼굴에는 총기가 감돌기 시작한다. 대다수의 부모는 그 말을 통해 내 아이가 내 기대에 어긋나지 않는다는 희망을 발견하고 싶어한다. 머리가 좋으면 무슨 일을 해도 다 잘해낼 거라고 믿는다. 하지만 아무리 머리가 좋아도 노력하지 않으면 아무것도 얻을 수 없다는 사실을 부모가 먼저 경험하지 않았던가.

인간의 지능은 보통(IQ 85~115)만 되면 어떤 공부도, 어떤 일도 수행할 수 있는 능력이 된다고 교육심리학자들은 말한다. 아이가 공부를 잘하고 못하고, 바라는 일을 성취하고 못하고는 노력의 정도에 달려 있다. 보통 지능을 가진 아이가 노력하면 큰 성과를 가져오지만 뛰어나다고 해서 노력하지 않는 아이가 원대한 꿈을 이루기란 요원한 일일 수밖에 없다.

평범한 아이가 입술이 갈라지는 노력 끝에 80점을 맞았을 때와 머리 좋은 아이가 공부를 하지 않고 80점을 맞았을 때 부모는 각각 다르게 칭찬하는 지혜가 있어야 한다. 노력을 많이 하는 아이에겐 노력한 만큼의 대가가 80점임을 깨닫게 하고 90점, 100점도 맞을 수 있다는 용기와 희망을 심어주어야지, 왜 너는 80점 맞을 정도밖에 노력을 하지 않았냐고 탓해서는 안 된다. 또 노력하지 않고 80점을 맞은 아이에겐 노력하지 않은 대가로써 잃어버린 90점, 100점에 대해 깨달을 수 있도록 충고를 아끼지 않아야 한다.

그러나 대개 부모들은 우리 아이가 다행히 머리라도 좋다는 안심의 허상에서 벗어나지 못한다. 부모들이 바라마지 않는 소위 '인생의 성공'에서 머리가 좋다는 것은 노력하는 것보다 더 중요한 요건은 아니다. 노력은 평범한 아이를 천재로 만들지만, 머리가 아무리 좋아도 노력하지 않는 아이는 결코 천재가 될 수 없음을 기억해야 한다. 발명왕 에디슨의 말처럼 천재는 1%의 영감과 99%의 노력에 의한 것임을 알아야 한다. 개인의 타고난 능력보다 후천적인 노력을 존중하는 사회, 그런 부모들이 되어야 아이도 살고 나라도 산다.

스스로 땀과 눈물을 흘려 얻은 지식만이 온전히 자신의 것이다 — 새뮤얼 스마일스

인간에게는 누구나 무한한 가능성이 있다

이 세상에는 불가능하게 여겨졌던 일을 해내는 사람들이 의외로 많다. 사람은 가능성 있는 존재임에는 틀림없다. 그렇다고 해서 이 세상의 모든 가능성이 다 내 자식에게 열려 있는 것은 아님을 알아야 한다. 신은 때때로 그가 사랑하는 사람에게 특별한 재능을 한꺼번에 퍼부어 주기도 한다. 모차르트, 베토벤, 레오나르도 다 빈치, 고흐 등 우리에게 이름이 매우 익숙한, '천재'라고 불리는 그들 말이다. 그러나 천재가 아닌 대부분의 사람에게는 자기가 열심히 노력하고, 최선을 다해야 이루어낼 수 있는 아주 좁고 험난한 협곡 몇 개만 존재할 뿐이다. 그게 신이 평범한 우리에게 던진 길이라고 생각하는 것이 좀 더 현실적으로 세상에 대처하는 방법이다.

이름 앞에 한국이 낳은 세계적인 ○○라는 수식어가 붙은 이들을 생각해 보자. 비디오 아티스트 백남준, 작곡가 윤이상, 정 트리오 등이들이 다른 길을 선택했다 하더라도 지금처럼 최정상의 인물로 평가받을지는 아무도 확신할 수 없다.

　정신분석학의 창시자 프로이트는 다양한 재능과 특이한 야망을 가진 인물이었다. 프로이트는 초반에는 이렇다 할 업적을 이루지 못한 채 과학의 여러 영역을 전전했다. 그러다가 자신이 개척한 정신분석이라는 새로운 영역이 연구 가치가 있는 학문으로 인정받게 되었고 이 분야에 전력함으로써 정신분석의 대가로 우뚝 서게 되었다.

　교육심리학자 하워드 가드너는 그의 저서 『비범성의 발견』에서 인간은 모두 어떤 면에서 각자의 역할을 수행할 수 있는 잠재력을 가지고 있다고 말한다. 인간은 모두 한 가지 면에서 능력을 발휘할 수 있고, 그 영역을 의미 있는 방식으로 다양화할 수 있다는 뜻이다.

　인간에게 무한한 가능성이 있다는 말은 듣기에는 희망을 가질 수 있는 좋은 말이지만 현실성이 결여된 말이다. 그보다는 어느 분야에서 잘할 수 있는지 일찍 파악하고 그 분야에 모든 에너지를 쏟는 게 훨씬 현명한 길이다. 자녀가 뭐든지 잘할 것이라는 막연한 기대는 접고, 남들보다 잘할 수 있는 것이나 자기가 가진 능력 중에 뛰어난 것이 있음을 일찍 깨달을 수 있도록 가르치고 그것에 스스로 매진할 수 있는 지구력을 키워주도록 하자.

적극적인 격려는 소극적인 자극보다 효과 면에서 더 좋은 방법이지만 남용하면 효과가 줄어든다 ―천허친

하면 무엇이든지 된다

한국 전쟁 이후 잿더미 속에서 우리 사회를 이끈 견인차 역할을 한 지배 이데올로기는 '하면 된다'로 대변되는 성장의 신화였다. 60,70 년대와 80년대를 거치면서 '하면 된다' 신화는 사회 발전에 기여한 면이 어느 정도 없잖아 있다. 그 당시 학교를 다닌 사람들은 교실 뒷벽이나 책상 앞에 검은 글씨로 하면 된다는 문구를 써 붙여 놓았던 기억이 있을 것이다.

어른들은 "이 녀석들아, 너희들이 공부를 열심히 하지 않으니까 못하지, 밤을 새워 열심히 해봐라. 서울대 법대를 왜 못 가냐. 안 하니까 못 가는 거지, 하면 안 되는 것이 없다"는 말씀을 늘 하셨다. 그러나 그 당시는 물론이고 현재의 입시제도상 상위 몇 퍼센트에 들어야 지원할 수 있는 대학을 반에서 30~40등 하는 아이가 일년 365일 밤을 새워 공부한다고 해도 들어갈 가능성은 거의 없다.

'하면 된다'는 오랫동안 군부독재에 지배자의 자리를 내주었던 우리 현대사의 단면을 그대로 보여주는 슬픈 구호이다. 상급기관이 하급기관에 명령을 내리고 그대로 따르게 하는 군대식 강제 풍토가 군인이 국가 최고의 자리에 앉으면서 전 사회적인 분위기로 정착해 어리석은 부모들에게 그릇된 교육 가치관을 심어준 것이다. 그러나 지금은 정치적으로 민주화를 이룬 지 20여 년의 세월이 흘렀다.

　부모의 참된 역할은 아이가 가진 능력을 있는 그대로 봐주고 인정해 그 아이가 최선을 다해 들어갈 수 있는 대학이나 직업을 선택하도록 조언하는 것이다. 무엇이든지 하면 되는 것은 아니다. 할 수 있는 일이 있고 할 수 없는 일이 분명 있다. 반에서 30~40등 하는 아이가 부모와 선생의 가르침대로 하면 무엇이든지 다 되는 줄 알고 열심히 했으나 결국은 원하는 대학에 가지 못할 수도 있다. 이후에 아이에게 하면 된다를 또다시 강요하면서 재수 삼수 시킬 수도 없고 시켜봤자 아이는 자기에 대한 좌절감만 더할 뿐이다.

　자녀가 최선을 다해서 할 수 있는 길을 찾아주어야 한다. 부모는 그 결과를 위해 최대의 노력을 끌어내는 역할만 할 뿐이다. 그것이 부모의 지혜이다. 부모의 욕심으로 '하면 된다'를 구호화하는 그런 어리석은 일은 이제 하지 말아야 한다.

자신의 능력을 아는 사람은 잘못된 인간성을 자신에게 적용시키진 않지만, 자신의 능력을 제대로 알지 못하는 사람은 자신의 허상을 만들어낸다 ─ 스위프트

될성부른 나무는 떡잎부터 알아본다

앞에서 '무자식이 상팔자'라는 속담에 빗대어 부모의 잘못된 세계관이나 속담이 가진 이데올로기적 허구에 대해서 이야기한 바 있다. 물론 속담이라고 해서 다 잘못된 것은 아니다. 오랜 세월을 거쳐 여러 사람이 모은 지혜의 결과이기도 하지만 한 나라 안에서 전하는 속담은 그 나라의 환경 안에서만 작용하는 특수성이 있다. 즉 지혜의 결과이면서 편견의 결과일 수도 있다는 것이다.

'될성부른 나무는 떡잎부터 알아본다' '세 살 버릇 여든까지 간다'는 속담도 어떤 면에서는 편견의 결과이다. 자녀 교육에 있어서 그대로 받아들여서는 안 될 위험한 요소를 충분히 가진 속담이다. 인간은 유전과 환경의 영향을 동시에 받는다. 될성부른 나무가 되려면 유전자도 좋아야겠지만 양질의 환경에서 좋은 교육을 받아야 가능하다.

우리나라에서 선진국으로 입양된 아이들이 잘 성장하여 그 나라에서 한몫 단단히 하는 사람이 되어 고국을 다시 찾아오는 경우가 신문 지상에서 가끔 보도된다. 과연 그 아이들이 자기 자식을 버리려고 마음먹을 정도로 열악한 환경의 부모에게서 자랐다면 어땠을까? 그래도 역시 세계를 무대로 자기 꿈을 실현하는 사람으로 성장할 수 있었을까 하는 생각이 든다. 쉽지 않을 것이다. 어떤 환경에서 어떤 교육을 받느냐가 인간의 성장에 어떤 영향을 미치는지 현실적으로 보여주는 경우라고 생각된다. '될성부른 나무는 떡잎부터 알아본다' '세 살 버릇 여든까지 간다'는 말은 이런 환경적 요인을 고려한 말은 아니다.

아무리 고도의 행동과학이 발달했어도 열 살 이전까지는 아이들이 어떻게 성장할지 교육심리학자들조차 정확히 예측할 수 없다. 인간은 끊임없이 배우며 자극받고 재창조해 내는 존재이다. 키우다 보면 아이가 부모의 기대에 어긋나는 행동을 할 수도 있다. 그럴 때마다 '될성부른 나무는 떡잎부터 알아본다'는 말로 자녀를 비난하며 자녀의 의지를 꺾어서는 안 된다.

내가 아무 생각없이 내뱉은 말이 상대방에게 때때로 비수가 되어 꽂힐 때가 있다. 아이라고 다르지 않다. 아무리 어려도 자기 생각을 가지고 행동하므로 부모의 적당한 지도가 필요하긴 하지만 무조건적인 비난은 필요치 않다. 부모가 어리석은 믿음을 가지고 자녀의 행동에 자꾸만 비난 섞인 말로써 다스리려 하면 아이 스스로 자신의 가능성을 발견해내기 어렵다. 아이의 인생을 살아가야 할 사람은 부모가 아니라 아이 자신이다. 가능성을 발견해낸다 하더라도 스스로 포기해 버릴 수도 있다.

부모가 하기에 따라서 어떤 아이는 떡잎이 좋을 수도 있고, 떡잎은 좋았으나 나무로 잘 자라지 못할 수도 있다. 꽃을 피우는 아이가 있는가 하면 열매까지 맺을 수 있는 아이가 있다. 나무의 줄기를 튼튼히 하기 위해 떡잎이 일찍 누렇게 변할 수도 있다. 어떤 열매를 맺을 수 있는지, 어떤 꽃을 피우는지, 어떤 나무로 성장하는지가 중요한 것이 아니겠는가.

사람의 성장은 끝을 보아야 한다. 성장기 아이들의 단면적인 행동을 가지고 아이 전체를 함부로 평가해서는 안 된다. 부모는 영원히 자식이라는 나무의 바람과 햇살, 비료가 되어 주는 존재일 수밖에 없다.

인간이 강렬하게 소망하는 바가 있다. 주위 사람들로부터 주목받고, 존중되고, 존경받고, 찬양받고, 사랑받고, 선망받고자 하는 것으로 유아기에 벌써 그런 경향을 찾을 수 있다.
—존 애덤스

우리 아이가 어느 날 갑자기 바뀌었어요

어느 날 한 중년 부인이 하늘이 무너진 듯한 슬픔을 얼굴 가득 담은 채 상담실 문을 열었다. 후 하고 불면 휙 쓰러질 듯 온몸에 습기 하나 없이 바싹 말라버린 듯했다.

"선생님, 우리 아이가 어렸을 땐 정말 착했어요. 엄마 아빠 말이라면 팥으로 메주를 쑨대도 믿을 정도로 순종적인 아이였는데, 어느 날 갑자기 이 아이가 변한 거 같아요. 지금은 반항이 아니라 아예 욕설을 섞어서 대들지나 않나, 부모를 때리기까지 해요."

그녀처럼 자식이 갑자기 변한 상황에 적응을 못 해서 울면서 상담실을 찾는 부모는 상당수에 이른다. 이럴 때는 부모에게 지금의 상황을 다시 인식시켜 나가면서 상담을 해야 한다.

엄마는 아이가 갑자기 변했다고 느끼지만 그것은 아이가 서서히 자라고 있다는 증거이다. 아무것도 모를 때야 부모가 팥으로 메주를 쑨다면 믿는다. 메주를 팥으로 쑤는지 콩으로 쑤는지, 메주가 무엇인지도 모를 때 말이다. 그러나 아이는 커가면서 부모와 세상 사이의 괴리를 발견한다. 조금씩 우리 엄마 아빠가 틀릴 때가 있다는 것을 알게 되고, 틀리는 것뿐만 아니라 나에게 잘못 설명하고 있구나 하고 느끼게 된다. 그때까지도 부모는 아이를 아무것도 모르는 철부지, 무엇이든지 부모의 말에 따르는 어린 아이로만 생각하고 있다.

그동안에 부모는 아이와 얼마나 이야기를 나누었는지 물어본다. 아이와 얼마나 의사소통을 활발히 하는지 물어보면 자랑스럽게 아이의 모든 것을 다 알고 있다는 듯이 말한다. 그러나 부모라고 해서 아이의 모든 것을 알 수는 없다. 더군다나 요즈음은 두세 살만 되어도 놀이방이나 유치원에 보내니까 떨어져 있는 시간 동안 아이에게 무슨 일이 있었는지, 어떤 생각을 하고 어떤 상처를 받았는지 다 알 수가 없다. 아이도 아이만의 세상이 있고 그 나름의 방식으로 세상을 배워나가고 있는 중이라는 사실을 부모는 모르는 것이다.

또 때로는 지나친 간섭과 과도한 관심으로 아이들이 스스로 결정하고 행동할 수 있는 운신의 폭을 좁혀온 경우도 있다. 아이는 엄마가 결정해 주는 대로 따르기만 하고 세상에 엄마 아빠가 전부인 줄만 알다가 유치원이나 친구들을 통해서 나름대로의 다른 관계를 형성하면서 좀더 많은 자유를 원하게 된다. 그때까지도 부모는 아이를 잡고서 놓을 줄 모른다.

아이는 부모의 말이 부당하고 지키기 어려운 명령인 줄 알면서도 부모의 말이니까 그대로 따른다. 왜냐하면 부모를 이길 힘이 없으니까. 억지로 따르면서 마음속으로는 이렇게 다짐하고 있는지도 모른

다. '두고 보자. 내가 힘이 생기면!'

그러다가 사춘기를 맞게 되면 전세는 역전된다. 우리 교육 환경에서 맞는 사춘기는 아이를 공격적으로 만드는 데 참 이상적이다. 입시 경쟁에서 오는 중압감, 친구들 사이의 알 수 없는 알력들, 집단 따돌림, 군대만큼이나 자유를 억누르는 학교라는 집단 등등 해서 부모가 잠시 한눈팔면 아이의 정신세계는 금세 피폐해질 대로 피폐해지고 만다.

그 와중에 부모까지 아이를 방치하거나 과잉간섭하면 아이는 그 동안 감추었던 자기 생각을 멋대로 표출해내기 시작한다. 극단적인 행동 중에는 반항 정도가 아니라 아예 부모에게 폭행을 가하기도 한다. 사람은 한순간 변하지 않는다. 사람이 변하는 것도 어렵거니와 그 아이가 부모의 기대와 완전히 다른 사람이 되어 있을 때는 무수히 많은 갈등의 시간이 있었을 것이다. 그런데 부모의 눈에는 착하기만 한 녀석이 갑자기 돌변한 것으로 보인다.

아이를 바로 보지 못했기 때문이다. 진정으로 아이와 삶을 공유하려는 태도가 부족했기 때문이다. 공유가 아니라 일방적인 흡수에 불과했기 때문이다. 과잉보호 혹은 사랑이라는 이름 아래, 아이가 스스로 잘잘못을 가릴 수 있는 인격을 만들어주지 않았기 때문이다.

폭력으로 무너진 부모 자식 관계가 예전처럼 복원되기는 무척 어려울 뿐만 아니라 거기에는 많은 에너지가 필요하다. 아이들이 어렸을 때부터 무엇이든지 터놓고 이야기하면서 마음을 열고 서로 다른 의견을 조율하는 시간을 가져야 한다.

이제 아이는 더 이상 아이가 아니다. 자기 나름대로의 세계를 지닌 예비 성인이 되어 있다. 거기에 비해 부모는 늘 똑같은 자세이다. 다 해주거나 안 해주거나. 아이의 변화는 하루아침에 찾아오는 게 아니라는 걸 알고 서로의 가치관을 공유하면서 가족이라는 울타리를 만들어 가는 현명한 부모가 되어야 한다.

불충분한 재료를 바탕으로 섣불리 억측하면 파멸이 온다 —셜록 홈즈

너 잘되라고 하는 소리야

자녀와 아무리 많은 의사소통이 있었다 하더라도 일방통행이면 곤란하다. ~해라, ~하면 안 된다 등등 부모가 집에서 자녀와 나누는 이야기의 절반 이상이 '해라'로 일관한다. 왜 '~해라'는 말만 하는가. 그런 말들이 과연 교육적으로 효과가 있는 말이라고 생각하는가.

'~해라'는 말 끝에 꼭 덧붙이는 말이 있다. '너 잘되라고 하는 소리지, 나 잘되자고 하는 소리냐'는 말이 그것이다. '~해라' 하고 나서 보면 하기 싫은 표정이 역력하니까 달래려고, 혹은 자신이 한 말에 정당성을 부여하려고 하는 말인지는 모르지만 이 말은 오히려 역효과를 일으킬 수 있다. 그렇게 말함으로써 부모의 마음은 조금 위로가 되었는지 몰라도 아이의 마음을 움직이지는 못한다. 그것이 바로 잔소리이다.

꼭 필요할 때 따끔하게 한마디 해주는 지혜가 필요하다. 자주 듣는 말이 아니라면 아이는 왜 엄마 아빠가 그런 말씀을 하실까 생각하게 되고, 자신의 행동을 반성하면서 더 나은 방향으로 자신을 이끌어 가려고 노력할 것이다.

올해 과학영재학교를 졸업하고 미국 명문 컬럼비아대, 브라운대 그리고 서울대 생명과학과에 합격한 조민형 군은 중2때에 한국화학올림피아드 은상, 중3때 한국물리올림피아드 은상, 고1때 한국천문올림피아드 금상, 한국생물올림피아드 금상 수상의 4관왕이다. 그의 부모님은 "무엇을 하지 말라, 무엇을 해라"라고 강요한 적이 없다. "뭐든 시도해 보는 것은 좋다. 다만 무엇을 하든지 결과나 성과를 보여야 한다"는 것을 말없이 강조하셨을 뿐이다.

아이의 행동을 바람직한 방향으로 유도하기 위해서는 잔소리를 모아서 가끔씩 하는 부모가 현명한 것이고, 더 현명한 부모는 행동으로 먼저 보여줄 수 있어야 한다. 부모는 거실에서 재미있게 드라마를 보면서 아이들에게는 "네 방에 들어가서 공부나 해라." 한다면 아이는 방에 들어가긴 하되 공부는 안 할 것이다. 머릿속이 온통 드라마로 꽉 차 있는데 글자가 눈에 들어올 리가 있겠는가.

그러나 부모가 "공부해라"하기보다 먼저 "우리 같이 공부하자."고 말한다면 달라질 것이다. TV를 과감히 끄고 아이가 공부하는 시간에 같이 책을 읽거나 신문을 본다면 아이도 부모의 행동을 따를 것이다. 부모에게는 교육철학과 원칙이 있어야 하는데 그렇지 못하고 아이의 행동이 눈에 거슬릴 때마다 무조건 남들이 다하는 '모범'만을 강요한다면 그건 아이에게 행동의 지침이 되기보다는 반항만 불러오는 잔소리밖에 되지 않는다는 사실을 알아야 한다.

혹시 아이에게 함부로 말하고 있지 않은지 자신의 언어습관과 행동방식을 살펴볼 필요가 있다. 하루아침에 고쳐지진 않겠지만 자신의 언어 행위가 아이에게 어떻게 영향을 미치는지 안다면, 자신의 언행을 정성 들여 고치고 다듬는 자세가 필요하다.

단지 아이에게 벌을 주기 위해서 벌을 줘선 안 되고 벌이 잘못된 행위에 따른 자연스러운 결과라는 걸 아이가 깨닫게 해야 한다 ─루소

09

아이를 문제아로 키우는 열두 가지 방법

1. 원하는 것은 무엇이든 다 들어줘라. 그러면 세상은 자기가 원하는 것은 무엇이나 주어야 한다고 생각하며 살게 된다.

2. 나쁜 단어를 배워 쓰면 고쳐주는 대신에 웃어줘라. 그러면 자기가 귀엽게 군다고 생각한다. 더 '귀엽다'고 생각할 단어들을 배워올 것이고 후에는 감당할 수 없는 단어들을 쓸 것이다.

3. 영적인 교육은 전혀 하지 말라. 스물한 살이 될 때까지 기다렸다가 신앙은 자기가 스스로 결정하게 해줘라.

4. 안돼! 라는 말은 절대로 쓰지 말라. 죄의식이 생길 것이고 이 다음에 자동차를 훔치다가 잡히면 사회가 자기를 못살게 군다고 생각하게 될 것이다.

5. 무엇이든지(책, 구두, 양말, 옷, 장난감 등) 어질러 놓은 것은 따라다니면서 치워줘라. 귀한 자식이라고 무엇이든지 다해줘라. 그러면 모든 책임을 남에게 전가하는 자식으로 크게 될 것이다.

6. 아무 책이나 읽게 하라. 그릇이나 수저는 잘 씻어서 사용해도 마음속에 집어넣는 것은 어떤 쓰레기라도 상관하지 말라.

7. 아이들 앞에서 자주 싸워라. 그러면 후에 가정이 파괴되어도 별로 놀라지 않을 것이다.

8. 용돈을 달라는 대로 줘라. 노력해서 돈 버는 것을 가르치지 말라. 부모는 힘들게 돈을 벌어야 하지만 아이들은 절대로 부모처럼 고생시키지 말라.

9. 먹고 싶은 것은 다 먹여라. 먹고 싶은 것을 다 먹이지 않으면 아이가 불만에 찬 아이로 이상해질지 모른다고 생각해라.

10. 언제나 아이의 편을 들라. 상대가 이웃이나 선생이나 경찰관이나를 막론하고 우리 아이를 괴롭히려 한다고 생각하라.

11. 아이가 큰 문제를 일으키면 "저 애는 어릴 때부터 저 모양이어서 어쩔 수 없었어"라고 말하면서 한탄만 하라.

12. 한스러운 인생을 살려고 준비하라. 꼭 그렇게 될 것이다.

— 미국 텍사스주 경찰국 발표

지나치게 기대하는 부모

상담실에서 만나는 부모의 대부분이 이 유형에 속하고, 우리나라 부모들의 기본적인 성향이 이러하다. 우리나라 사람들은 핏줄에 대한 집착이 상당히 강하다. 특히 부모는 자식을 자기 생명의 연장으로 생각하기 때문에 자신이 못다 이룬 꿈을 자식을 통해 이루려고 애쓴다.

청소년기에만 그런 생각을 품는 게 아니라 자녀가 대학에 진학하면 그 꿈을 본격화하기 시작한다. '내가 못 배워 무시당한 한을 네가 풀어다오' '너는 우리 집안의 기둥이다. 네가 잘 되어 우리 집안을 일으켜 세워야 한다' '나는 비록 이렇게 살고 있지만 너만은 이렇게 살아서는 안 된다' 등등 자식이 다 감당하기에 벅찬 말들을 노래처럼 읊어댄다.

이런 부모들은 자신의 삶을 돌아보고 성찰하는 데 쓰는 시간보다 스스로 결정하고 행동하는 아이의 삶에 껴들어서 잘하라고 채근하는

데 쓰는 시간이 더 많다. 아이도 스스로 결정한 삶이 있고, 그것을 가꾸어 나가기에도 힘든 상황에서 부모의 기대까지 떠안아야 하는 부담을 가지면 심리적으로 매우 불안정해져서 신경증적 증세를 보일 수도 있다. 얼마전 뉴스에서 원형탈모증에 걸린 초등학생의 모습이 비추어졌다. 중년남성들에게나 나타나는 스트레스성 질환이 한창 성장기에 있는 아이들에게 나타난 모습은 보기에 참으로 끔찍했다. 그 아이들은 모두 방과 후에 학원을 3~6개씩 다니고 있었다. 부모의 지나친 기대와 과다한 욕심이 아이를 얼마나 파괴할 수 있는가를 극명하게 보여주는 사례였다.

자식에 대한 기대를 지나치게 많이 하는 부모는 부모가 이루어야 할 삶까지 함께 짊어진 자식이 얼마나 힘겨워하는지 헤아리지 못하고 아이에게 지극 정성을 다해 부모가 목표한 사람으로 성장할 때까지 최선을 다해 달려나간다. 아이가 참된 인생의 의미를 깨달을 기회가 있을 때마다 그것을 박탈하고, 공부만 하라고 강요한다. 서울대가 아니면 대학도 아니고, 적어도 연고대는 가야 한다며 강조하고 또 강조한다. 물론 아이가 공부를 잘해 부모의 기대에 부응을 하면 온 가족이 다 즐거운 일이다. ─ 아무리 서울대를 들어가고 연고대를 간다 해도 공부만 할 줄 알았지 아무것도 모른다면 문제가 크겠지만 ─ 그러나 그렇지 못할 경우 부모가 아이에게 베풀고 헌신했던 모든 혜택들은 거두어지고 압력은 더욱 거세진다. 이것을 견디지 못한 아이들에게 소화불량, 편두통 등의 신체적 불균형과 자신감 결여, 심한 열등감 등 심각한 정신적 불균형이 나타난다.

몇 년 전 상담실에 왔던 어떤 50대 주부의 사례이다. 치매에 걸린 시어머니 수발, 폭력적이고 가부장적인 남편과의 대립, 의사국가고시에 떨어진 아들의 문제로 심각한 불면증에 시달리고 있다고 했다. 여러 가지 문제 중에서도 자신을 가장 힘들게 하는 것은 아들의 문제라고 했다. 그녀의 아들은 서울에 있는 인문계 고등학교에 다니던, 반에서 약 10등 정도 하는 아주 평범한 아이였다. 남편이 모 대학의 학장으로 있던 당시 입시제도는 교직원 자녀에게 주는 혜택이 있었다. 아버지의 강력한 요구 때문에 아들은 적성에도 안 맞고 실력도 부족했지만 전교 10등 안에 들어야만 입학이 가능한 대학의 의대에 입학하게 되었다. 아들에게 그 의대 공부는 무척 버거웠고 낙제를 거듭하기에 이르렀다. 아들은 인문과학이나 사회과학이 자신의 적성에 맞으니 전과를 하고 싶다고 아버지께 통사정을 했으나 아버지는 막무가내로 의사가 될 것을 종용했다. 결국 아들은 의사국가고시에 떨어졌고 전문의에게 한 달에 수백만 원을 주면서 과외를 했다. 국가고시가 다가오는 추운 겨울, 아침마다 아들은 어디론가 사라졌고 어느 날 새벽, 궁금한 엄마가 따라가 보았다. 아들은 새벽마다 아파트 주차장에서 세차를 하고 있었고 그것을 본 엄마는 착잡한 심정이 되었다. 그것이 화근이 되어 불면증과 편두통 같은 심인성 질환까지 생겼다.

아들은 과외를 한 덕분인지 자신이 열심히 노력한 덕분인지 의사고시에 합격하여 인턴 과정을 어렵게 수료했다. 그러나 전공의 과정에서 대학 후배인 의사 선배들과 함께 근무하면서 당하는 여러 가지 모멸감을 견디지 못해 병원을 그만두었다. 지금은 어느 시골에서 개업의로 일하고 있다.

아들은 아버지의 과도한 기대 때문에 자신이 생각하고 계획한 삶을 살 수 없었을 뿐더러 아버지의 뜻에 의한 아버지의 인생을 살면서 인생의 의미를 전혀 깨닫지 못하고 있다. 늦게라도 아들이 원한 삶을 살 수 있도록 아들의 권리를 돌려주었다면 아들은 인생을 힘차게 살면서 비록 의사는 아니었지만 부모가 자랑스러워하는 아들이 되었을 것이다. 그러나 되돌리기에는 너무 늦은 시기에 필자를 찾아왔고 상담으로 해결될 수 있는 상황은 아니었다. 아버지는 자기의 뜻에 부응하지 못한 아들에게 실망할 대로 실망했고, 어머니는 그로 인해 병을 얻었으며 아들은 아무런 의미 없이 하루하루를 보내고 있었다.

직업은 호구지책이 아니라 자아실현의 장이다. 물론 어느 정도의 생계는 유지가 되어야 하지만 돈을 잘 번다고 해서 성공한 사회인이라 말할 수는 없다. 요즈음은 우리가 생각지도 못한 직업들이 속속 생겨나고 있다. 그 많은 직업 중에서 자녀가 행복감을 느낄 수 있는 직업은 매우 다양할 것이다. 부모가 선호하는 직업이 자녀의 행복을 보장하는 직업은 아니다. 부모는 어디까지나 조언자요, 협력자이다. 최고의 부모란 자녀를 지원하는 부모이지, 자신의 꿈을 자식에게 강요하는 부모가 아니다. 아이가 자신의 생명의 연장이고 인생의 연장이라는 동물적인 근성을 먼저 버려야 자녀의 인생을 망치는 일이 생겨나지 않을 것이다.

이 사람은 어느 면에서 내게 이익이 될까를 생각하지 말고 자신이 어떻게 하면 이 사람에게 도움이 될까를 생각하라 ─톨스토이

지나치게 보호하는 부모

이런 유형의 부모는 손이 귀한 집에서 아이를 어렵게 얻었을 경우에 나타난다. 아들이 몇 대 독자라든가, 무남독녀 외딸이라든가, 딸만 내리 낳아 구박을 받다가 아들을 마지막으로 생산했을 경우는 우리 주변에서 많이 발견할 수 있다. 이 모든 경우에 부모와 아이는 필요 이상의 정신적 유대 관계를 맺고 있다.

과잉보호는 부모가 아이 스스로 독립적인 삶을 열어갈 수 있는 기회를 차단한다. 불면 꺼질까, 쥐면 터질까 노심초사하고 자식이 하는 모든 행동에서 눈을 떼지 못한다. 아무리 사소한 것이라도 아이가 내려야 할 결정을 부모가 대신한다. 그리고 세상에 둘도 없는 보물인 냥 싸서 키운다. 이 때문에 다 성장을 해서도 스스로 결정을 하지 못하고 늘 부모가 대신 결정을 해주어야 하는 줏대없는 사람이 되기 마련이다.

심지어 어떤 어머니는 시아버지와 함께 먹는 식탁에서조차 스무 살이 넘은 아들의 밥 위에 일일이 반찬을 얹어주기까지 한다. 이런 경우 아이가 스무 살이 아니라 서른 살이 되어도 독립적인 인간으로 살아가기는 어렵다. 소위 마마보이라는 남자가 그렇게 탄생한다. 결혼을 해서도 아내와 상의해서 한 가정을 꾸려나가기보다 오히려 부모와 더 많이 상의하고 무엇이든지 어머니의 그늘을 벗어나지 못하다 보니 순탄한 결혼생활을 하지 못하는 경우도 빈번하다.

결혼생활뿐만 아니라 사회생활도 마찬가지이다. 대인관계가 원만하지 못한 것은 다반사이고, 일이 조금만 어려워도 헤쳐나가지 못하고 남에게 의존하려고 하기 때문에 사회에 적응하지 못하는 부진아가 될 가능성이 다분하다. 요즈음은 한 가정에 한두 명의 자녀만 낳다 보니 부모가 본의 아니게 과잉보호를 하게 되어 유약한 아이들이 많아지고 있다.

필자가 상담했던 P군은 중학교 때부터 소위 왕따를 당했고, 대학에 들어가서도 친구를 제대로 사귀지 못해 대학생활에 많은 난관이 있었다. 거의 전 과목에서 낙제를 했고, 결국 재수의 길을 택하면서 상담실로 찾아왔다. 어린 시절 P군을 한 번 잃어버린 경험이 있는 P군의 어머니는 P군이 어디를 가든지 항상 보고하게 했고, P군이 또래와 어울리는 시간을 갖지 못하게 할 정도로 P군을 철저히 보호해 왔다. 어렸을 때 아이를 잃어버린 기억이 자꾸 떠올라 아이를 다시 잃어버리면 어떻게 하나 하는 두려움 때문이었다. P군은 친구들이 어디를 가자 해도, 무엇을 함께 하자 해도 부모의 통제 때문에 그럴 수 없었고, 또래집단에서 어울리며 형성해야 할 관계들을 형성하지 못했다. 그렇게 친구들과 격리되면서 부모와의 관계 속에서 힘든 인생길을 걸어가고 있었다.

　부모가 늘 지금처럼 곁에 있을 수 없는 일인데도 불구하고 부모는 마치 현재가 영원한 것처럼 자녀를 자기의 품 안에서만 기르려고 한다. 지나치게 과잉보호하게 되면 물을 너무 많이 먹어 뿌리부터 썩는 나무처럼 이파리가 하나둘씩 떨어져 쓰러지게 마련이다. 비바람과 가뭄을 견뎌내는 나무가 튼튼하게 잘 자라는 것처럼 부모의 적절한 보호가 아이를 참된 인간으로 성장하게 할 수 있다.

당신이 인생의 전부라고 이해했던 무언가를 또 다른 완전히 새로운 방식으로 다시 이해하게 되는 것, 이것이 진정한 배움이다　ㅡ도리스 레싱

자녀를 그르치는 부모의 모습 세 번째

독재적인 부모

독재로 군림하는 부모는 어머니보다는 아버지에게서 많이 나타난다. 아마도 우리나라가 가부장적 제도 속에서 남자의 권위를 세워주는 풍습을 오랫동안 유지한 까닭이 아닌가 싶다.

아버지는 마치 한 왕국의 전제군주처럼 가정을 다스리려고 한다. 아내도 자신에게 순종적이어야 하고 자식이 아버지 말을 어기고 멋대로 구는 것은 용서할 수 없는 행위로 간주해 무소불위의 독재권력을 휘두르려고 한다.

이런 가정에서는 서로의 영혼을 보듬어주는 따뜻한 애정 기류를 형성하기 힘들다. 다만 군주의 엄격한 명령과 일사불란하게 움직이는 부하의 절대복종이 있을 따름이다.

그러나 가족은 상하 개념으로 묶을 수 있는 관계가 아니다. 가장 1차적인 사회집단이라고 하지만 일반 사회집단에서 찾을 수 없는 게 하나 있다. 바로 조건없는 사랑과 헌신이다. 내 아내가, 내 남편이, 내 아이가 세상의 거친 바람 속에서 용기를 잃고 방황할 때 안아줄 수 있는 사람들은 가족밖에 없다. 그러해야 할 가족이 아버지라는 권위에 눌려 서로 표현하지 못하는 관계가 된다면 결국 남은 건 가족의 해체뿐이다.

"아버지가 시키면 우린 한다"고 말하는 청소년들도 있었다. 그러나 그 아이들이 과연 아버지가 시키는 대로 다 할까? 물론 아니다. 극약처방은 한두 번은 통해도 자주 처방하면 만성중독이 되어 서로 피곤해질 따름이다. 독재적인 아버지 밑에서 자란 아이의 공격적 성향은 상상을 초월한다. 마치 때리면 탄력이 붙어 더 많이 튀어오르는 공처럼 점점 거칠게 변해간다. 게다가 삶의 기술이라고는 반항밖에 없으므로 예기치 않은 불행이 많이 찾아온다.

우리가 잘 알고 있는 영화 〈샤인〉의 주인공을 잠시 떠올려 보자. 내한공연을 갖기도 했던 호주의 천재 피아니스트 데이비드 헬프갓은 독선적이고 권위적인 아버지 때문에 철저하게 삶이 파괴된 기억을 가지고 있었다. 그의 아버지는 엄격한 유대인이었다. 데이비드의 할아버지가 바이올린을 못하게 한 것이 한이 되어 아들 데이비드를 피아니스트로 대성시키고자 했다. 어린 데이비드는 비범한 재능을 인정받아 미국 최고의 음악 학교에서 유학 초청장을 받았지만 떠나지 못했다. 부모형제를 아우슈비츠에서 잃은 데이비드의 아버지가 가족을 지키기 위한 일념 하나로 데이비드의 유학을 반대했기 때문이었다. 아버지 자신이 원한 음악적 성공이었지만 자신의 아집 때문에 자식의 장래에 걸림돌이 되고 말았다. 한 번 유학의 꿈이 꺾였지만 또한 번의 영국 유학 제의가 들어오자 데이비드는 아버지의 반대를 뿌리치고 유학의 길에 오른다. 런던 왕립학교에서 천재적 광기를 발산하면서 음악적 재능을 선보인 그는 메이저 콘서트에서 악마의 교향곡이라는 라흐마니호프3번 피아노곡을 완벽하게 연주해 음악적 성공을 거둔다.

그러나 그는 자신의 성공을 위해 가족을 버리고 왔다는 죄책감과 그럴수록 더욱 성공해야 한다는 중압감에 시달려 정신병원에 입원을 하게 되고 10년이라는 세월을 격리당해 모든 노력과 재능이 산산이 부서졌다. 나중에 길리언의 헌신적인 사랑으로 정신 세계의 균형을 회복하고 자신을 속박했던 모든 것들로부터 자유롭게 놓여나기는 했지만 그를 구속했던 시간이 없었다면 아마 더 훌륭한 연주가로 성장했을 것이다. 또한 사랑하는 사람을 만나지 못했더라면 재기에 성공하지 못했을 것이다.

그 아버지는 데이비드를 사랑하지 않는 게 아니었다. 다만 사랑의 방식이 독재적이었다는 데 문제가 있었고, 가족과 단절된 데이비드를 방황하게 했다. 아버지의 권위가 적절할 때 가족이라는 울타리는 평화롭게 유지된다.

부모의 위신은 약한 수준의 통제와 폭력에도 훼손된다 ―비고스키

자유방임하는 부모

지하철을 타면 이 좌석에서 저 좌석으로 마구 뛰어다니는 아이가 한두 명은 꼭 있다. 그 옆에는 그런 아이를 그저 사랑스럽게만 보고 있는 엄마가 있다. 아이를 제지하지 않고 뭐하냐는 시선이 자신에게 쏟아지는 줄도 모르고 아이가 여기저기 뛰어다니는 걸 흐뭇하게 바라보기만 한다. 그럴 때 그 엄마의 얼굴이 얼마나 뻔뻔해 보이는지 모른다. 아이 때문에 다른 사람이 겪는 불편을 알 만할 텐데도 모른 척하는 부모가 대부분이다. 옆 좌석 사람이 한마디하면 불쾌한 표정을 감추지 않고 눈을 흘기기도 한다.

이런 유형의 부모는 아이를 어렵게 낳아서 기르는 사람이거나 부모로서의 자세를 채 갖추지 않은 젊은 부부일 경우가 많다. 자식이 너무 귀여운 나머지 절도 있는 행동의 지침을 제시하지 못하고 아이가 하는 대로 마냥 내버려둔 채 방목한다. 보다 못한 주위 사람들이 충고라도 하게 되면 내 아이 내 방식대로 키우니까 상관하지 말라는 식으로 대응하거나 아이니까 그러지, 라는 식으로 대충 넘기고 만다.

이런 부모는 자식을 방목하듯 키우는 것이 아이가 기죽지 않고 크는 비결이라는 왜곡된 신념을 가지고 있다. 부모의 방임과 묵과 아래 크는 아이들은 행동에 절제가 없고 예의도 부족하며 남에 대한 배려는 전혀 훈련되지 않았으므로 집안에서도 당연히 제멋대로 행동하게 되어 부모의 권위가 서지 않게 된다. 이는 물론 전적으로 부모의 탓이다. 나중에는 아이의 제멋대로인 성향 때문에 부모가 자녀를 통제할 수 없기에 이르러 자신의 발등을 찍고 싶을 정도로 후회하지만 그땐 이미 늦다.

가장 큰 문제는 학교에서나 성인이 되어서도 나보다는 타인이 먼저 다가와야 겨우 관계를 형성하게 된다는 것이다. 먼저 나서서 관계를 열어가는 인격이 형성되지 않았기에 조직생활에 많은 어려움을 겪게 된다. 대개는 자기밖에 모르는 독불장군으로 지내다가 그나마 형성한 인간관계도 유지하기 어려워 외톨이가 되고 만다.

중학교 3학년인 예쁜 여학생이 있었다. 결혼 후 10여 년 동안 아이를 낳기 위해 안간힘을 써 겨우 얻은 귀한 딸이었다. 어렵게 얻은 딸은 다섯 살 때 심장병 수술까지 받았고 항상 약한 체질로 엄마를 걱정시켰다. 그래서 엄마는 아이가 아무리 버릇없는 행동을 해도 그것을 바로잡는 과정에서 야단을 치면 아이가 상처받을까봐 그냥 내버려두었다고 한다. 학교에 입학한 딸아이는 친구를 사귀는 데에도 미숙함을 보이고 자기 고집대로만 행동하다가 따돌림을 당하기 시작했다. 초등학교 다닐 때부터 친구 없이 혼자 지내더니 혼자서 밥 먹는 것이 싫어서 도시락도 싸가지 않는다고 한다. 한두 번은 샌드위치를 싸가서 운동장에서 혼자 먹기도 했지만 이제는 아무것도 먹지 못하는 딸이 안타까워 엄마가 딸을 데리고 상담실을 찾아온 것이었다.

아직 늦지 않은 시기이기에 다른 사람을 받아들이는 법을 먼저 배운다면 좋아질 가능성은 있었다. 부모가 미처 세상과 화합하는 방법을 가르치지 못한 게 잘못이었다. 내 자식이 귀하면 남의 자식도 귀하다. 그런 귀하디귀한 사람들이 모여서 세상을 함께 이루어나간다는 사실을 부모가 먼저 깨닫고 남의 의견을 존중할 줄 아는 사람으로 자녀를 키우는 태도가 필요하다.

만일 누군가가 나의 생각과 행동이 옳지 못하다는 것을 설명해 주고 증명해 준다면 나는 기꺼이 내 생각과 행동을 고치리라 —아우렐리우스

무관심한 부모

그럴 리가 없다고 생각하겠지만 자식에게 무관심한 부모는 의외로 많다. 부모가 될 마음이 전혀 없었는데 어느 날 갑자기 아이를 얻게 된 사람과 경제적으로 무능력한 사람들에게서 종종 나타나는 유형이다.

　그들은 아이를 낳기만 했지 어떻게 키워야 하는가에 대한 고민이 전혀 없어 '부모'라고 부르기에도 안타까운 사람들이 대부분이다. '먹고 살기에도 바쁜데'라는 말로써 자식이 어떻게 자라든 전혀 관심을 두지 않는다. 가출을 하건 비행에 가담을 하건 나 몰라라 식으로 철저히 자녀를 방치한다. 이런 부모에게서 자라는 아이일수록 부모의 관심을 끌기 위해 비행에 가담하는 경우가 많다. 도대체 왜 낳았냐는 말로 반항하고 부모를 원망하면서 영영 나쁜 길로 빠져 버리고 만다.

　부모의 무관심은 아이의 가슴에 아물지 못할 상처를 내고, 상처가 깊을수록 원한도 깊어 정상적인 인간관계를 기대하기가 어렵다. 자랄수록 그 상처가 부정적인 방향으로 커진다면 그 아이는 사회의 어두운 그늘에서 기생하는 독버섯 같은 존재가 될 수도 있다.

L군의 아버지는 일용직 노동자로 하루하루를 술로 힘들게 버티고 있었다. 음주와 폭언이 가정을 뒤덮고 있었고 그저 부모와 자식이라는 이름에 묶여 한지붕 아래에서 같이 살 뿐 '가족'이라는 개념조차 없었다. L군은 이런 부모가 자기 삶에 중요한 존재로 내면화되어 있지 않았다. 삶의 기준이 되고 지도가 되어줄 부모가 없었기에 마음 깊은 곳의 외로움은 분노로 변하고, 그 분노를 조절하지 못해 친구들에게 폭력을 휘두르다가 법정에 서게 되었다. 소년부 법정에서 1호 자원보호처분을 받고 전문 상담가에게 의뢰되었지만, 폭력을 부른 근본적인 문제는 가정에 있었고, 그것을 해결해 줄 부모가 L군에게는 없었다는 게 상담의 큰 한계로 작용하고 있다.

과잉보호, 자유방임도 문제지만 아이를 가장 황폐하게 만드는 부모는 무관심한 부모이다.

사랑에는 사람의 개성 전체를 꽃피우게 하는 힘이 있다고 나는 믿는다. 다른 것들은 그 일을 할 수 없다 —투르게네프

완벽주의 부모

우린 완벽이라는 말을 자주 쓰지만 인간의 이름으로 말할 때 완벽이라는 말을 써서는 안 된다. 완벽한 인간이라는 게 있을 수 없다는 걸 잘 알면서도 부모가 되면 자주 자녀에게 완벽하기를 강요한다. 뭐든지 완벽하게 잘해야 한다는 과다한 기대를 자녀에게 품는다. 물론 그것은 대리만족일 뿐이다. 자신이 이루지 못한 꿈을 자식에게 이루게 하고 싶은데 자신의 시행착오를 자식에게 물려주고 싶지 않아서 자꾸만 잔소리하고 완벽하기를 강요하게 된다.

C양은 자식이 완벽하기를 바라는 부모에게 흡족한 딸이 되기 위해서 자신을 '완벽'이라는 틀에 가두고 무엇이든지 잘해야 한다는 강박관념을 가지기 시작했다. 중학교 때까지는 1등을 놓치지 않고 무엇이든지 잘하는 아이로 손꼽혔지만 고등학교에 와서 자기보다 더 잘하는 아이를 만나게 되었다. C양은 공부뿐 아닌라 여러 가지 면에

서 그 아이보다 잘하기 위해 노력했지만 생각만큼 잘 되지 않았다. 늘 이겨야 한다는 긴장감을 극복하지 못해 신체에 이상이 생기고, 성적은 점점 떨어지기 시작했다. 몸도 마음도 쇠약해져 모든 것에 무기력해져서야 상담실을 찾아왔다. C양은 부모와 더불어 완벽한 것에 대한 환상을 버리고 새롭게 출발하는 마음 자세를 갖추면서 건강한 모습을 되찾기 시작했다.

오래전 전교 1등을 놓치지 않는 '양파'라는 예명의 여고생 가수가 있었다. 수능시험 당일에도 각 방송국의 연예 프로그램 카메라가 그녀를 따라다녔다. 그러나 시험 도중 위경련을 일으켜 병원에 실려갔고 그해 대학에 입학하지 못했다. 항상 1등을 한다는 사실에 이목이 집중되고 사람들의 기대에 부응하지 못하면 내 인생 끝장이라는 강박관념이 그녀를 괴롭힌 탓이었다.

완벽을 추구하면서 최선을 다하는 모습은 항상 아름답다. 그러나 사소한 것 하나하나 다 완벽을 기하다 보면 정작 필요한 에너지가 모두 고갈되고 만다. 인간이 완벽하지 않다는 것을 안다면 옥석을 가리는 혜안과 함께 대소의 비중을 가늠할 줄 아는 지혜를 갖추어야 할 것이다. 자녀가 모든 것을 다 할 수 있는 슈퍼맨은 아니다. 마찬가지로 부모도 슈퍼맨이 아니다. 완벽을 지향하는 지나친 간섭과 압력보다는 사랑이 흐르는 애정의 보살핌이 아이에게 더 유효하다.

아이에게 지나치게 엄격하게 대하거나 내버려두는 것은 피해야 할 교육법이다 ―루소

언행이 일치하지 않는 부모

부모의 언행이 일치하지 않았을 때 아이는 가치관의 혼란을 겪는다. 기준이 되는 사람의 서로 다른 말과 행동 가운데 어느 것을 따라 행동할 것인가는 아이에게 너무 난해한 문제이다. 아이가 어느 정도 성장해 스스로 책임질 수 있는 단계에 이르면 부모의 언행불일치는 곧바로 불신과 저항으로 이어진다.

부모의 권위는 소리침으로써 얻어지는 게 아니라 말과 행동이 일치하는 신뢰감을 자녀에게 확실히 심어줄 때 얻어진다. 말이 많은 부모는 그 말들 중 대부분이 자신의 행동을 정당화하기 위한 것에 불과하다는 점을 인정해야 할 것이다. 꼭 필요한 말 몇 마디로 자녀가 지켜야 할 지침을 제시하고, 부모도 제시한 것에 합당한 행동을 해야 한다.

사춘기에 접어든 자녀가 있는 가정에서 흔히 일어나는 일 중의 하나가 비디오 전쟁이다. 성에 눈을 뜬 아이들은 부모 몰래 또래끼리 포르노 동영상 같은 것을 구해서 보곤 한다. 아이가 늘 어린애인 줄만 알고 있다가 그런 광경을 목격하면 부모는 당황하게 되고 일단은 소리부터 지르고 본다. "공부나 할 일이지, 이런 것은 어른이 되면 다 알게 되는 건데 왜 보고 그래! 다신 보지 마!" 하고선 아이를 무안하게 만든 다음 휙 방으로 사라진다. 그런 가정일수록 침대 밑에 부모용 빨간 비디오테이프가 있게 마련이다.

영화 〈아메리칸 파이〉에 보면 성적인 호기심이 왕성한 아들에게 아버지가 "너한테 실망했다"라고 말하지 않고 "아빠도 너만 할 때에 그랬다"라고 말하는 장면이 있다. 이런 식으로 넘기면 오히려 교육적 효과를 볼 수 있는 일을 마치 아이들이 큰 죄나 지은 것처럼 대하는 데에서 오히려 문제들이 생길 수 있다.

요즈음 아이들은 정신적인 성장보다 육체적인 성장이 훨씬 빠르다. 게다가 영상미디어가 많이 발달한 덕에 포르노 영상물을 쉽게 접할 기회가 많아졌다. 무조건 쉬쉬하면서 눈을 가리고 귀를 가리는 성교육도 문제이지만 일단 그런 일에 접했을 때의 부모의 행동을 반성해 봐야 한다. 알게 모르게 그런 환경을 자녀에게 제공하고 있는 것은 아닐까. 자녀의 행동이 걱정된다면 부모가 그런 것을 곁에 두지 않는 모범을 보여야 한다. 너는 보면 안 돼, 나는 너 몰래 볼 거야 식의 태도는 몰래 보면 된다는 잘못된 기준을 자녀에게 심어주고 그 일을 계기로 부모가 언행이 불일치하는 사람이라는 불신을 가지게 한다. 그 이후로는 어떤 말과 행동을 해도 부모를 절대적으로 신뢰하지 않는다. 자녀에게 하지 말라고 말하기 이전에 부모도 하지 말아야 한다.

이런 부모 밑에서 성장한 아이들은 자기도 모르게 언행이 불일치하는 행동을 학습하게 되어 규칙과 규율을 대수롭지 않게 여기고 다른 사람과의 약속도 잘 지키지 않는 성향을 가지게 된다. 점차적으로 다른 사람으로부터 신뢰를 잃어, 자신에 대한 자부심을 잃는다. 그러면서 성취동기가 매우 낮아지고 매사에 부정적인 시각으로 소극적으로 임하거나 비도덕적 양심을 가질 수도 있다.

그런 자녀로 키우고 싶지 않다면 아이 앞에서 말조심하자. 특히 행동은 더 조심해야 할 것이다.

언제나 진실을 말한다는 것은 진지하게 그렇게 하고자 할 때에도 결코 쉬운 일이 아니다
―카알 힐티

남아선호 사상을 가진 부모

대한민국에서 살고 있는 사람이라면 남녀 모두 직접적으로나 간접적으로 남녀차별을 경험했을 것이다. 남자는 튼튼하고 힘이 세다는 통념과 함께 권력의 상층부를 차지한다. 권력이라는 것은 정치가 중심이 되기는 하지만 자본주의 사회에서는 재화를 가진 자가 곧 정치력이요, 권력이다. 그렇다면 가정 내에서 힘과 정치력과 권력, 재화를 다 가진 사람은 누구인가! 바로 아버지들이다.

어머니들은 출가 전에 경험한 차별 대우를 가정을 이룬 후에도 경험한다. 남녀차별을 가정에서부터 이미 경험했으므로 딸을 낳는다는 것을 그리 달가워하지 않는다.

할머니 세대에서는 그것들이 '아들을 낳아야 큰소리치지'라는 의식으로 자리잡고 있다. 요즈음이나 예전이나 아들에 대한 선호 사상은 크게 변한 것이 없다. 게다가 우리나라는 남자가 대를 잇는 전통적인 유교사회의 의식을 아직도 많이 갖고 있다. 요즈음 젊은 사람들은 남아선호 사상을 많이 버린 것처럼 보이지만 젊은 엄마들이라고 모두 그런 것만도 아니다. 의료 기술 발달 덕택에 태아감별법까지 나온 정도라면 남아선호 사상이 더 심해졌으면 심해졌지 덜해진 것은 아니듯 싶다. 심지어 아들을 낳지 못해 이혼을 당하는 일까지 신문지상에 보도된다.

이렇게 남아를 선호하는 분위기에서 자란 아이들을 생각해 보자. 남아를 선호한 집에서 자란 남자 아이의 경우 자신의 요구는 무엇이든지 다 받아들여지는 분위기에서 자랐기 때문에 절제력이 약하고 자신이 무슨 대단한 존재인 듯 착각하면서 커간다. 여자에 대해서 자신보다 열등한 존재라고 무시하기 일쑤이고, 권위적인 태도를 갖게 된다. 여성을 무시하는 불필요한 우월의식 때문에 여성들과의 관계가 원만하지 못한 것은 당연한 결과이다.

남아선호 사상이 강한 집안에서 자란 여아인 경우는 상대적 박탈감에 늘 젖어 있다. 다 같은 자식인데 오빠나 남동생만 혜택을 받는 것을 경험하면서 알게 모르게 남자에 대한 증오심을 가지게 된다. 결혼을 한 후에는 자녀에게 그런 경험을 하게 하고 싶지 않아 아들을 낳으려고 다방면으로 애를 쓴다. 결국은 어머니가 간 길을 똑같이 가는 것이다. 자녀는 다같이 사랑스러운 존재이다. 딸이든 아들이든 부모의 손길로 창조되는 존재이다. 내 아이가 나보다는 조금 나은 삶을 살아가길 바라는 부모라면 자녀를 차별하는 자세부터 버려야 한다. 가장 기본적으로 존중되어야 할 인권은 바로 이 남아선호 사상을 없애는 것에서부터 출발한다.

비교하는 부모

우리는 무한경쟁을 강요하는 사회에 살고 있다. 사회에서 벌어지는 가시적, 묵시적 경쟁은 두말할 것도 없다. 대부분의 부모는 자기 아이가 남의 아이보다 뒤떨어지는 것을 견디지 못한다. 심지어는 한 가정 내에서도 형제자매끼리 비교하면서 좀 떨어지는 아이를 서슴없이 질책한다.

너는 왜 언니처럼 못하니, 네 동생의 반이라도 닮아봐라, 형이 돼서 만날 그 모양이냐 등등의 말로 그야말로 어린 싹을 싹둑 잘라버린다. 자녀가 많지 않은 요즘에는 '엄친아(엄마 친구 아들)' '엄친딸(엄마 친구 딸)'과 비교하며 아이들을 힘들게 한다. 아이가 받을 상처는 조금도 아랑곳하지 않고 질책하면 더 나아질 수 있을 거라고 생각한다. 비교를 당하는 아이가 부모의 말 때문에 자존심이 상해 잘 하길 기대하는 거겠지만 그것은 상처만 남길 뿐이다.

그런 아이 중에는 자기의 잘못을 반성하고 소질을 계발하기 위해 노력하기보다 자기 상처에 매몰되어 걷잡을 수 없는 타락의 길로 들어서는 경우도 있다. 처음에는 부모의 말처럼 언니보다 형보다 아니, 다른 형제만큼이라도 부모의 기대에 부응하기 위해 노력한다. 그러나 부모의 잦은 비교는 이내 아이를 지치게 하고 자존심을 잃고 좌절하게 한다. 종당에는 부모로부터 부여받았던 자기 존재의 가치를 상실하고 무기력한 아이가 되기도 한다. 그때 아이를 치료해서 원상태로 돌리기는 매우 어렵다. 비교하면서 채찍질하던 그때보다 부모는 더 큰 상실감을 안고 아이를 바라보게 되고 아이는 일어설 수 없는 좌절의 늪을 헤매게 된다.

비교하는 것은 인간의 개별적인 특성을 완전히 무시하는 행위이다. 내 속으로 낳은 자식이라 할지라도 자식마다 다른 품성과 그릇으로 존재한다. 이 세상 65억 인간 중에 같은 사람은 단 한 사람도 없다. 저마다의 달란트를 가지고 하늘로 돌아가는 날까지 자기에게 맡겨진 임무를 다할 뿐이다.

부모는 이 중요한 사실을 알면서도 욕심 때문에 은근히 비교하면서 아이를 멍들게 한다. 아이는 격려와 칭찬을 받을 때는 더 잘하려고 애쓰고 자신감을 얻지만 비난이나 비교당하는 말을 들었을 때는 쉽게 포기해 버리고 더 이상 노력하지 않는다. 비교를 하더라도 열등한 아이에게 너는 다른 사람보다 이런 것을 잘 하니까 열심히 하면 더 훌륭한 사람이 될 수 있을 거란 말로 우등한 비교를 한다면 우리가 말하는 문제아의 절반은 줄어들 것이다. 열등한 비교를 해서 아이가 바뀐다 하더라도 좋은 방향보다는 거칠고 나쁜 방향으로 바뀌게 될 뿐 부모가 바라는 방향으로 바뀌기는 힘들다.

실제로 부모의 비교 때문에 인생을 완전히 망쳐버린 아이도 있었다. 매춘과의 전쟁 선포로 유명한 한남대학교 경찰행정학과 객원교수인 김강자 씨가 종암경찰서장 시절에 만난 S양은 아버지는 개업의이고, 어머니는 유치원을 경영하는 부유한 가정에서 자랐다. 나이터울이 좀 많은 언니, 오빠가 있었는데 그들은 세칭 일류대를 다녔고 S양은 어릴 때부터 줄곧 비교당하며 자라왔다.

S양은 고등학교 입학시험에서 받은 성적 때문에 본격적으로 빗나가기 시작했다. 그 성적을 보고 아버지께서 "어쩌다가 우리 집에 너 같은 아이가 생겼냐? 네 언니, 오빠만큼만 해라. 그럼 내가 업고 다니겠다."는 말을 했고 그 말에 충격을 받아 방황하기 시작했다. 집을 무작정 나와 길거리에서 아이들을 만나 어슬렁거리기 시작했고 그 중의 한 남자아이와 성관계를 맺었다. 며칠 서성거리다 집으로 돌아간 S양은 예상대로 집안에 갇혔고, 설상가상 몸에 이상을 느끼기 시작했다. 임신의 두려움 때문에 다시 가출해서 그 남자아이를 찾았지만 남자아이는 자신이 뱃속에 든 아기의 아빠라는 증거가 어디 있냐며 발뺌했다.

S양은 어떻게 해서든지 부모 모르게 뱃속의 아이를 없애려고 했고 돈을 마련하기 위해 목돈이 생긴다는 업소를 찾아갔다. 그 업소에서 비슷한 처지의 아이들과 어울리면서 유흥가 생활을 시작했다. 가족들은 밤마다 늦게 들어오는 S양이 독서실에서 공부하다가 오는 줄만 알고 있었다. 처음에는 춤추고 노래만 하던 S양은 처음 화대를 받고 속칭 2차라는 것을 나간 날 아예 집을 나와버렸다.

룸살롱과 단란주점을 전전하던 S양은 경찰의 일제단속에 걸려 김 강자 서장에서 붙들려 왔다. 집에 알리지 말아달라고 애원하며 S양은 매달렸다. 그러나 가족만이 그녀를 살릴 수 있다고 판단한 김 서장은 부모에게 연락해 데리고 가도록 했다. 김 서장은 부모가 충분히 이해할 것이라 생각해 조서에 나온 부모에게 모든 사실을 다 말했는데 딸이 임신중절한 것을 안 아버지가 S양의 머리카락을 잘라버렸고 S양은 그 길로 사라져버렸다. 그리고 아직까지 소식이 없다.

　　처음엔 부모도 그저 자극을 주려고 비교를 하기 시작했겠지만 점점 심해지는 비교는 급기야 자극이 아니라 깊은 칼이 되어 딸의 인생을 깊숙이 찌른 꼴이 되어버렸다. 성경 말씀에 '스스로 자기를 내세우는 사람 축에 껴들거나 견줄 생각'은 하지 말라는 구절이 있다. 인간이 할 일의 범위는 인간이 정하는 게 아니라 신이 정하는 것이고 우린 그 범위 안에서 행하는 것뿐이라는 말씀이다.

　　부모가 자꾸 비교하기 시작하면 아이들도 자기들끼리 비교하며 우열을 가리기 시작한다. 채 성숙하지 않은 아이들이 우열의 잣대로 마치 어리석은 어른들처럼 평가를 내린다는 게 무섭고 슬프게 다가온다. 유대인들은 아이에게 남보다 우월하라고 가르치지 않고 남과 다른 사람이 되라고 가르친다고 한다. 비교 대신이 각자 다른 개성을 인정하고 길을 터주는 부모가 아이를 큰 사람으로 만든다.

차이는 증오를 낳는다 ─ 니체